樹猶如此

◉白先勇／著

聯合文叢 241

樹猶如此

紀念亡友王國祥君

民國四十七年與王國祥合攝於台北，
時二人就讀大學二年級。

目次

第一輯　散文、論文

第二輯　演講、訪問、對談

第三輯　關懷愛滋

樹猶如此

第一輯 散文、論文

樹猶如此

我家後院西隅近籬笆處曾經種有一排三株義大利柏樹。這種義大利柏樹（Italian Cypress）原本生長於南歐地中海畔，與其他松柏皆不相類。樹的主幹筆直上伸，標高至六、七十呎，但橫枝並不恣意擴張，兩人合抱，便把樹身圈住了。於是擎天一柱，平地拔起，碧森森像座碑塔，孤峭屹立，甚有氣勢。南加州濱海一帶的氣候，溫和似地中海，這類義大利柏樹，隨處可見。有的人家，深宅大院，柏樹密植成行，遠遠望去，一片蒼鬱，如同一堵高聳雲天的牆垣。

我是一九七三年春遷入「隱谷」這棟住宅來的。這個地區叫「隱谷」（Hidden Valley），因爲三面環山，林木幽深，地形又相當隱蔽，雖然位於市區，因爲有山丘屛障，不易發覺。當初我按報上地址尋找這棟房子，彎彎曲曲，迷了幾次路才發現，原來山坡後面，別有洞天，谷中隱隱約約，竟是一片住家。那日黃昏驅車沿著山坡駛進「隱谷」，迎面青山綠樹，只覺得是個淸幽所在，萬沒料到，谷中一住迄今，長達二十餘年。

巴薩隆那道（Barcelona Drive）九百四十號在斜坡中段，是一幢很普通的平房。人跟住屋也得講緣分，這棟房子，我第一眼便看中了，主要是爲著屋前屋後的幾棵大樹。屋前一棵寶塔松，龐然矗立，頗有年分，屋後一對中國榆，搖曳生姿，有點垂柳的風味，兩側的灌木叢又將鄰舍完全隔離，整座房屋都有樹蔭庇護，我喜歡這種隱遮在樹叢中的房屋，而且價錢剛剛合適，當天便放下了定洋。

房子本身保養得還不錯，不須修補。問題出在園子裡的花草。屋主偏愛常春藤，前後院種滿了這種藤葛，四處竄爬。常春藤的生命力強韌驚人，要拔掉煞費工夫，還有雛菊、罌粟、木槿都不是我喜愛的花木，全部根除，工程浩大，絕非我一人所能勝任。幸虧那年暑假，我中學時代的至友王國祥從東岸到聖芭芭拉來幫我，兩人合力把我「隱谷」這座家園，重新改造，遍植我屬意的花樹，才奠下日後園子發展的基礎。

王國祥那時正在賓州州立大學做博士後研究，只有一個半月的假期，我們卻足足做了三十天的園藝工作。每天早晨九時開工，一直到傍晚五、六點鐘才鳴金收兵，披荊斬棘，去蕪存菁，消除了幾卡車的廢枝雜草，終於把花園理出一個輪廓來。我與國祥都是生手，不慣耕勞，一天下來，腰痠背痛。幸虧聖芭芭拉夏天涼爽，在和風煦日下，胼手胝足，實在算不上辛苦。

聖芭芭拉附近產酒，有一家酒廠釀製一種杏子酒（Aprivert），淸香甘冽，是果子酒中的極品，冰凍後，特別爽口。鄰舍有李樹一株，枝椏一半伸到我的園中，這棵李樹眞是異種，是牛血李，肉紅汁多，味甜如蜜，而且果實特大。那年七月，一樹纍纍，掛滿了小紅球，委實誘人。開始我與國祥還有點顧忌，到底是人家的果樹，光天化日之下，採摘鄰居的果子，不免心虛。後來發覺原來加州法律規定，長過了界的樹木，便算是這一邊的產物。有了法律根據，我們便架上長梯，國祥爬上樹去，我在下面接應，一下工夫，我們便採滿了一桶殷紅光鮮的果實。收工後，夕陽西下，清風徐來，坐在園中草坪上，啜杏子酒，啖牛血李，一日的疲勞，很快也就消除了。

聖芭芭拉（Santa Barbara）有「太平洋的天堂」之稱，這個城的山光水色的確有令人流連低迴之處，但是我覺得這個小城的一個好處是海產豐富：石頭蟹、硬背蝦、海膽、鮑魚，都屬本地特產，尤其是石頭蟹，殼堅、肉質細嫩鮮甜，還有一雙巨螯，眞是聖芭芭拉的美味。那個時候美國人還不很懂得吃帶殼螃蟹，碼頭上的漁市場，生猛螃蟹，團臍一元一隻，尖臍一隻不過一元半。王國祥是浙江人，生平就好這一樣東西，我們每次到碼頭漁市，總要攜回四、五隻巨蟹，蒸著吃。蒸蟹第一講究是火候，過半分便老了，少半分又不熟。王國祥蒸螃蟹全憑直覺，他注視著蟹殼漸漸轉紅叫一聲「好！」將螃蟹從鍋中一把提起，十拿九穩，正好蒸熟。然後佐以薑絲米醋，再燙一壺紹興酒，那便是我們的晚餐。那個暑假，我和王國祥起碼饕掉數打石頭蟹。那年我剛拿到終身教職，《台北人》出版沒有多久。國祥自加大柏克萊畢業後，到賓州州大去做博士後研究是他第一份工作，那時他對理論物理還充滿了信心熱忱，我們憧憬人生前景，是金色的，未來命運的凶險，我們當時渾然未覺。

園子整頓停當，選擇花木卻頗費思量。百花中我獨鍾情茶花。茶花高貴，白茶雅潔，紅茶穠麗，粉茶花俏生生、嬌滴滴，自是惹人憐惜。即使不開花，一樹碧亭亭，也是好看。茶花起源於中國，盛產雲貴高原，後經歐洲才傳到美國來。茶花性喜溫濕，宜酸性土，聖芭芭拉恰好屬於美國的茶花帶，因有海霧調節，這裡的茶花長得分外豐蔚。我們遂決定，園中草木以茶花為主調，於是遍搜城中苗圃，最後才選中了三十多株各色品種的幼木。美國茶花的命名，有時也頗具匠心：白茶叫「天鵝湖」，粉茶花叫「嬌嬌女」，有一種紅茶名為「艾森豪威爾將軍」——這是十足的美國茶，我後院栽有一棵，後來果然長得偉岸嶔崎，巍巍然有大將之風。

花種好了，最後的問題只剩下後院西隅的一塊空地，屋主原來在此搭了一架鞦韆，架子撤走後便留空白一角。因為地區不大，不能容納體積太廣的樹木，王國祥建議：「這裡還是種 Italian Cypress 吧。」這倒是好主意，義大利柏樹占地不多，往空中發展，前途無量。我們買了三株幼苗，沿著籬笆，種了一排。剛種下去，才三、四呎高，國祥預測：「這三棵柏樹長大，一定會超過你園中其他的樹！」果真，三棵義大利柏樹日後抽發得傲視群倫，成為我花園中的地標。

十年樹木，我園中的花木，欣欣向榮，逐漸成形。那期間，王國祥已數度轉換工作，他去過加拿大、又轉德州。他的博士後研究並不順遂，理論物理是門高深學問，出路狹窄，美國學生視為畏途，念的人少，教職也相對有限，那幾年美國大學預算緊縮，一職難求，只有幾家名校的物理系才有理論物理的職位，很難擠進去，亞利桑拿州立大學曾經有意聘請王國祥，但他卻拒絕了。當年國祥在台大選擇理論物理，多少也是受到李政道、楊振寧獲得諾貝爾獎的鼓勵。後來他進柏克萊，曾跟隨名師，當時柏克萊物理系竟有六位諾貝爾獎得主的教授。名校名師，王國祥對自己的研究當然也就期許甚高。當他發覺他在理論物理方面的研究無法達成重大突破，不可能做一個頂尖的物理學家，他就斷然放棄物理，轉行到高科技去了。當然，他一生最高的理想未能實現，這一直是他的一個隱痛。後來他在洛杉磯休斯（Hughes）公司找到一份安定工作，研究人造衛星。波斯灣戰爭，美國軍隊用的人造衛星就是休斯製造的。

那幾年王國祥有假期常常來聖芭芭拉小住，他一到我家，頭一件事便要到園中去察看我們當年種植的那些花木。他隔一陣子來，看到後院那三株義大利柏樹，就不禁驚嘆：「哇，又長高了好多！」柏樹每年升高十幾呎，幾年間，便標到了頂，成為六、七十呎的巍峨大樹。三棵中又以中間那棵最為茁壯，要高出兩側一大截，成了一個山字形。山谷中，濕度高，柏樹出落得蒼翠欲滴，夕照的霞光映在上面，金碧輝煌，很是醒目。三四月間，園中的茶花全部綻放，樹上綴滿了白天鵝，粉茶花更是嬌艷光鮮，我的花園終於春意盎然起來。

一九八九年，歲屬蛇年，那是個凶年，那年夏天，中國大陸發生了天安門「六四」事件，成千上百的年輕生命瞬息消滅。那一陣子天天看電視全神貫注事件的發展，很少到園中走動。有一天，我突然發覺後院三棵義大利柏樹中間那一株，葉尖露出點點焦黃來。起先我以爲暑天乾熱，植物不耐旱，沒料到才幾天工夫，一棵六、七十呎的大樹，如遭天火雷殛，驟然間通體枯焦而亡。那些針葉，一觸便紛紛斷落，如此孤標傲世風華正茂的長青樹，數日之間竟至完全壞死。奇怪的是，兩側的柏樹卻好端端的依舊青蒼無恙，只是中間赫然豎起槁木一柱，實在令人觸目驚心，我只好教人來把枯樹砍掉拖走。從此，我後院的西側，便出現了一道缺口。柏樹無故枯亡，使我鬱鬱不樂了好些時日，心中總感到不祥，似乎有什麼奇禍即將降臨一般，沒有多久，王國祥便生病了。

那年夏天，國祥一直咳嗽不止，他到美國二十多年，身體一向健康，連傷風感冒也屬罕有。他去看醫生檢查，驗血出來，發覺他的血紅素竟比常人少了一半，一公升只有六克多。接著醫生替他抽骨髓化驗，結果出來後，國祥打電話給我：「我的舊病又復發了，醫生說，是『再生不良性貧血』。」國祥說話的時候，聲音還很鎮定，他一向臨危不亂，有科學家的理性與冷靜，可是我聽到那個長長的奇怪病名，就不由得心中一寒，一連串可怕的記憶，又湧了回來。

許多年前，一九六〇年的夏天，一個清晨，我獨自趕到台北中心診所的血液科去等候化驗結果，血液科主任黃天賜大夫出來告訴我：「你的朋友王國祥患了『再生不良性貧血』。」那是我第一次聽到這個陌生的病名。黃大夫大概看見我滿面茫然，接著對我詳細解說了一番「再生不良性貧血」的病理病因。這是一種罕有的貧血症，骨髓造血機能失調，無法製造足夠的血細胞，所以紅血球、血小板、血紅素等統統偏低。這種血液病的起因也很複雜，物理、化學、病毒各種因素皆有可能。最後黃大夫十分嚴肅的告訴我：「這是一種很嚴重的貧血症。」的確，這種棘手的血液病，迄至今日，醫學突飛猛進，仍舊沒有發明可以根除的特效藥，一般治療只能用激素刺激骨髓造血的機能。另外一種治療法便是骨髓移植，但是台灣那個年代，還沒有聽說過這種事情。那天我走出中心診所，心情當然異常沉重，但當時年輕無知，對這種病症的嚴重性並不眞正了解，以爲只要不是絕症，總還有希望治癒。事實上，「再生不良性貧血」患者的治癒率，是極低極低的，大概只有百分之五的人，會莫名其妙自己復元。

王國祥第一次患「再生不良性貧血」時在台大物理系正要上三年級，這樣一來只好休學，而這一休便是兩年。國祥的病勢開始相當險惡，每個月都需到醫院去輸血，每次起碼五百西西。由於血小板過低，凝血能力不佳，經常牙齦出血，甚至眼球也充血，視線受到障礙。王國祥的個性中，最突出的便是他爭強好勝，永遠不肯服輸的戇直脾氣，是他倔強的意志力，幫他暫時抵擋住排山倒海而來的病災。那時我只能在一旁替他加油打氣，給他精神支持。他的家已遷往台中，他一個人寄居在台北親戚家養病，因爲看醫生方便。常常下課後，我便從台大騎了腳踏車去潮州街探望他，那時我剛與班上同學創辦了《現代文學》，正處在士氣高昂的奮亢狀態，我跟國祥談論的，當然也就是我辦雜誌的點點滴滴。國祥看見我興致勃勃，他也是高興的，病中還替《現代文學》拉了兩個訂戶，而且也成爲這本雜誌的忠實讀者。事實上王國祥對《現代文學》的貢獻不小，這本賠錢雜誌時常有經濟危機，我初到加州大學當講師那幾年，因爲薪水有限，爲籌雜誌的印刷費，經常捉襟見肘。國祥在柏克萊念博士拿的是全額獎學金，一個月有四百多塊生活費。他知道我的困境後，每月都會省下一兩百塊美金寄給我接濟《現文》，而且持續了很長一段時間。他的家境不算富裕，在當時，那是很不小的一筆數目。如果沒有他長期的「經援」，《現代文學》恐怕早已停刊。

我與王國祥十七歲結識，那時我們都在建國中學念高二，一開始我們之間便有一種異姓手足禍福同當的默契。高中畢業，本來我有保送台大的機會，因爲要念水利，夢想日後到長江三峽去築水壩，而且又等不及要離開家，追尋自由，於是便申請保送台南成功大學，那時只有成大才有水利系。王國祥也有這個念頭，他是他們班上的高材生，考台大，應該不成問題，他跟我商量好便也投考成大電機系。我們在學校附近一個軍眷村裡租房子住，過了一年自由自在的大學生活，後來因爲興趣不合，我重考台大外文系，回到台北。國祥在成大多念了一年，也耐不住了，他發覺他眞正的志向是研究理論科學，工程並非所好，於是他便報考台大的轉學試，轉物理系。當年轉學，轉系又轉院，難如登天，尤其是台大，王國祥居然考上了，而且只錄取了他一名。我們正在慶幸，兩人懵懵懂懂，一番折騰，幸好最後都考上與自己興趣相符的校系。可是這時王國祥卻偏偏遭罹不幸，患了這種極爲罕有的血液病。

西醫治療一年多，王國祥的病情並無起色，而治療費用的昂貴已使得他的家庭日漸陷入困境，正當他的親人感到束手無策的時刻，國祥卻遇到了救星。他的親戚打聽到江南名醫奚復一大夫醫治好一位韓國僑生，同樣也患了「再生不良性貧血」，病況還要嚴重，西醫已放棄了，卻被奚大夫治癒。我從小看西醫，對中醫不免偏見。奚大夫開給國祥的藥方裡，許多味草藥中，竟有一劑犀牛角，當時我不懂得犀牛角是中藥的涼血要素，不禁嘖嘖稱奇，而且小小一包犀牛角粉，價值不菲。但國祥服用奚大夫的藥後，竟然一天天好轉，半年後已不需輸血。很多年後，我跟王國祥在美國，有一次到加州聖地牙哥世界聞名的動物園去觀覽百獸，園中有一群犀牛族，大大小小七隻，那是我第一次眞正看到這種神奇的野獸，我沒想到近距離觀看，犀牛的體積如此龐大，而且皮之堅厚，似同披甲戴鎧，鼻端一角聳然，如利斧朝天，神態很是威武。大概因爲犀牛角曾治療過國祥的病，我對那一群看來凶猛異常的野獸，竟有一份說不出的好感，在欄前盤桓良久才離去。

我跟王國祥都太過樂觀了，以爲「再生不良性貧血」早已成爲過去的夢魘，國祥是屬於那百分之五的幸運少數。萬沒料到，這種頑強的疾病，竟會潛伏二十多年，如同酣睡已久的妖魔，突然甦醒，張牙舞爪反撲過來。而國祥畢竟已年過五十，身體抵抗力比起少年時，自然相差許多，舊病復發，這次形勢更加險峻。自此，我與王國祥便展開了長達三年，共同抵禦病魔的艱辛日子，那是一場生與死的搏鬥。

鑑於第一次王國祥的病是中西醫合治醫好的，這一次我們當然也就依照舊法。國祥把二十多年前奚復一大夫的那張藥方找了出來，並託台北親友拿去給奚大夫鑑定，奚大夫更動了幾樣藥，並加重份量；黃芪、生熟地、黨參、當歸、首烏等都是一些補血調氣的草藥，方子中也保留了犀牛角。幸虧洛杉磯的蒙特利公園市的中藥行這些藥都買得到。有一家叫「德成行」的老字號，是香港人開的，貨色齊全，價錢公道。那幾年，我替國祥去抓藥，進進出出，「德成行」的老闆夥計也都熟了。因爲犀牛屬於受保護的稀有動物，在美國犀牛角是禁賣的。開始「德成行」的夥計還不肯拿出來，我們懇求了半天，才從一只上鎖的小鐵匣中取出一塊犀牛角，拿來磨些粉賣給我們。但經過二十多年，國祥的病況已大不同，而且人又不在台灣，沒能讓大夫把脈，藥方的改動，自然無從掌握。這一次，服中藥並無速效。但三年中，國祥並未停用過草藥，因爲西醫也並沒有特效治療方法，還是跟從前一樣，使用各種激素；我們跟醫生曾討論過骨髓移植的可能，但醫生認爲，五十歲以上的病人，骨髓移植風險太大，而且尋找血型完全相符的骨髓贈者，難如海底撈針。

那三年，王國祥全靠輸血維持生命，有時一個月得輸兩次。我們的心情也就跟著他血紅素的數字上下而陰晴不定。如果他的血紅素維持在九以上，我們就稍寬心，但是一旦降到六，就得準備，那個週末，又要進醫院去輸血了。國祥的保險屬於凱撒公司（Kaiser Permanente），是美國最大的醫療系統之一。凱撒在洛杉磯城中心的總部是一連串延綿數條街的龐然大物，那間醫院如同一座迷宮，進去後，轉幾個彎，就不知身在何方了。我進出那間醫院不下四、五十次，但常常闖進完全陌生的地帶，跑到放射科、耳鼻喉科去。因爲醫院每棟建築的外表都一模一樣，一整排的玻璃門窗反映著冷冷的青光。那是一座卡夫卡式超現代建築物，進到裡面，好像誤入外星。

因為輸血可能有反應，所以大多數時間王國祥去醫院，都是由我開車接送。幸好每次輸血時間定在週末星期六，我可以在星期五課後開車下洛杉磯國祥住處，第二天清晨送他去。輸血早上八點鐘開始，五百西西輸完要到下午四、五點鐘了，因此早上六點多就要離開家。洛杉磯大得可怕，隨便到哪裡，高速公路上開一個鐘頭車是很平常的事，尤其在早上上班時間，十號公路塞車是有名的。住在洛杉磯的人，生命大部分都耗在那八爪魚似的公路網上。由於早起，我陪著王國祥輸血時，耐不住要打個盹，但無論睡去多久，一張開眼，看見的總是架子上懸掛著的那一袋血漿，殷紅的液體，一滴一滴，順著塑膠管往下流，注入國祥臂彎的靜脈裡去。那點點血漿，像時間漏斗的水滴，無窮無盡，永遠滴不完似的。但是王國祥躺在床上，卻能安安靜靜的接受那八個小時生命漿液的挹注。他兩隻手臂彎上的靜脈都因針頭插入過分頻繁而經常瘀青紅腫，但他從來也沒有過半句怨言。王國祥承受痛苦的耐力驚人，當他喊痛的時候，那必然已經不是一般人所能負荷的痛苦了。我很少看到像王國祥那般能隱忍的病人，他這種斯多葛（Stoic）式的精神是由於他超強的自尊心，不願別人看到他病中的狼狽。而且他跟我都了解到這是一場艱鉅無比的奮鬥，需要我們兩個人所有的信心、理性，以及意志力來支撐。我們絕對不能向病魔示弱，露出膽怯，我們在一起的時候，似乎一直在互相告誡：要挺住，鬆懈不得。

事實上，只要王國祥的身體狀況許可，我們也盡量設法苦中作樂，每次國祥輸完血後，精神體力馬上便恢復了許多，臉上又浮現了紅光，雖然明知這只是人為的暫時安康，我們也要趁這一刻享受一下正常生活。開車回家經過蒙特利公園時，我們便會到平日喜愛的飯館去大吃一餐，大概在醫院裡磨了一天，要補償起來，胃口特別好。我們常去「北海漁邨」，因爲這家廣東館港味十足，一道「避風塘炒蟹」非常道地。吃了飯便去租錄影帶回去看，我一生中從來沒看過那麼多中港台的「連續劇」，幾十集的《紅樓夢》、《滿清十三皇》、《嚴鳳英》，隨著那些東扯西拉的故事，一個晚上很容易打發過去。當然，王國祥也很關心世界大勢，那一陣子，東歐共產國家以及「蘇維埃社會主義聯邦共和國」土崩瓦解，我們天天看電視，看到德國人爬到東柏林牆上喝香檳慶祝，王國祥跟我都拍手喝起采來，那一刻，「再生不良性貧血」，眞的給忘得精光。

王國祥直到八八年才在艾爾蒙特（El Monte）買了一幢小樓房，屋後有一片小小的院子，搬進去不到一年，花園還來不及打點好，他就生病了。生病前，他在超市找到一對醬色皮蛋缸，上面有薑黃色二龍搶珠的浮雕，這對大皮蛋缸十分古拙有趣，國祥買回來，用電鑽鑽了洞，準備作花缸用。有一個星期天，他的精神特別好，我便開車載了他去花圃看花。我們發覺原來加州也有桂花，登時如獲至寶，買了兩棵回去移植到那對皮蛋缸中。從此，那兩棵桂花，便成了國祥病中的良伴，一直到他病重時，也沒有忘記常到後院去澆花。

王國祥重病在身，在我面前雖然他不肯露聲色，他獨處時內心的沉重與懼恐，我深能體會，因爲當我一個人靜下來時，我自己的心情便開始下沉了。我曾私下探問過他的主治醫生，醫生告訴我，國祥所患的「再生不良性貧血」，經過二十多年，雖然一度緩解，已經達到末期。他用「End Stage」這個聽來十分刺耳的字眼，他沒有再說下去，我不想聽也不願意他再往下說。然而一個令人不寒而慄的問題卻像潮水般經常在我腦海裡翻來滾去：這次王國祥的病，萬一恢復不了，怎麼辦？事實上國祥的病情，常有險狀，以至於一夕數驚。有一晚，我從洛杉磯友人處赴宴回來，竟發覺國祥臥在沙發上已是半昏迷狀態，我趕緊送他上醫院，那晚我在高速公路上起碼開到每小時八十英哩以上，我開車的技術並不高明，不辨方向，但人能急中生智，平常四十多分鐘的路程，一半時間便趕到了。醫生測量出來，國祥的血糖高到八百單位（mg/dl），大概再晚一刻，他的腦細胞便要受損了。原來他長期服用激素，引發血糖升高。醫院的急診室本來就是一個生死場，凱撒的急診室比普通醫院要大幾倍，裡面的生死掙扎當然就更加劇烈，只看到醫生護士忙成一團，而病人圍困在那一間間用白幔圈成的小隔間裡，卻好像完全被遺忘掉了似的，好不容易盼到醫生來診視，可是探一下頭，人又不見了。我陪著王國祥進出那間急診室多次，每次一等就等到天亮才有正式病房。

自從王國祥生病後，我便開始到處打聽有關「再生不良性貧血」治療的訊息。我在台灣看病的醫生是長庚醫學院的吳德朗院長，吳院長介紹我認識長庚醫院血液科的主治醫生施麗雲女士。我跟施醫生通信討教並把王國祥的病歷寄給她，與她約好，我去台灣時，登門造訪。同時我又遍查中國大陸中醫治療這種病症的書籍雜誌。我在一本醫療雜誌上看到上海曙光中醫院血液科主任吳正翔大夫治療過這種病，大陸上稱為「再生障礙性貧血」，簡稱「再障」。同時我又在大陸報上讀到河北省石家莊有一位中醫師治療「再障」有特效方法，並且開了一家專門醫治「再障」的診所。我發覺原來大陸上這種病例並不罕見，大陸中西醫結合治療行之有年，有的病療效還很好。於是我便決定親自往大陸走一趟，也許能夠尋訪到醫治國祥的醫生及藥方。我把想法告訴國祥，他說道：「那只好辛苦你了。」王國祥不善言辭，但他講話全部發自內心。他一生最怕麻煩別人，生病求人，實在萬不得已。

一九九〇年九月，去大陸之前，我先到台灣，去林口長庚醫院拜訪了施麗雲醫師。施醫生告訴我她也正在治療幾個患「再生不良性貧血」的病人，治療方法與美國醫生大同小異。施醫生看了王國祥的病歷沒有多說什麼，我想她那時可能不忍告訴我，國祥的病，恐難治癒。

我攜帶了一大盒重重一疊王國祥的病歷飛往上海，由我在上海的朋友復旦大學陸士清教授陪同，到曙光醫院找到吳正翔大夫。曙光是上海最有名的中醫院，規模相當大。吳大夫不厭其詳以中醫觀點向我解說了「再障」的種種病因及治療方法。曙光醫院治療「再障」也是中西合診，一面輸血，一面服用中藥，長期調養，主要還是補血調氣。吳大夫與我討論了幾次王國祥的病況，最後開給我一個處方，要我與他經常保持電話聯絡。我聽聞浙江中醫院也有名醫，於是又去了一趟杭州，去拜訪一位輩分甚高的老中醫，老醫生的理論更玄了，藥方也比較偏。有親友生重病，才能體會得到「病急亂投醫」這句話的眞諦。當時如果有人告訴我喜馬拉雅山頂上有神醫，我也會攀爬上去乞求仙丹的。在那時，搶救王國祥的生命，對於我重於一切。

我飛到北京後的第二天，便由社科院袁良駿教授陪同，坐火車往石家莊去，當晚住歇在河北省政協招待所。那晚在招待所遇見了一位從美國去的工程師，原本也是台灣留美學生，而且是成大畢業，他知道我為了朋友到大陸訪醫特來看我。我正納悶，這樣偏遠地區怎會有美國來客，工程師一見面便告訴了我他的故事：原來他太太年前車禍受傷，一直昏迷不醒，變成了植物人。工程師四處求醫罔效，後來打聽到石家莊有位極負盛名的氣功師，開診所用氣功治療病人。他於是辭去了高薪職位，變賣房財，將太太運到石家莊接受氣功治療。他告訴我每天有四、五位氣功師輪流替他太太灌氣，他講到他太太的手指已經能動，有了知覺，他臉上充滿希望。我深為他感動，是多大的愛心與信念，使他破釜沉舟，千里迢迢把太太護運到偏僻的中國北方來就醫。這些年來我早已把工程師的名字給忘了，但我卻常常記起他及他的太太，不知她最後恢復知覺沒有。幾年後我自己經歷了中國氣功的神奇，讓氣功師治療好暈眩症，而且變成了氣功的忠實信徒。當初工程師一番好意，告訴我氣功治病的奧妙，我確曾動過心，想讓王國祥到大陸接受氣功治療。但國祥經常需要輸血，又容易感染疾病，實在不宜長途旅行。但這件事我始終耿耿於懷，如果當初國祥嘗試氣功，不知有沒有復元的可能。

次晨，我去參觀那家專門治療「再障」的診所，會見了主治大夫。其實那是一間極其簡陋的小醫院，有十幾個住院病人，看樣子都病得不輕。大夫很年輕，講話頗自信，臨走時，我向他買了兩大袋草藥，為了便於攜帶，都磨成細粉。我提著兩大袋辛辣嗆鼻的藥粉，回轉北京。那已是九月下旬，天氣剛入秋，是北京氣候最佳時節。那是我頭一次到北京，自不免到故宮、明陵去走走，但因心情不對，毫無遊興。我的旅館就在王府井附近，離天安門不遠。晚上，我信步走到天安廣場去看看，那片全世界最大的廣場，竟然一片空曠，除了守衛的解放軍，行人寥寥無幾。相較於一年前「六四」時期，人山人海，民情沸騰的景象，天安門廣場有一種劫後的荒涼與肅殺。那天晚上，我的心境就像北京涼風習習的秋夜一般蕭瑟。在大陸四處求醫下來，我的結論是，中國也沒有醫治「再生不良性貧血」的特效藥。王國祥對我這次大陸之行，當然也一定抱有許多期望，我怕又會令他失望了。

回到美國後，我與王國祥商量，最後還是決定服用曙光醫院吳正翔大夫開的那張藥方，因爲藥性比較平和。石家莊醫生的兩大袋藥粉我也扛了回來，但沒有敢用。而國祥的病，卻是一天比一天沉重了。頭一年，他還支撐著去上班，但每天來回需開兩小時車程，終於體力不支，而把休斯的工作停掉。幸虧他買了殘障保險，沒有因病傾家蕩產。第二年，由於服用太多激素，觸發了糖尿病，又因長期缺血，影響到心臟，發生心律不整，逐漸行動也困難起來。

一九九二年一月，王國祥五十五歲生日，我看他那天精神還不錯，便提議到「北海漁邨」，去替他慶生。我們一路上還商談著要點些什麼菜，談到吃我們的興致又來了。「北海漁邨」的停車場上到飯館有一道二十多級的石階，國祥扶著欄杆爬上去，爬到一半，便喘息起來，大概心臟負荷不了，很難受的樣子。我趕忙過去扶著他，要他坐在石階上休息一會兒，他歇了口氣，站起來還想勉強往上爬。我知道，他不願掃興，我勸阻道：「我們不要在這裡吃飯了，回家去做壽麵吃。」我沒有料到，王國祥的病體已經虛弱到舉步維艱了。回到家中，我們煮了兩碗陽春麵，度過王國祥最後的一個生日。星期天傍晚，我要回返聖芭芭拉，國祥送我到門口上車，我在車中反光鏡裡，瞥見他孤立在大門前的身影，他的頭髮本來就有少年白，兩年多來，百病相纏，竟變得滿頭蕭蕭，在暮色中，分外怵目。開上高速公路後，突然一陣無法抵擋的傷痛襲擊過來，我將車子拉到公路一旁，伏在方向盤上，不禁失聲大慟。我哀痛王國祥如此勇敢堅忍，如此努力抵抗病魔咄咄相逼，最後仍然被折磨得形銷骨立。而我自己亦盡了所有力量，去迴護他的病體，卻眼看著他的生命一點一滴耗盡，終至一籌莫展。我一向相信人定勝天，常常逆數而行，然而人力畢竟不敵天命，人生大限，無人能破。

夏天暑假，我搬到艾爾蒙特王國祥家去住，因為隨時會發生危險。八月十三日黃昏，我從超市買東西回來，發覺國祥呼吸困難，我趕忙打九一一叫了救護車來，用氧氣筒急救，隨即將他扛上救護車揚長鳴笛往醫院駛去。在醫院住了兩天，星期五，國祥的精神似乎又好轉了。他進出醫院多次，這種情況已習以為常，我以為大概第二天，他就可以出院了。我在醫院裡陪了他一個下午，聊了些閒話，晚上八點鐘，他對我說道：「你先回去吃飯吧。」我把一份《世界日報》留給他看，說道：「明天早上我來接你。」那是我們最後一次交談。星期六一早，醫院打電話來通知，王國祥昏迷不醒，送進了加護病房。我趕到醫院，看見國祥身上已插滿了管子。他的主治醫生告訴我，不打算用電擊刺激國祥的心臟了，我點頭同意，使用電擊，病人太受罪。國祥昏迷了兩天，八月十七日星期一，我有預感恐怕他熬不過那一天。中午我到醫院餐廳匆匆用了便餐，趕緊回到加護病房守著。顯示器上，國祥的心臟愈跳愈弱，五點鐘，值班醫生進來準備，我一直看著顯示器上國祥心臟的波動，五點二十分，他的心臟終於停止。我執著國祥的手，送他走完人生最後一程。霎時間，天人兩分，死生契闊，在人間，我向王國祥告了永別。

一九五四年，四十四年前的一個夏天，我與王國祥同時匆匆趕到建中去上暑假補習班，預備考大學。我們同級不同班，互相並不認識，那天恰巧兩人都遲到，一同搶著上樓梯，跌跌撞撞，碰在一起，就那樣，我們開始結識，來往相交，三十八年。王國祥天性善良，待人厚道，孝順父母，忠於朋友。他完全不懂虛偽，直言直語，我曾笑他說謊舌頭也會打結。但他講究學問，卻據理力爭，有時不免得罪人，事業上受到阻礙。王國祥有科學天才，物理方面應該有所成就，可惜他大二生過那場大病，腦力受了影響。他在休斯研究人造衛星，很有心得，本來可以更上一層樓，可是天不假年，五十五歲，走得太早。我與王國祥相知數十載，彼此守望相助，患難與共，人生道上的風風雨雨，由於兩人同心協力，總能抵禦過去，可是最後與病魔死神一搏，我們全力以赴，卻一敗塗地。

我替王國祥料理完後事回轉聖芭芭拉，夏天已過。那年聖芭芭拉大旱，市府限制用水，不准澆灑花草。幾個月沒有回家，屋前草坪早已枯死，一片焦黃。由於經常跑洛杉磯，園中缺乏照料，全體花木黯然失色，一棵棵茶花病懨懨，只剩得奄奄一息，我的家，成了廢園一座。我把國祥的骨灰護送返台，安置在善導寺後，回到美國便著手重建家園。草木跟人一樣，受了傷須得長期調養。我花了一兩年工夫，費盡心血，才把那些茶花一一救活。退休後時間多了，我又開始到處蒐集名茶，愈種愈多，而今園中，茶花成林。我把王國祥家那兩缸桂花也搬了回來，因爲長大成形，皮蛋缸已不堪負荷，我便把那兩株桂花移植到園中一角，讓它們入土爲安。冬去春來，我園中六、七十棵茶花競相開發，嬌紅嫩白，熱鬧非凡。我與王國祥從前種的那些老茶，二十多年後，已經高攀屋簷，每株盛開起來，都有上百朵。春日負暄，我坐在園中靠椅上，品茗閱報，有百花相伴，暫且貪享人間瞬息繁華。美中不足的是，抬望眼，總看見園中西隅，剩下的那兩棵義大利柏樹中間，露出一塊楞楞的空白來，缺口當中，映著湛湛青空，悠悠白雲，那是一道女媧煉石也無法彌補的天裂。

——原載一九九九年一月二十四—二十六日《聯合報》

文學不死

——感懷姚一葦先生

姚一葦先生竟然也走了。姚先生享年七十五，其實也算是高壽。但是自從認識姚先生三十多年來，每次與他相聚，談到文學——我們兩人見面總也離不開這個話題——尤其是他熱烈愛護的台灣文學，姚先生一逕是那麼興致高昂，神采飛揚，讓人感覺他那充沛的生命力，永遠也不會衰竭的。今年四月在《聯合報》上看到十二日刊載姚先生遽然逝世的消息，眞是大吃一驚，一連幾晚，難以入眠。我因創辦《現代文學》而與姚一葦先生結識，也因這本雜誌，姚先生與我之間建立起一份半師半友，爲文學事業患難與共的悠久關係。姚先生曾爲這本經常在風雨飄搖中顚躓前進的同人雜誌投注了最多的心血，他無條件的爲它奉獻，栽培它、扶持它，前後擔任了八年的編輯任務，幾次臨危受命，使之不墜。姚先生對《現代文學》用情之深，常常使我感動。

一九六三年，大概是二三月間，那時《現文》同人大部分已經出國留學去了，我自己馬上也要離開台灣，《現文》的編務登時陷入了危機。有一天我把余光中、何欣、姚一葦三位先生請到我家，當面鄭重將《現文》的編務託付給他們三人輪流擔任。那是我第一次與姚一葦先生見面，也就此開始了我們之間長達三十四年的文學因緣。余、何二位從創刊起本來就是《現文》的基本作者。而姚先生是從第十五期才開始替《現文》撰稿，發表他那篇有關斯特林堡戲劇的文章。據姚先生後來說，他當初是由於同情《現文》困境，由衷愛護這份由幾個年輕學生創辦的文學雜誌，於是義無反顧，答應下來爲《現文》效力。大概當時姚先生自己也沒有料到，他一聲承諾竟使他與《現代文學》共度了起起伏伏，時斷時續，二十一年休戚與共的命運。

談到《現代文學》，姚先生最津津樂道的是他第一次主編《現文》第十九期（一九六四年一月十五日出刊）。許多年後他回憶起這一段往事，興奮之情，仍舊躍然紙上：「輪到我編第十九期，我收到白先勇的〈芝加哥之死〉、王文興的〈欠缺〉、歐陽子的〈貝太太的早晨〉，和我拉到的陳映眞的〈將軍族〉、水晶的〈快樂的一天〉等小說時，內心的愉快與興奮，不可名狀；我感到我們得要好好的愛護它、培植它，讓它開花結果。」

其實那一期小說稿還有七等生的〈隱遁的小角色〉、葉靈的〈弟弟〉，以及汶津的〈十六歲的獨白〉。汶津就是張健。詩也有六七篇，有羅門、管管、方華、周英雄、邱剛健、吳蕪等人的劇作，以及余光中譯的一組《印度現代詩選》。東方白有散文一則。邱剛健同時又翻譯了尤金·伊歐尼斯柯的戲劇名著《禿頭女高音》。最後還有姚先生自己的美學巨著《藝術的奧秘》中〈論模擬〉一章。這本只有一百四十五頁的第十九期《現文》，內容扎實，目錄上列名的作家，後來大都卓然成家。雖然詩人余光中、羅門等人早已成名，其他多爲當時開始寫作的「新銳」作家，所以雜誌風格便有了一番新的氣象。這大概也就是姚先生最感到興奮的地方。姚先生的確曾爲《現代文學》引進了一批才氣縱橫的青年作家。例如陳映眞便是姚先生引進《現文》來的，他那篇〈將軍族〉在《現文》一刊出，台灣文壇爲之側目，變成了陳映眞的一塊招牌。後來施家姐妹，施淑女（白樺木）、施叔青，也是姚先生引介到《現文》投稿的。

除了推動戲劇以外，我認爲姚一葦先生對台灣文壇最大的貢獻應該是，在六〇年代以及七〇年代初，姚先生曾經發掘、鼓勵、呵護，不遺餘力的將一群當時初露頭角正在摸索階段的年輕作家，帶引上廣闊的創作道路。他對他們的影響是深遠的。陳映眞、施叔青等人的紀念文章，都有感一同地表露了當年姚先生對他們的知遇之恩。姚先生對我個人的愛護及器重，我更是一直銘記於心。當年我們的小說還沒有引起太多注意的時候，姚先生已經開始極嚴肅的用「新批評」的方法來評論我們寫作了。他第一篇論文選了王禎和的〈嫁粧一牛車〉，接著下來又陸續選了我的〈遊園驚夢〉、水晶的〈悲憫的笑紋〉、黃春明的〈兒子的大玩偶〉，以及陳映眞的〈一綠色之候鳥〉作爲他評論的範例。在當時台灣文壇，姚先生分析小說的方法，以及所選的文章，都令人耳目一新。像〈嫁粧一牛車〉、〈兒子的大玩偶〉後來被評論家認定爲六〇年代台灣小說的傑作，姚先生都是第一個撰文肯定這些作品的人。

直到今天看來，姚先生這些評析台灣現代小說的論文，其中許多論點仍然屹立不墜。姚先生看小說看得仔細，他在〈論白先勇「遊園驚夢」〉中，把我那篇小說結尾處畫蛇添足的一句話指了出來，在別人看來也許是一個小瑕疵，可是這句參有作者干擾的句子，事實上破壞了整篇小說的觀點統一，爲害甚大。我非常感謝姚先生指正了我的毛病，我在《台北人》結集時，便把這句多餘的句子删掉了，使得整篇小說的結構得到完整。姚先生可以說是我的「一句師」。

套句姚先生常說的話：「《現代文學》是本窮得不能再窮的雜誌！」姚先生最初參加編務那三年，的確是《現文》經濟最拮据的時期，幾位編輯不但沒有支薪，因爲體恤時艱，有時還要補貼交通費。姚先生這樣回憶：「我們沒有聚過一次餐或喝過一次茶，也沒有報過一次交通費。我們認爲開源既不易，只有節流；有些錢，我們能貼的，就貼上算了。」不僅如此，社務忙的時候，編輯太太們也一齊動手幫忙。姚先生興致勃勃的寫道：「每逢出書，得全家總動員，自寫封套、裝封袋，由家人幫忙，然後坐上三輪車，送到郵局。現在想來，這段時期我是怎樣活過來的？我眞的不敢相信。」我記得當時的姚師母范筱蘭女士也曾說過，那些訂戶的封套都是她寫的，寫完了又急急忙忙捧著拿出去寄。出一期雜誌，全家與師動衆。那一段時期，從《現文》第十五期至二十六期，每期姚先生都替這本雜誌撰稿，一共寫了近四十萬字，〈來自鳳凰鎭的人〉及〈孫飛虎搶親〉兩個劇本便在此時完成，當然這些稿子都是沒有稿費的。姚先生那時一面在銀行上班，又要教書，爲了《現文》，凡事還得躬親操勞。台灣夏日酷熱，他有時趕稿趕得「血液上騰，以致手足冰冷，頭腦發脹」，須得用冰毛巾敷頭。工作如此辛苦，但是姚先生卻認爲：「這段期間在我一生中卻是最興奮、最愉快的日子。」多年來，我跟姚先生見面時，總禁不住要懷念那一段創辦《現代文學》蓽路藍縷、胼手胝足的時光。那種爲了文學事業奮不顧身，近乎唐吉訶德式追求理想的精神，我知道，姚先生是頗以爲傲的。文學，可以說是姚先生的宗教吧，那是六〇年代台灣，我們唯一的精神救贖力量。

後來《現代文學》中斷了三年，七〇年代底再復刊時，台灣的社會經濟已在劇變中，同人文學雜誌的生存空間愈來愈小。姚先生在我力邀之下，慨然答應復出主掌編務。姚先生說：「我雖明知此事難爲，但由於我與它的淵源，我對它的深厚感情，我無法推辭，亦不能推辭。」那是一個知其不可而爲之的局面，姚先生貫徹始終，一直支持《現代文學》到一九八四年復刊號第二十二期最後停刊爲止。對這本雜誌，姚一葦先生可以說是仁盡義至。

雜誌雖然停刊了，可是我和姚先生的聯繫一直沒有斷過。每次回台灣，總要跟姚先生一起吃飯，喝冰啤酒，然後就是聽姚先生侃侃而談他一個又一個文學、戲劇的計畫：他正在創作的劇本、他即將出版的論文集，他在藝術學院創立的戲劇系。他好像總有用不完的精力，去追求實踐他的理想。他對文學、戲劇的熱忱從來也未因時間及年歲而稍減。姚先生一向身體健康，沒有聽說他有過任何病痛，去年得知姚先生因心臟病動過手術的消息，頗感意外。我打電話給他，除了探問病情外並勸他稍微放鬆，工作不要過度勞累了。電話中姚先生熱切如昔，他說不工作不行，他還有好多事等著完成。其實心臟病手術成功，恢復不成問題。我的一位哥哥心臟病動過大手術，多年來照樣因公奔走四方。心臟病首重調養，我寄了一本耶魯大學出版的《心臟書》（*Heart Book*）給姚先生，書裡心臟病防治知識非常豐富，當時我想姚先生的病一定很快復元的，因爲姚先生給我的感覺，仍舊是他一貫的鎮定、樂觀、積極。他那種雖千萬人吾往矣唐吉訶德式的精神，似乎仍舊在熊熊的燃燒，那樣一個堅強熱烈的生命，不應該輕易被病魔擊倒的。

四月十四日，姚先生逝世後的第三天，我接到他生前寄出來的一封信，寫信的日期是四月六日，很可能是他入院的前一兩天付郵的。信裡只有一封寥寥數語的短函，他要我看看他附在信中今年四月份《聯合文學》中發表的那篇文章：〈文學往何處去——從現代到後現代〉。這篇文章現在看來，應該是姚先生給我以及對台灣文學界臨終留下來的遺言了。這其實是他去年十一月十七日於「聯合文學周」上的一篇演講稿，可見得他是要講給大家聽的。

這篇文章主要表達他對現代與後現代文學戲劇的一些看法，以及他對文學今後走向的關切及憂慮。姚先生親自參與台灣六〇年代「現代主義」的文學運動，而他本人也承認是「現代主義迷」。他對於現代文學的作品，尤其是現代主義全盛期（High Modernism）如喬伊斯、卡夫卡、吳爾芙等人的小說，以及同時代的現代劇作不免偏愛，但正如鄭樹森在〈古典美學的終點〉追溯姚先生美學系統那篇文章所論，姚先生作爲一位美學家，其實是從古典主義入手的。他精心翻譯的亞里士多德的《詩學》，並集解而成的《詩學箋注》，一直是中譯界一本重要的參考書，而他本人的美學思想中，亞里士多德一脈相傳的古典主義也一直是一根主軸。因此，姚先生對文學作品的看法，於藝術形式及美學架構上，自然就有了十分嚴格的要求。他比較現代與後現代的文學戲劇時，對於後現代的一些「現象」，提出了相當嚴厲的質疑。

姚先生認爲現代主義全盛期的作家對待創作的態度嚴肅，「像喬伊斯、卡夫卡、吳爾芙、葉慈、艾略特等等，他們是根據自己的理念來創作的，不管有沒有人看、有沒有市場。」「因此在那個時代作者是爲了自己而寫的，是所謂的精緻文化（High Culture）的時代。」相對於此，後現代進入了晚期資本主義，「有一件事卻是肯定的，那便是『文化工業』。文化成了工業，任何文化活動都是商品化了。這個現象把以往所謂的精緻文化和大衆文化的界線消弭了。」

姚先生特別關心的一個現象便是「到了後現代（七〇年代）以後，我們不再相信傳統留下來的觀念和教義。」姚先生引用了李歐塔（Jean－Francois Lyotard）所指從文藝復興以降人本主義傳統的「大叙述」（Grand Narratives），過渡到後現代變成了「迷你叙述」（Mini Narratives），變成了「局部的、部分的、特殊地區的、特殊個人的、少數族群所發生一些臨時性、偶然性、相對性的東西」。姚先生認爲「現代主義」的重要作家，他們的作品即使悲觀、失望，表露出某種哀愁，或是懷舊，可是基本上還是蘊含著對這個世界、對人類的關懷。他舉出艾略特的《荒原》、喬伊斯的《都柏林人》、契訶夫的劇本等，「都不是自我的小問題，都有大關懷在內」。

對於後現代作品中流行的「戲擬」（Parody）與「拼湊」（Pastiche），姚先生亦頗有微辭。「到了後現代，這種創作方式（指「拼湊」）移植到文學上來，便是東抄一段、西抄一段，毫無關聯地放在一起，這邊模仿張三一段，那邊模仿李四一段，於是就併成一個作品。姚先生對此現象百思不解，他後來聯想到台灣電視的現象，得到一個比喻：台灣電視台自第四台開放後，有好幾十個頻道，台灣觀衆看電視的習慣，拿著遙控器，這裡看一點，那裡看一點，不是從頭到尾看一個節目，而是由完全不相關的碎片拼湊起來。「拼湊」的作品，就像電視片段的集錦，沒有了整體，只是一堆彼此連接不起來的碎片。

據我了解，姚先生對文學戲劇的看法絕不保守，他曾經對台灣實驗劇場的推動不遺餘力。他也不是刻意避俗，他一定知道中國傳統小說戲劇一向是雅俗共賞的。但是作爲一個受過古典主義訓練的美學家，姚先生篤信文學戲劇是一種藝術創作，有其特定的藝術形式，無論其內容結構千變萬化，總也要遵守一些基本的美學原則。我想姚先生必然深知現代主義的文學、戲劇、藝術當年興起之時，對古典美學傳統的顚覆性是何等猛烈，但現代主義的作家們馬上尋找到了一套新的美學法則、一種新的藝術形式作爲規範。現代主義之衰退當然有其時空背景，我想姚先生不是在留戀一個已經過去的文藝運動。現代主義的「警句」已出，不朽作品已經傳世，不必爲其消逝而惋惜。姚先生毋寧是在關切後現代在「顚覆」了古典、現代的美學傳統之後，如何再重建後現代的新美學呢？這個關切，在他另一篇文章〈後現代劇場三問〉裡，提出了更具體的疑問。

那篇文章發表於一九九四年十二月《中外文學》，文章裡，姚先生舉出後現代劇場一些過激的現象：例如否定劇本存在，將文學排出了劇場，導演取代了劇作者，演員不受腳本的拘束任意發揮，一切的先在性與可約束性都給否定了，於是一些古典名著也就被隨意改編得面目全非。姚先生對於這些完全「顚覆」劇場藝術原則的做法，顯然是無法苟同的。

〈文學往何處去〉一文最後論到學術界文學批評的一個相當普遍的現象：「便是文學批評幾乎完全演變爲文化批評」。文學研究者言必種族、性別、階級，這些原本屬於社會學、心理學、政治學的研究議題，喧賓奪主，反而成爲文學研究的主流，歐美學界此風更加爲烈，美國大學的文學系，四、五〇年代以耶魯大學布魯克斯（Cleanth Brooks）、華倫（Robert Penn Warren）等人爲首建立的「新批評」（New Criticism）學派，提倡精讀文本的文學研究方法，曾經獨領美國學界風騷二三十年，現在這種主張以文學論文學的學派已被推翻打倒，美國大學的文學系大門大開，各種社會科學的文化研究者蜂擁而入；文學研究也就變了質。文學不再被視爲一門獨立藝術，而淪爲各種社會科學研究的原始材料。姚先生引用索樂士（Werner Sollors）一九九三年一本書中，歸納出一些文化研究者從文學中找出來的一些研究題目：

人種認同、人種學、民族優越主義、女性身體、女性形象、女性認同、女性想像、女性

主義、外國人、性別、同性戀、人類自體、認同、亂倫、無辜、婚姻（亦包括：重婚；通姦；新娘；離婚；婚約；求婚；厭惡婚姻；婚禮）、多種文化、種族、種族關係、種族衝突、種族區別、種族主義、性、性的角色、性歧視、性認同、性別政治、性關係、性欲、社會階級、社會認同等等。

姚先生自己還加了「少數族裔、邊緣的族裔、女性書」等等，但姚先生問道：「請問大家這些所謂的主題，與文學有無大關係？」嚴格的說，恐怕關係不大。

文學作品當然可以描寫反映這些主題，但書寫這些題目的文章不一定就是文學，更不一定就是好文學。「新批評」學派盯緊文本精讀，可能視野狹隘了一點，但的確是正宗的「文學研究」。現在文化研究（Cultural Studies），範圍寬了，無所不包，卻往往離題太遠，有些研究與文學本身實在沒有什麼關係。美國大學東方語文學系的研究生，不需要從《詩經》、楚辭、唐詩、宋詞等下來，只要從馬王堆裡找出一張古藥方作篇論文，也可以得到博士。據說現在美國語言文學博士生求職，如果論文不涉及種族、性別、階級等等流行議題，便很難找到職位。我參加過一個甄試會議，一位謀求中國文學教職的候選人宣讀論文的題目是梅蘭芳，通篇所講的卻是梅蘭芳的性別問題，梅派京劇藝術一字不提，當然，那篇論文跟中國戲劇根本扯不上關係。

文學研究爲了因應八、九〇年代一些政治、社會運動已經「政治化」了，文學本身看起來似乎已無舉足輕重。於是有些人便提出疑問：文學是不是已經死亡了？或者說，文學會不會死亡？姚先生在〈文學往何處去〉結尾時，對這個問題很肯定的答覆：「文學絕對不會死亡，除非語言已經死亡。」姚先生認爲「即使現在電腦時代已經來臨，但電腦網絡也要使用語言，有些年輕學生在BBS站上發表詩，也不能說它不是文學吧」。姚先生的結論是，文學會變，但不會死亡：

十九世紀時代是小說盛行的時期，不論是英國的狄更斯，法國的巴爾扎克、福樓拜，俄國的托爾斯泰也好，他們能夠想像剛才所說的《尤里西斯》也是小說嗎？他們絕對不能想像那也能稱之爲小說。我們的曹雪芹能夠想像今天得獎的、我們稱之爲小說的是小說嗎？絕對想像不到。我們能想像李白或杜甫能夠想像得到今天的新詩是詩嗎？恐怕做夢也想不到吧！不要談那麼久，就是一百年前的人也無法想像那會是詩吧？當然，以往世界的變化不如今日這麼大、這麼快，我們能想像十年之後的文學是何種面貌？我們在辦《現代文學》、《文學季刊》的時候，便想像不到現在這樣東一段西一段也是小說。我們憑什麼能夠預測十年後或是二十一世紀有什麼樣的小說？什麼樣的詩？但是它會出現，它是文學，不過是什麼樣的文學我不敢預測，但是我可以說「文學是不會死亡的」！

姚先生在這篇演講稿中，說了一些對當世文學走向「反潮流」的話，有的話恐怕還有點「不中聽」。因爲是篇演講稿，不像姚先生一些有關美學的論文那樣嚴謹推敲，但正因即興而發，反而令人感到姚先生語重心長，是篇由衷之言。姚先生生前是如此熱愛文學，尤其熱愛戲劇，愛之深，不免責之切。他臨終前還急著將這篇演講稿寄給我看，想必姚先生也知道，他的一些論點，我一定會贊同的。我想文學寫的不外乎人性人情，只要人性不變，文學便有存在的必要。

最近英美文藝界突然又掀起了一陣珍．奧斯汀（Jane Austen）及亨利．詹姆士（Henry James）熱，兩人多部小說都改成了電影、電視，美國幾家大書店又把他們幾部名著：珍．奧斯汀的《理性與感性》、《愛瑪》、《傲慢與偏見》，亨利．詹姆士的《仕女圖》、《華盛頓廣場》、《鴿翼》都放在最醒目的地方，與暢銷書爲伍了。珍．奧斯汀可以說是英國小說的「青衣祭酒」，亨利．詹姆士卻是美國小說的一代宗師，兩人都被英國名文學批評家李維斯（F. R. Leavis）歸入他那本挑選甚嚴的《偉大的傳統》（*The Great Tradition*）中，可以說是英美文學的正宗主流。有意思的是，兩位大師被改成電影電視，又成爲暢銷書的幾本小說，寫的都不過是找丈夫、嫁女婿、最近人性人情的一些「俗事」，只是珍．奧斯汀筆下的英國女孩比較精明，都挑中了好男人，喜劇收場，而亨利．詹姆士的美國女性則比較天眞，上了壞男人的當，受到教訓。在這個世紀末，美國的婚姻制度已經瀕臨破產（離婚率已超過百分之五十），美國讀者又回頭一窩蜂讀起奧斯汀、詹姆士的小說來，是不是想從這兩位大師的文學作品中去汲取一些人生智慧，重新學習男女相處之道？人性人情大約總還脫離不了男男女女以及男男、女女這些牽扯糾纏，即使當今的電腦網絡族恐怕也難逃離這張天羅地網，而描寫人性中最微妙複雜又難以捉摸的這些東西，還是文學最當行。因此，我也頗有信心的要回應姚先生最後留給我們的話：「文學是不會死亡的！」

——原載一九九七年十一月《聯合報》副刊

花蓮風土人物誌

——高全之的《王禎和的小說世界》

一九九〇年九月中旬，我在北京聽到從台灣傳過去王禎和逝世的消息，當時心中不禁一震。雖然知道王禎和多年疾病纏身，但是突來的噩耗，一下子還是難以接受。王禎和跟我是六〇年代一齊寫小說的文友，是台大外文系的學弟，又曾經參加過《現代文學》。同儕凋零，令人驚心。我知道他這些年來，一直奮勇的在抵抗癌症的侵襲，尤其令人欽佩的是，他在病中，創作欲卻特別旺盛，寫出一本一本的小說來，文學創作，似乎變成了他的武器，挑戰病魔，揶揄死神。可能他相信，只有藝術不朽，能夠超越死亡與時間。然而這樣一個強韌的創作生命，竟也不支倒下。王禎和盛年殞折，是台灣文學重大的損失。

王禎和跟我私下往來並不多，可是我們卻曾結下一段彌足珍惜的文學因緣。王禎和在台大二年級時候寫成的第一篇小說，是他親自交到我手上替他發表的。我看了〈鬼．北風．人〉，當時便警覺到，這篇小說是一個新的聲音，一個新的文學感性。〈鬼．北風．人〉登在《現代文學》第七期，那是一九六一年三月，王禎和才二十歲，寫出了他出手不凡的第一篇創作。那一期我們用了顧福生的畫做插圖。我替王禎和的小說選了一幅題名爲「我要活下去」的素描。畫中是一個沒有頭的人體，雙手卻倔強的合抱在胸前。這幅畫頗能點題，有點像小說中秦貴福的姿態。雜誌出刊，我們在文學院的走廊牆壁上貼了一張大海報，把「我要活下去」也畫了上去，以王禎和的小說爲主題。一個年輕作家第一篇小說刊出，一定是很興奮的。王禎和在回憶《現代文學》的一篇文章〈二十七年前〉中這樣寫道：

> 當時文學院貼出海報宣傳。我低著頭從海報下走過去，又忍不住回過頭來，看看別人看的表情。正巧母親從花蓮上台北，我就領著她去看海報。那時候眞年輕，寫出小說那種得意歡喜，現在就不太一樣了。

後來接著王禎和又在《現代文學》上發表了〈快樂的人〉、〈永遠不再〉（後改題爲〈夏日〉），這兩篇小說也各有特色，已經看得出來，王禎和是一個在小說藝術上，不斷創新求精的作家。我們畢業後去服兵役，王禎和跟他同班的兩位學弟鄭恆雄跟杜國清便正式參加《現代文學》，接手幫忙社務了。因爲雜誌社沒有錢，校對要自己動手，王禎和他們還得坐公共汽車到印刷廠去看校樣。雜誌推銷也得自己來，王禎和曾努力銷出《現代文學》三十多本，也算貢獻不小。《現代文學》是王禎和文學生涯的起點，他的幾篇成熟後的傑作，卻是後來在尉天驄等人創辦的《文學季刊》上發表的。

一九七〇年，陰錯陽差，我又開辦了「晨鐘出版社」，那時候自許甚高，專門出版嚴肅文學作品。小說當然是重要部門，我去找王禎和商量，要替他出小說選集，他欣然同意。這便是「晨鐘」一九七〇年十月出版的《寂寞紅》，集子選了五篇小說：〈那一年冬天〉、〈永遠不再〉、〈月蝕〉、〈寂寞紅〉、〈來春姨悲秋〉，是尉天驄寫的序，封底摘錄了姚一葦先生的評論。猩紅色的封面卻是我選的。選集出版，反應很好。於是一九七五年九月，「晨鐘」又替王禎和出版第二本小說集《三春記》，也收入了五篇小說，還附有他一個劇本《春姨》。集子封面是由郭震唐設計的，上面畫了一個滑稽人物拉開褲子看自己，大概是〈三春記〉中那位雄風不振的區先生吧。可惜這本小說集出版沒有多久，「晨鐘」便關門了。原來開出版社也是在做生意，賠錢的生意是做不長的。那時我不懂這些，一味只想出好書。爲了寫這篇文章，我又從堆積如山的舊書裡找到了晨鐘版的《寂寞紅》與《三春記》，這兩本書現在看看，還是很可愛，可是算一算卻是二十多年前的舊事了。書在人亡，眞是令人不勝今昔。

一九七九年，《中國時報》第三屆小說獎，我正好做評審委員，時報設有推薦獎，當時王禎和的小說〈香格里拉〉正在人間副刊登出。〈香格里拉〉是一篇極動人描寫母子情深的小說。王禎和十分推崇小津安二郎的電影，他這篇小說，頗有小津安二郎平實自然的風格。我極力推薦〈香格里拉〉，後來這篇小說終於得到首獎。可是那時我們已經聽聞王禎和患了鼻咽癌，大家都不免暗暗爲他著急。

評論王禎和的文章，向來不乏。王禎和逝世時，《聯合文學》還爲他舉行了一個作品研討會，收容了不少篇的評論。這些文章從各種角度來探討詮釋王禎和的小說，但迄今還沒有一本全方位研究王禎和小說的專著問世。王禎和是一位有開創性的小說家，他最好的幾篇小說〈來春姨悲秋〉、〈嫁粧一牛車〉、〈香格里拉〉、〈老鼠捧茶請人客〉，我相信可以傳世，他的作品在台灣小說史以及中國小說史上，也應該佔有一席之地。王禎和逝世已經六年，可以蓋棺論定了。高全之這本《王禎和的小說世界》是研究王禎和全部作品的第一本專書，來得恰逢其時。

二十年前，高全之便出版了《當代中國小說論評》一書，裡面收集了他從學生時代便開始撰寫的一系列論文，論及歐陽子、黃春明、七等生、水晶、林懷民等人的作品，他對六〇年代崛起的一批作家是相當熟悉的，因此他研究王禎和的這本專著便有了六〇年代台灣文藝思潮做爲參照。高全之在大學主修數學，後來從事電腦工作，但文學，或者說小說，卻是他一生精神所託。我有一個感想，往往一些本行是醫、理、工而又愛好文藝的讀者，他們有科學分析的訓練，態度客觀，不容易爲一些流行的文學理論所左右，他們對文學作品的欣賞及了解，反而更加直接，而常常能提出一些發人深省的新鮮見解。近年來世界上各種新興的文學理論大行其道，一些理論家挾著語言學、人類學、心理學、社會、政治、經濟各種學科中一些新奇理論，入侵文學領域。於是一陣「解構」、「顚覆」，把文學一座七寶樓臺，拆得不成片段。論來論去，好像都是與文學本質不是很相關的議題，文學的藝術性，這麼重要的一個題目，卻偏偏給忽略了。我對文學，倒是一直抱持著一個相當古老的看法，文學作品總應該走在文學理論的前面，沒有作品，又哪裡來的理論呢。高全之這本專論，並沒有依附任何特定的理論，他是秉著極爲虔誠謙抑的態度，去研究王禎和的作品的。他憑著冷靜的分析頭腦，敏銳的文學感性，以及中年人對人生的深刻體驗，精心細讀王禎和的作品，多年醞釀，終於得出了一些閱讀心得及獨創見解來。

高全之的《王禎和的小說世界》裡，有宏觀鳥瞰式的整體總論，有單篇深入的精微分析，他側重王禎和在小說藝術上苦心孤詣的實驗與開創。但他也從不忽略王禎和小說對社會的關切，他論到王禎和如何寫生命卑微，人生命運，他比較王禎和與黃春明小說對娼妓的態度。他也舉出王禎和小說人物一項重要的論題：母親形象。他的這些論點，許多前人也曾提過，但高全之卻往往能推陳出新，獨具慧眼。有時他甚至獨排衆議，另創一格。

《王禎和的小說世界》第一篇長達四十三頁的總論開宗明義標題爲〈王禎和的小說藝術〉，這便有正本清源的作用。從王禎和留下來少數的序言、訪問、演講稿，以及我對他創作的了解，王禎和創作最大的追求，便是小說藝術上的精益求精，不斷的創新求變。高全之解說了王禎和小說幾個重要的主題關切之後，又提出王禎和小說的叙事觀點及他的小說語言來仔細分析討論——這也是大家都論過的題目。但論到王禎和的小說，就不得不突出這兩項要目來，因爲複雜多變的叙事觀點以及豐富多元的生動語言，正是王禎和小說的一大特色，可論的地方還是很多。王禎和對小說的敘事觀點一開始便有濃厚的興趣，他每寫一篇小說，在敘事觀點上，幾乎都有創新的實驗。一個小說家寫一篇小說的時候，首先碰到的難題便是如何選擇敘事觀點，敘事觀點一旦選定，一錘定音，整篇小說便定了調。王禎和自己承認對亨利・詹姆士（Henry James）提創的單一觀點曾經潛心研究過，他的多篇小說也以單一觀點敘事為主。詹姆士是西方現代小說的一代宗師，他的小說以心理分析見長。王禎和的小說採用單一觀點時，優點是能馬上帶領讀者切入小說角色的內心，他又大量採用內心獨白，有時甚至拔高到意識流動，因此小說角色內心的波瀾起伏，種種隱秘思念，都一一披露出來，於是來春姨內心的挫折悲愴、萬發的尷尬無奈、老祖母的焦急哀憐，我們都深切感到，因為王禎和藉著他的小說角色，徐緩不急，娓娓道來，一腔心事，都訴諸讀者。我們讀王禎和的小說，都會明確的聽到一個特殊的「聲音」，這個「聲音」是作者的，也是作者託借小說人物的，這個「聲音」極具魅力，能夠抓住我們讀者，跟著它，崎崎嶇嶇，從頭走到底。

但王禎和又不完全滿足於單一觀點的敘事方法，他不甘受拘，同一篇小說中，他又另外創造一個敘事者，時常跳出來，指指點點，講評一番。中國傳統小說如「三言」「二拍」，作者常常忍不住，要跑出來向「看官」箴世規勸幾句。英國十九世紀的小說，作者也喜歡直接向"Dear Reader"說長道短，但王禎和這個作者化身的敘事者，卻轉化成喜劇角色，有點像京劇開場，插科打諢的丑角，嬉笑怒罵，卻暗含針砭。姚一葦先生是第一個發覺〈嫁粧一牛車〉是一篇傑作的評論家，他論這篇小說時，對王禎和這個喜歡嘲弄的敘事者論之甚詳。

但我們不禁要問，爲什麼王禎和要在他的小說中推出這樣一個突梯滑稽的敘述者來攪局呢？王禎和自己說過：「好作品不能太感情用事，用喜劇形式來表達作者的意念應該是最理想的方式。」我們還是拿〈嫁粧一牛車〉做例來說明他這個理念，本質上這是一篇極其辛酸的故事，王禎和寫這篇小說時，曾經「邊看邊掉淚」。但他卻深知寫小說不能隨便流淚的，小說的第一大忌便是濫情感傷。但像萬發典妻這樣悲苦的故事，一個處理不小心，就很容易會滑入感傷的濫調中。因此，這個突梯滑稽敘事者的設計，便是王禎和的一種策略，以這個敘事者嘲弄戲謔的口吻腔調，來沖淡調和這個本質上充滿悲苦的故事。又因爲王禎和在這篇小說中，把兩種敘事觀點——由萬發的角度的單一觀點及嘲弄者的觀點——交互運用得十分靈活圓熟，使得萬發與嘲弄者兩人一唱一和，一搭一檔，絲絲入扣，整篇語調一氣呵成，表面上嘻嘻哈哈，骨子裡滿懷悲涼。王禎和成功的把萬發塑造成了阿Q式可笑復可悲的荒謬喜劇人物。〈嫁粧一牛車〉當然還有其他成功因素，但王禎和在這篇小說中，觀點運用得當，卻是首要條件。但王禎和觀點運用的實驗，並非每次都成功的。高全之指出了〈素蘭要出嫁〉中，辛嫂發覺女兒素蘭被丈夫鎖在小木屋裡，那個嘲弄叙事者，突然“Oh, My God！”也用了上來，而且接著一篇大鼓詞式的打油詩，把素蘭形容一頓。讀者至此，有點不知所措起來，因爲辛嫂不是像萬發一樣的滑稽人物，突然對她取笑一番，不免感到唐突。

王禎和曾爲文學下界定：「把正確的字放在正確的地方」①，這個定義對了解王禎和的小說藝術有極大幫助。王禎和顯然認定，文學乃是文字藝術，難怪他對於小說的語言文字投下最大的功夫及心血去琢磨研究，創造出他認為最合適的一種語言來寫他的小說。「尋找真實的聲音來呈現故事」，一直是他努力的目標。因此，小說的語調，是他經營得最用心的項目。常常他寫一篇小說，為了找合適的語調，會找好幾個月。他認為「語調不對，就像歌星唱歌沒有套譜，荒腔走板，不堪入耳」②。他寫〈三春記〉，開始時遭到困難，因為一寫再寫，總感覺語調不準確。後來他讀了《醒世姻緣》，「豁然開朗」，才把〈三春記〉的語調調準。《醒世姻緣》這本明末小說，曾受到胡適的高度評價，這本大量採用山東方言的小說，胡適認為語言極為生動活潑，是一部上乘喜劇，其中「快節奏的俏皮語調」，給王禎和很大啓發。

王禎和的小說多寫花蓮的風土人物，既然他在小說中執意尋找「眞實的聲音」與「準確的語調」，當然台灣方言的運用，便是他創造小說語言的重要課題了。這也是王禎和小說常被議論到的項目。王禎和之前當然也有台灣作家將台灣方言用到小說中，王禎和之後，台灣小說中大量運用台語更為普遍。但王禎和在小說語言的經營上，始終能獨樹一幟，另創一格。事實上中國傳統小說的語言得力於方言甚多，除了《醒世姻緣》外，《水滸傳》與《金瓶梅》也有不少山東土話，《紅樓夢》都是京腔，《儒林外史》有南京話，方言用得最徹底的大概是《海上花列傳》，對話全部是吳語，對話寫得極精彩，可惜只有會吳語的人才看得懂。在小說中運用方言，眞是一門大學問，運用之妙，存乎一心。用得好，小說處處傳神，活色生香，用得不好，一片噪音，反成累贅。我們仔細研究王禎和的小說，他寫得最成功的那幾篇中，我們會發覺他對台語的運用是經過仔細考量，精心研磨的，他用得十分恰當又相當有節制。他並不是生硬的將大量俚語插到小說中去，而是下功夫將台灣話特殊的語法、節奏，巧妙的融入他的小說語言中。例如像〈來春姨悲秋〉及〈香格里拉〉，令人難解的台灣俚語並不多用，〈來春姨悲秋〉王禎和只下了一個註，〈香格里拉〉也只有一兩處小註，可是這兩篇寫花蓮婦人的故事卻是地道的台灣味，風韻天成。王禎和的小說，自有其獨具一格的台灣風情。拿流行歌來打個比方，王禎和喜歡流行歌曲，也常常在小說中引用。老牌台語歌手洪一峰唱的〈舊情綿綿〉、〈悲情的城市〉這幾首台灣老歌，韻味十足，別的台語歌星都唱不過他，即使他的歌王兒子洪榮宏唱起這些老歌來，也要遜他三分。王禎和的小說，也有洪一峰唱的這些台灣老歌醇厚濃摯的鄉土感情，悲酸凄啞中，又透著綿綿不斷的溫馨。王禎和在他的小說中，將台語詩化、抒情化了，而他不避俚俗，將台灣方言中的詼諧幽默大量引入，使得他的小說語言又充滿喜劇色彩。

在〈嫁粧一牛車〉這篇小說前面，王禎和引了亨利．詹姆士的小說《仕女圖》（*The Portrait of a Lady*）中的一段話來做楔子，而且還引了英文原文。〈嫁粧一牛車〉是公認的王禎和小說中鄉土色彩最濃厚的代表作，而他卻偏偏引用西方現代小說一代宗師的話來做楔子，這其中透露的消息，令人玩味。《仕女圖》是詹姆士中期的重要作品，他所創導的單一敘事觀點，便是從這本小說開始運用純熟的。「鄉土」與「現代」，這兩個常常引起爭論的議題，在王禎和的小說裡都佔有重要的地位，值得進一步討論。

在一篇訪問記中，王禎和對被稱為「鄉土作家」並不苟同，他對當時台灣流行的「鄉土」一詞，有這樣的看法③：

「鄉土」這兩個字最先是在美國的一個中國留學生說出來的，他們在異國生活，對他們來說，台灣的一景一物都可以稱之為「鄉土」的景物，由他們說出的「鄉土」，其中的感情是土生土長或是生活在台灣的中國人所不能體會得到的。所以我覺得，這兩個字由他們口中說出才是恰當的，我們實在沒有必要人云亦云。

大凡一個有獨創性的作家大概都不喜歡被歸類於任何派別，因為任何標籤對作家都是一種限制。王禎和大概也不喜歡被限制於當時台灣流行的「鄉土文學」特定的定義中吧。當然王禎和是熱愛他的故鄉花蓮的，他十八歲以前沒有離開過他的故鄉，花蓮的一景一物，人物故事，都深深根植於他的記憶中，變成了他日後文學創作的泉源。花蓮對王禎和而言，恐怕早已超越了地理範圍，而變成了他創作心靈所寄託的「原鄉」，他文學生命的「香格里拉」了。王禎和又說過：「一個作家應該寫他最熟悉的東西，只有這樣，他的作品才會有生命、有感情，才會使讀者有親切感，產生共鳴感。」④王禎和寫到花蓮人的故事，尤其是他所謂「小人物」的故事，他灌注了最大的同情心，也因此寫得最動人。

又因為王禎和到台北上大學念的是外文系，所以他在一個作家很重要的成長期間，便廣泛接觸到西洋文學，他對西方現代主義的小說、戲劇（尤其是奧尼爾及田納西・威廉斯），以及電影，都有濃厚的興趣及研究精神。而他的創作態度又相當開放而喜歡實驗，因此他又大量採用了西方現代小說、戲劇、電影的技巧手法，來豐富他的小說的表現方式——這就造就了王禎和小說有容乃大的獨特風格。一方面他小說內涵深植於花蓮的風土人物，而表現方式卻又是多姿多采各種現代手法。王禎和的小說可以說是既「鄉土」又「現代」，「鄉土」爲體，「現代」爲用，他最成功的幾篇，「體」、「用」已達到合而爲一。

台灣文學界一直有一個看法，認爲「鄉土」與「現代」是對立的，互相排斥，不能相容。王禎和的小說對這種看法恰恰提出了反證。二十世紀中國現代小說的開山鼻祖是魯迅。魯迅的小說寫的多爲他故鄉紹興的風土人物，是道道地地的紹興鄉土，但他卻又是當時中國最現代的作家。魯迅熟讀西方文學，尤其是俄國小說，他是第一個把契訶夫一脈相傳的西方現代短篇小說的形式，成功的引介到中國小說裡來的作家。在魯迅的小說中，「鄉土」與「現代」也是完全契合的。我們今天讀〈徬徨〉、〈吶喊〉，仍感到歷久彌新，我想不僅是其中的鄉土人物、社會意義，更可能是因爲這些小說的現代精神及藝術成就。美國最偉大的小說家迄今恐怕還得算是福克納（William Faulkner）（他也是王禎和最心儀的西方小說家之一）。福克納寫的全是他家鄉密西西比的鄉土故事，但他的小說技巧及文字風格卻有劃時代的獨創性，完全是現代主義的。福克納的小說根植鄉土而又能超越鄉土，達到普遍性宗教的悲憫情懷，他的小說之所以能產生這樣大的震撼力量，就是因爲他創造出一套繁複的小說文字技巧，極有效的表達出他作品深刻的內涵來。西方現代主義最前衛的作家喬伊斯（James Joyce），青年時期離開故鄉都柏林，終其生居留法國，沒有再回愛爾蘭，但他的小說所寫的全是「都柏林人」，是十足的愛爾蘭鄉土，他那本現代主義的鉅著《尤里西斯》（*Ulysses*），全篇用意識流寫成，一天的故事寫了七百多頁，點點滴滴，全是都柏林的風土人物，這本小說如果沒有深厚的愛爾蘭鄉土做爲根基，是難以立腳的。在這些中西文學大師的作品裡，「鄉土」與「現代」不僅不相悖，還相輔相成。王禎和的作品亦如是。如果將「鄉土」的意義提升擴大爲一個民族文化的基本根源，那麼，一個有民族特色的作家，也必然是「鄉土」的。如果「現代」解釋成爲創新求變的時代精神，那麼，不甘受拘於僵化的傳統習俗的作家，也必然會嚮往「現代」了。

高全之在他這篇總論的結尾，對於王禎和不惑於一些流行的文學理論，執著於「寫自己最熟悉的事，尋找眞實的自己的聲音」，這種獨立的創作精神，大加讚揚，作爲一個優秀的小說家，他認爲王禎和「不僅是台灣地區中華文化的驕傲」，「也是整個中華文化——跨越台灣以外更廣更寬地區的中華文化的驕傲」。

高全之用了三章的篇幅專論王禎和幾篇單篇小說。〈寂寞紅〉及〈兩地相思〉，比較少有人論及，尤其〈兩地相思〉這個中篇是王禎和尚未完成的一篇遺作，由鄭樹森整理後，發表於《聯合文學》第一〇三期。高全之花了相當大的功夫精讀這兩篇小說後，對作者的創作意圖、小說的特殊結構，以及這兩篇小說中人物與王禎和其他小說中人物的血緣關係，都有精微的分析與追溯。〈嫁粧一牛車〉這篇王禎和的代表作歷來被討論得最多，似乎該講的話都說盡了。但高全之在〈道德詭辯的營建及其超越〉這一章中，卻提出了〈嫁粧一牛車〉的另一種讀法。自從姚一葦先生發表〈論王禎和「嫁粧一牛車」〉以來，歷來論者都以故事主角萬發爲主軸，來詮釋這篇小說的各層意義。高全之卻換一個角度，從故事另外兩個配角阿好及簡底的立場，來了解這齣共妻的悲喜劇。王禎和對他筆下的人物——尤其是花蓮下層社會的「小人物」，相當寬容。他寫人物，「並沒有刻意去褒貶他們，每個人都有對的地方，但也有不對的地方。」所以他寫的就是這樣有對也有錯的「中間人」。他在《現代文學》第七期上發表的第一篇小說〈鬼・北風・人〉前面引了易卜生的一句話：

"One must go on living, and it makes one selfish."

「人須得活下去，這就使人變得自私。」

後來結集出遠景版時，王禎和卻把易卜生這句引言拿掉了。其實易卜生這句話，對理解王禎和小說人物的處境，有相當大的幫助。王禎和的許多小說人物，都在赤貧的生命線上掙扎求存，在求生存的這個大前提下，這些小人物身上這樣那樣性格及行爲上的缺點，似乎都是可以原諒的了。秦貴福（〈鬼・北風・人〉）、含笑（〈快樂的人〉）、阿乞伯（〈那一年冬天〉）、甚至來春姨（〈來春姨悲秋〉），他們爲了要活下去，都變得自私，他們的處境也因此更為辛酸。〈嫁粧一牛車〉求生存的掙扎，最為赤裸野蠻，王禎和對萬發固然滿懷悲憫（他邊寫邊哭），對阿好及簡底他似乎也有不忍之心。高全之頗能揣摩作者的用心，他替阿好及簡底都作了相當令人信服的辯護。他指出阿好與簡底並非像潘金蓮與西門慶一對「姦夫淫婦」十惡不赦，雖然萬發妄自菲薄想效法三寸丁武大郎捉姦。阿好紅杏出牆出於經濟壓迫生計無著，也由於生理需要——萬發夫綱不振，雄風不舉。阿好其貌不揚，而居然還有一個小她十幾歲、荷包裡又有幾文的男人對她發生戀情，站在女性立場，阿好何樂不為。但阿好畢竟對萬發還念舊情，萬發下獄後，她並沒有拋棄他，等他出獄後還替他賺來一架牛車。簡底雖然分享了萬發的妻子，但他也替萬發養活了兒子阿五。簡底維持了萬發一家的生計，替他代行了丈夫父親的職責。簡底最大的缺點便是一身的狐臭，但男人的體臭也可能是雄性的表徵，難怪萬發處處感到簡底狐臭的威脅。〈嫁粧一牛車〉這篇小說，王禎和對人物設計相當周全，主角配角間，比重份量，不偏不倚，這是這篇小說成功的另外一大因素，萬發的悲劇並非由於壞人作祟，而是出於環境的壓迫、時運的不濟，以及主角萬發本身性格的缺陷導致而成。

研究一位作家，追溯他創作上所受的影響，當然亦是重要的一個部門。王禎和興趣廣泛，由曹禺的劇本到章翠鳳的大鼓，他都有濃厚興趣。但是在他重要的創作形成期間，張愛玲對他的影響，是不容低估的。這可以分兩方面說，其一是張愛玲作品對他的影響，其二是她個人對他的影響。高全之為此專闢一章論述這兩位作家一段罕有的文學因緣。

一九六一年初秋，張愛玲訪台，她到遠東的目的是赴香港寫電影劇本，台灣之行是順道。不過據司馬新《張愛玲與賴雅》的記載，張愛玲到台灣也想為她計畫中的小說〈少帥〉收集一些資料。那次王禎和與張愛玲見了面，而且因為張愛玲看了王禎和的第一篇小說〈鬼．北風．人〉，十分激賞，而興起花蓮之遊，並由王禎和招待，在王家小住。這一段交往，對王禎和恐怕是終生難忘的珍貴經驗。王禎和與張愛玲在台北第一次會面，我也在場。那是美國在台新聞處處長李察．麥卡錫（Richard McCarthy）作東宴請張愛玲，麥卡錫找了一群《現代文學》的年輕作家作陪，有歐陽子、陳若曦、王文興、戴天還有王禎和，此外殷張蘭熙女士也在座。午宴設在西門町的「石家飯店」，那是一家蘇州菜館，在當時算是有名的江浙館子了。台北還是秋老虎的大熱天，飯館裡開足了冷氣。我坐在張愛玲的右手邊，我印象最深的是，她還攜帶了一件紫色綢面的棉襖，大概台灣飯館裡呼呼的冷氣她有點吃不消。那天張愛玲話不多，但跟我們說話時很親切，大概看見我們這一群對寫作興致勃勃的年輕學生覺得很有意思。她的國語帶有京腔的，很好聽，大概小時在北方住過有關。張愛玲是近視眼，眼睛看起來有點矇矓，可是她一專注的時候，眼裡一道銳光，好像把什麼東西都穿透過去了似的。我記得她那天在席上講過，她看了王禎和的小說，對花蓮產生好奇，想去看看。張愛玲雖然在大陸成名甚早，但她的小說當時在台灣還沒有開始流行，讀者不多，王禎和是少數中的一個，他未遇見張愛玲前，應該已經熟讀了她的作品。已有很多人指出來，他的第一篇小說〈鬼．北風．人〉文字風格上已經受了張愛玲的影響。一個初寫作的年輕作家，第一篇小說就受到自己心儀的前輩作家肯定欣賞，那一番鼓勵，是無法估計的。不管張愛玲基於什麼原因欣賞〈鬼．北風．人〉——花蓮的風土人情，文風與她近似，我想她也必然從王禎和的第一篇小說中看到了他的才氣。據王禎和回憶，張愛玲那次到花蓮遊玩得很開心，住在他家與他家人相處也頗融洽。多年來，王禎和對張愛玲一直懷著一份敬愛，大概他也感激張愛玲對他初出道時的一番知遇吧。

在〈張愛玲與王禎和〉這一章裡，高全之舉出了許多張、王之間文學上息息相通的例子。譬如說，王禎和的幾篇小說的題名可能就是受了張愛玲的啓發。張愛玲的〈桂花蒸　阿小悲秋〉，這篇小說名字別出心裁。中國文學傳統自從「宋玉悲秋」以來，「悲秋」一直是文人騷客感時傷懷的崇高情緒，可是張愛玲卻來個上海娘姨悲秋，翻新翻得很俏。王禎和在〈來春姨悲秋〉裡，讓花蓮的歐巴桑也悲起秋來，與張愛玲的上海老媽子悲秋有異曲同工之妙，而且「春」與「秋」對得很好，十分點題。我個人偏愛王禎和這篇小說，憐老恤貧的同情心是王禎和小說中最可貴的特質，來春姨與阿登叔這對相濡以沫的苦命老人，他們的黃昏之戀寫得實在動人。張愛玲在一篇散文〈忘不了的畫〉中，談到高更（Gauguin）的一幅名畫：《永遠不再》，畫裡躺著一個裸體女人（張愛玲把她寫成是夏威夷女人，應該是大溪地的土著），裸女頗健壯，富原始氣息。張愛玲便替她編了一則哀豔的故事，「想必她曾結結實實戀愛過，現在呢，『永遠不再』了。」王禎和在《現代文學》第九期發表了一篇一個山地女人懷念她過去一段破碎愛情的故事，題名就叫做〈永遠不再〉，而且內容、人物，尤其是氣氛也與張愛玲替高更的畫所編的故事類似。王禎和這篇〈永遠不再〉，很可能靈感得自張愛玲。王禎和對這篇小說的態度也值得研究。他頭兩次結集出版的時候，金字塔版《嫁粧一牛車》及晨鐘版《寂寞紅》都沒有選這篇，等到晨鐘版《三春記》才把這篇小說收入，卻把名字改成了〈夏日〉，其實〈永遠不再〉十分切題，改成〈夏日〉倒反而浮泛了。大概他後來又捨不得「永遠不再」這個篇名，用在另外一篇講兩兄弟的故事上，題目與內容其實並不很合。王禎和曾提到張愛玲對第一篇〈永遠不再〉有所批評，他可能很在乎張愛玲的意見，所以對這篇小說產生了矛盾心理。我記得有一次曾向他提起〈永遠不再〉，王禎和揮了一揮手，幾乎有點不屑的說道：「哎，那篇東西——」事實上，我認為〈永遠不再〉（〈夏日〉）在王禎和寫作的發展過程上，有相當重要的地位，這是他第二篇小說，卻是他第一次大量採用意識流技巧描寫女性心理。雖然還嫌生硬，但有些片段對女性內心世界刻劃得很好。事實上這篇小說恐怕也受另外一位作家影響。《現代文學》第七期，介紹了美國南方小說家凱瑟琳・安・波特（Katherine Anne Porter），其中並翻譯了她的短篇小說〈棄婦吟〉（"The Jilting of Granny Weatherall"），這篇小說技巧很特別，整篇故事隨著一位彌留期間老婦人半清醒半昏迷的意識流動，追述她年輕時被愛人拋棄，一生中最痛苦的經驗。波特在這篇小說中，意識流的運用可謂爐火純青，王禎和自己承認很喜歡波特的小說，這一篇他一定讀過，因為他自己的第一篇小說就發表在同期上。〈永遠不再〉可以說是王禎和的〈棄婦吟〉，波特純熟的意識流技巧，可能曾給王禎和相當大的啓發，若干年後，他寫〈老鼠捧茶請人客〉，全篇用的都是意識流了，而且寫的正是一位彌留老婦靈魂出竅的故事。王禎和在這篇故事裡，終於能夠全盤掌握他在〈永遠不再〉裡還沒有達到的境界。

張愛玲與其他小說家幾乎沒有什麼往來，由她主動去結識的，王禎和算是絕無僅有，這也是兩個人的緣分。

高全之在《王禎和的小說世界》裡，也曾花了不少篇幅探討王禎和的幾部諷刺喜劇小說：《美人圖》、《玫瑰玫瑰我愛你》，他很努力的去尋找這些小說的社會意義，也曲意替這些小說辯護。我們讀王禎和這些諷刺喜劇，首先一定覺得他的文字語言辛辣調皮，讀來過癮，對他諷刺挖苦台灣一些烏煙瘴氣的社會現象也會拍手稱快，但做爲文學作品，我總覺得這些並不是王禎和的上乘之作。最好的諷刺小說大都能做到謔而不虐，《儒林外史》是一個成功例子，錢鍾書的《圍城》又是另外一例，魯迅把阿Q無論寫得如何不堪，但我們仍覺得阿Q可喜可愛。王禎和可能太過深惡痛絕他小說裡那些獐頭鼠目的人物了，罵起他們來，下筆不免失於尖刻。王禎和還是描寫他故鄉花蓮那些「小人物」時，最動情、最動心，也寫得最動人，他把一腔的愛心都灌注在來春姨、阿登叔、萬發、阿緞、老祖母身上了，即使不很可愛的秦貴福、阿乞伯、含笑，甚至阿好和秦世昌，王禎和都能待以哀矜。是在描寫這些「小人物」的悲歡離合上，我們看到了一個小說家廣大同情的胸懷。

花蓮子弟王禎和，以他的文學天才，替他故鄉寫下了一部永恆的風土人物誌。我相信以後研究王禎和作品的專書還會陸續出現，但高全之這部《王禎和的小說世界》資料收集周全，範圍涵蓋甚廣，還有不少獨到的見解，值得做爲重要參考。

——原載一九九六年一月《聯合報》副刊

①《在鄉土上掘根》——遠景五版代序，胡爲美。《嫁粧一牛車》，洪範版，一九九三年，頁二八四。

②〈永恒的尋求〉，《人生歌王》代序，聯合文學出版社，一九八七年。

③同①，頁二八三。

④同①，頁二八三。

我的崑曲之旅

——兼憶一九八七年在南京觀賞張繼青《三夢》

一

很小的時候我在上海看過一次崑曲，那是抗戰勝利後的第二年梅蘭芳回國首次公演，在上海美琪大戲院演出。美琪是上海首輪戲院，平日專門放映西片，梅蘭芳在美琪演崑曲是個例外。抗戰八年，梅蘭芳避走香港留上鬍子，不肯演戲給日本人看，所以那次他回上海公演特別轟動，據說黑市票賣到了一條黃金一張。觀衆崇拜梅大師的藝術，恐怕也帶著些愛國情緒，景仰他的氣節，抗戰剛勝利，大家還很容易激動。梅蘭芳一向以演京戲爲主，崑曲偶爾爲之，那次的戲碼卻全是崑曲：《思凡》、《刺虎》、《斷橋》、《遊園驚夢》。很多年後崑曲大師兪振飛親口講給我聽，原來梅蘭芳在抗戰期間一直沒有唱戲，對自己的嗓子沒有太大把握，皮簧戲調門高，他怕唱不上去，俞振飛建議他先唱崑曲，因爲崑曲的調門比較低，於是才有俞梅珠聯璧合在美琪大戲院的空前盛大演出。我隨家人去看的，恰巧就是《遊園驚夢》。從此我便與崑曲，尤其是《牡丹亭》結下了不解之緣。小時候並不懂戲，可是《遊園》中〈皀羅袍〉那一段婉麗嫵媚、一唱三嘆的曲調，卻深深印在我的記憶中，以致許多年後，一聽到這段音樂的笙簫管笛悠然揚起，就不禁怦然心動。

第二次在上海再看崑曲，那要等到四十年後的事了。一九八七年我重返上海，恰好趕上「上崑」演出《長生殿》的最後一場。「上崑」剛排好《長生殿》三個多小時的版本，由蔡正仁、華文漪分飾唐明皇與楊貴妃。戲一演完，我縱身起立，拍掌喝采，直到其他觀衆都已散去，我仍癡立不捨離開。「上崑」表演固然精彩，但最令我激動不已的是，我看到了崑曲——這項中國最精美、最雅致的傳統戲劇藝術，竟然在遭罹過「文革」這場大浩劫後，還能浴火重生，在舞台上大放光芒。當時那一種感動，非比尋常，我感到經歷一場母體文化的重新洗禮，民族精神文明的再次皈依。大唐盛世，天寶興亡，一時呈現眼前。文學上的聯想也一下子牽繫上杜甫的〈哀江頭〉、白居易的〈長恨歌〉：「人生有情淚沾臆，江水江花豈終極」、「天長地久有時盡，此恨綿綿無絕期」。等到樂隊吹奏起《春江花月夜》的時刻，眞是到了令人「情何以堪」的地步。

從前看《紅樓夢》，元妃省親，點了四齣戲：《家宴》、《乞巧》、《仙緣》、《離魂》，後來發覺原來這些都是崑曲，而且來自當時流行的傳奇本子：《一捧雪》、《長生殿》、《邯鄲夢》，還有《牡丹亭》。曹雪芹成書於乾隆年間，正是崑曲鼎盛之時，上至王卿貴族如賈府，下至市井小民，對崑曲的熱愛，由南到北，舉國若狂。蘇州是明清兩代的崑曲中心，萬曆年間，單蘇州一郡的職業演員已達數千之衆，難怪賈府爲了元妃省親會到姑蘇去買一班唱戲的女孩子回來。張岱在《陶庵夢憶》裡，記載了每年蘇州虎丘山中秋夜曲會大比賽的盛況，與會者上千，釆聲雷動，熱鬧非凡。當時崑曲清唱是個全民運動，大概跟我們現在台灣唱卡拉OK一樣盛行，可見得中國人也曾是一個愛音樂愛唱歌的民族。由明萬曆到清乾嘉之間，崑曲獨霸中國劇壇，足足興盛了兩百年，其流傳之廣，歷時之久，非其他劇種可望其項背。而又因爲數甚衆的上層文人投入劇作，將崑曲提升爲「雅部」，成爲雅俗共賞的一種精緻藝術。與元雜劇不同，明清傳奇的作者倒有不少是進士及第，做大官的。曹雪芹的祖父曹寅也寫過傳奇《續琵琶》，可見得當時士大夫階級寫劇本還是一件雅事。明清的傳奇作家有七百餘人，作品近兩千種，存下來的也有六百多，數量相當驚人，其中名著如《牡丹亭》、《長生殿》、《桃花扇》等早已成爲文學經典。但令人驚訝不解的是，崑曲曾經深入民間，影響我國文化如此之巨，這樣精美的表演藝術，到了民國初年竟然沒落得幾乎失傳成爲絕響，職業演出只靠了數十位「崑曲傳習所」傳字輩藝人在苦撐，抗戰一來，那些藝人流離失所，崑曲也就基本上從舞台消失。戰後梅蘭芳在上海那次盛大崑曲演出，不過是靈光一現。

南京在明清時代也曾是崑曲的重鎮。《儒林外史》第三十回寫風流名士杜愼卿在南京名勝地莫愁湖舉辦唱曲比賽大會，竟有一百三十多個職業戲班子參加，演出的旦角人數有六七十人，而且都是上了妝表演的，唱到晚上，「點起幾百盞明角燈來，高高下下，照耀如同白日。歌聲縹緲，直入雲霄」。城裡的有錢人聞風都來捧場，雇了船在湖中看戲，看到高興的時候，一個個齊聲喝采，直鬧到天明才散。這一段不禁教人看得嘖嘖稱奇，原來乾隆年間南京還有這種場面。奪魁的是芳林班小旦鄭魁官，杜愼卿賞了他一只金杯，上刻「艷奪櫻桃」四個字。這位杜十七老爺，因此名震江南。金陵是千年文化名城，明太祖朱洪武又曾建都於此，明清之際，金陵人文薈萃，亦是當然。

二

一九八七年重遊南京，我看到了另一場精彩的崑曲演出：江蘇崑劇團張繼青的拿手戲《三夢》——〈驚夢〉、〈尋夢〉、〈癡夢〉。我還沒有到南京以前，已經久聞張繼青的大名，行家朋友告訴我：「你到南京，一定要看她的《三夢》。」隔了四十年，才得重返故都，這個機會，當然不肯放過。於是託了人去向張繼青女士說項，總算她給面子，特別演出一場。那天晚上我跟著南京大學的戲劇前輩陳白塵與吳白匋兩位老先生一同前往。二老是戲曲專家，知道我熱愛崑曲，頗為嘉許。陳老談到崑曲在大陸式微，忿忿然說道：「中國大學生都應該以不看崑曲為恥！」開放後，中國大學生大概都忙著跳迪斯可去了。當晚在劇院又巧遇在南京講學的葉嘉瑩教授，葉先生是我在台大時的老師，我曾到中文系去旁聽她的古詩課程，受益甚大。葉先生這些年巡迴世界各地講授中國古典文學，抱著興滅繼絕的悲願，在華人子弟中，散播中國傳統文化的根苗。那天晚上，我便與這幾位關愛中國文化前途的前輩師長，一同觀賞了傑出崑曲表演藝術家張繼青的《三夢》。

張繼青的藝術果然了得，一齣〈癡夢〉演得出神入化，把劇中人崔氏足足演活了。這是一齣高難度的做工戲，是考演員眞功夫的內心戲，張繼青因演〈癡夢〉名震海內外。〈癡夢〉是明末清初傳奇《爛柯山》的一折，取材於《漢書·朱買臣傳》，及民間馬前潑水的故事。西漢寒儒朱買臣，年近半百，功名未就，妻崔氏不耐饑寒，逼休改嫁，後來朱買臣中舉衣錦榮歸，崔氏愧悔，然而覆水難收，破鏡不可重圓，最後崔氏瘋癡投水自盡。這是一齣典型中國式的倫理悲劇：貧賤夫妻百事哀。如果希臘悲劇源於人神衝突，中國悲劇則起於油鹽柴米，更近人間。朱買臣休妻這則故事改成戲劇也經過不少轉折。《漢書·朱買臣傳》，崔氏改嫁後仍以飯飲接濟前夫，而朱買臣當官後，亦善待崔氏及其後夫，朱買臣夫婦都是極厚道極文明的，但這不是悲劇的材料。元雜劇《朱太守風雪漁樵記》最後卻讓朱買臣夫婦團圓，變成了喜劇。還是傳奇《爛柯山》掌握了這則故事的悲劇內涵，但是在《崑曲大全》老本子的《逼休》一折，崔氏取得休書後，在大雪紛飛中竟把朱買臣逐出家門，這樣凶狠的女人很難演得讓觀眾同情，江蘇崑劇團的演出本改得最好，把崔氏這個愛慕虛榮不耐貧賤的平凡婦人刻劃得合情合理，恰如其分，讓張繼青的精湛演技發揮到淋漓盡致。她能把一個反派角色演得最後讓人感到其情可憫，其境可悲，這不是件容易的事，這就要靠眞功夫了。張繼青演《爛柯山》中的崔氏，得自傳字輩老師傅沈傳芷的眞傳。沈傳芷家學淵源，其父是「崑曲傳習所」有「大先生」尊稱的沈月亭，他自己也是個有名的「戲包袱」，工正旦。張繼青既得名師指導，又加上自己深刻琢磨，終於把崔氏這個人物千變萬化的複雜情緒，每一轉折都能準確把握投射出來，由於她完全進入角色，即使最後崔氏因夢成癡，瘋瘋癲癲，仍讓人覺得那是眞的，不是在做戲。《爛柯山》變成了張繼青的招牌戲，是實至名歸。我們看完她的〈癡夢〉，大家嘆服，葉嘉瑩先生也連聲讚好。

在南京居然又在舞台上看到了《遊園驚夢》！人生的境遇是如此之不可測。白天我剛去遊過秦淮河、夫子廟，亦找到了當年以清唱著名的得月台戲館，這些名勝正在翻修，得月台在秦淮河畔，是民國時代南京紅極一時的清唱場所，當年那些唱平劇、唱崑曲的姑娘，有的飛上枝頭，變成了大明星、官太太。電影明星王熙春便是淸唱出身的。得月台，亦是秦淮水榭當年民國時代一瞬繁華的見證。我又去了烏衣巷、桃葉渡，參觀了「桃花扇底送南朝」李香君的故居媚香樓。重遊南京，就是要去尋找童年時代的足跡。我是一九四六年戰後國民政府還都，跟著家人從重慶飛至南京的，那時抗戰剛勝利，整個南京城都漾蕩著一股劫後重生的興奮與喜悅，漁陽鼙鼓的隱患，還離得很遠很遠。我們從重慶那個泥黃色的山城驟然來到這六朝金粉的古都，到處的名勝古蹟，眞是看得人眼花撩亂。我永遠不會忘記爬到明孝陵那些龐然大物的石馬石象背上那種奮亢之情，在雨花台上我挖掘到一枚脂胭血紅晶瑩剔透的彩石，那塊帶著血痕的彩石，跟隨了我許多年，變成了我對南京記憶的一件信物。那年父親率領我們全家到中山陵謁陵，爬上那三百九十多級石階，是一個莊嚴的儀式。多年後，我才體會得到父親當年謁陵，告慰國父在天之靈抗日勝利的心境。四十年後，天旋地轉，重返南京，再登中山陵，看到鍾山下面鬱鬱蒼蒼，滿目河山，無一處不蘊藏著歷史的悲愴，大概是由於對南京一份特殊的感情，很早時候便寫下了《遊園驚夢》，算是對故都無盡的追思。台上張繼青扮演的杜麗娘正唱著《皂羅袍》：

原來姹紫嫣紅開遍
似這般都付與斷井頹垣
良辰美景奈何天
便賞心樂事誰家院

在台下，我早已聽得魂飛天外，不知道想到哪裡去了。

三

離開南京前夕，我宴請南京大學的幾位教授，也邀請了張繼青，爲了答謝她精彩的演出。宴席我請南大代辦，他們卻偏偏選中了「美齡宮」。「美齡宮」在南京東郊梅嶺林園路上，離中山陵不遠，當年是蔣夫人宋美齡別墅，現在開放，對外營業。那是一座仿古宮殿式二層樓房，依山就勢築成，建築典雅莊重，很有氣派，屋頂是碧綠的琉璃瓦，挑角飛簷，雕梁畫棟，屋外石階上去，南面是一片大平台，平台有花磚鋪地，四周爲雕花欄杆。台北的圓山飯店就有點模仿「美齡宮」的建築。宴席設在樓下客廳，這個廳堂相當大，可容納上兩百人。陳白塵、吳白匋幾位老先生也都到了，大家談笑間，我愈來愈感到周圍的環境似曾相識。這個地方我來過！我的記憶之門突然打開了。應該是一九四六年的十二月，蔣夫人宋美齡開了一個聖誕節「派對」，母親帶著四哥跟我兩人赴宴，就是在這座「美齡宮」裡，客廳擠滿了大人與小孩，到處大紅大綠，金銀紛飛，全是聖誕節的喜色。蔣夫人與母親她們都是民初短襖長裙的打扮，可是蔣夫人宋美齡穿上那一套黑緞子綉醉紅海棠花的衣裙，就是要比別人好看，因爲她一舉一動透露出來的雍容華貴，世人不及。小孩子那晚都興高采烈，因爲有層出不窮的遊戲，四哥搶椅子得到冠軍，我記得他最後把另外一個男孩用屁股一擠便贏得了獎品。那晚的高潮是聖誕老人分派禮物，聖誕老公公好像是黃仁霖扮的，他背著一個大袋子出來，我們每個人都分到一只小紅袋的禮物。袋子裡有各色糖果，有的我從來沒見過。那只紅布袋很可愛，後來就一直掛在房間裡裝東西。不能想像四十年前在「美齡宮」的大廳裡曾經有過那樣熱鬧的場景。我一邊敬南大老先生們的酒，不禁感到時空徹底的錯亂，這幾十年的顚倒把歷史的秩序全部打亂了。宴罷我們到樓上參觀，蔣夫人宋美齡的臥居據說完全維持原狀，那一堂厚重的綠絨沙發仍舊是從前的擺設，可是主人不在，整座「美齡宮」都讓人感到一份人去樓空的靜悄，散著一股「宮花寂寞紅」的寥落。

四

這幾年來，崑曲在台灣有了復興的跡象，長年來台灣崑曲的傳承全靠徐炎之先生及他弟子們的努力，徐炎之在各大學裡輔導的崑曲社便擔任了傳承的任務。那是一段艱辛的日子，我親眼看到徐老先生為了傳授崑曲，在大太陽下騎著腳踏車四處奔命，那是一幅令人感動的景象。兩岸開放後，在台灣有心人士樊曼儂、曾永義、洪惟助、賈馨園等人大力推動下，台灣的崑曲欣賞有了大幅度的發展，大陸六大崑班都來台灣表演過了。每次都造成轟動。有幾次在台灣看崑曲，看到許多年輕觀眾完全陶醉在管笛悠揚載歌載舞中，我眞是高興：台灣觀眾終於發覺了崑曲的美。其實崑曲是最能表現中國傳統美學抒情、寫意、象徵、詩化的一種藝術，能夠把歌、舞、詩、戲揉合成那樣精緻優美的一種表演形式，在別的表演藝術裡，我還沒有看到過，包括西方的歌劇芭蕾，歌劇有歌無舞，芭蕾有舞無歌，終究有點缺憾。崑曲卻能以最簡單樸素的舞台，表現出最繁複的情感意象來。試看看張繼青表演〈尋夢〉一折中的「忒忒令」，一把扇子就扇活了滿台的花花草草，這是象徵藝術最高的境界，也是崑曲最厲害的地方。二十世紀的中國人，心靈上總難免有一種文化的飄落感，因為我們的文化傳統在這個世紀被連根拔起，傷得不輕。崑曲是中國現存最古老的一種戲劇藝術，曾經有過如此輝煌的歷史，我們實在應該愛惜它，保護它，使它的藝術生命延續下去，爲下個世紀中華文化全面復興留一枚火種。

——原載一九九九年十一月二十一日《聯合報》副刊

少小離家老大回

——我的尋根記

去年一月間，我又重返故鄉桂林一次，香港電視台要拍攝一部有關於我的紀錄片，要我「從頭說起」。如要追根究柢，就得一直追到我們桂林會仙鎮山尾村的老家去了。我們白家的祖墳安葬在山尾村，從桂林開車去，有一個鐘頭的行程。一月那幾天，桂林天氣冷得反常，降到攝氏二度。在一個天寒地凍的下午，我與香港電視台人員，坐了一輛中型巴士，由兩位本家的堂兄弟領路，尋尋覓覓開到了山尾村。山尾村有不少回民，我們的祖墳便在山尾村的回民墓園中。走過一大段泥濘路，再爬上一片黃土坡，終於來到了我們太高祖榕華公的祖墓前。

按照我們族譜記載，原來我們這一族的始祖是伯篤魯丁公，光看這個姓名就知道我們的祖先不是漢人了。伯篤魯丁公是元朝的進士，在南京做官。元朝的統治者歧視漢人，朝廷上任用了不少外國人，我們的祖先大概是從中亞細亞遷來的回族，到了伯篤魯丁公已在中國好幾代了，落籍在江南江寧府。有些地方把我的籍貫寫成江蘇南京，未免扯得太遠，這要追溯到元朝的原籍去呢。

從前中國人重視族譜，講究慎終追遠，最怕別人批評數典忘祖，所以祖宗十八代盤根錯節的傳承關係記得清清楚楚，尤其喜歡記載列祖的功名。大概中國人從前眞的很相信「龍生龍，鳳生鳳」那一套「血統論」吧。但現在看來，中國人重視家族世代相傳，還眞有點道理。近年來遺傳基因的研究在生物學界颳起狂飆，最近連「人類基因圖譜」都解構出來，據說這部「生命之書」日後將解答許多人類來源的秘密，遺傳學又將大行其道，家族基因的研究大概也會隨之變得熱門。其實我們每個人的身體裡，好的壞的，不知負載了多少我們祖先代代相傳下來的基因。據我觀察，我們家族，不論男女，都隱伏著一脈桀驁不馴自由不羈的性格，與揖讓進退循規蹈矩的中原漢族，總有點格格不入，大概我們的始祖伯篤魯丁公的確遺傳給我們不少西域游牧民族的強悍基因吧，不過我們這一族，在廣西住久了，薰染上當地一些「蠻風」，也是有的。我還是相信遺傳與環境分庭抗禮，是決定一個人的性格與命運的兩大因素。

●

十五世，傳到了榕華公，而我們這一族人也早改了漢姓姓白了。榕華公是本族的中興之祖，所以他的事蹟也特別爲我們族人津津樂道，甚至還加上些許神話色彩。據說榕華公的母親一日在一棵老榕樹下面打盹，有神仙託夢給她，說她命中應得貴子，醒後便懷了孕，這就是榕華公命名的由來。後來榕華公果然中了乾隆甲午科的進士，當年桂林人考科舉中進士大概是件天大的事，長期以來，桂林郡都被中原朝廷目爲「遐荒化外」之地，是流放謫吏的去處。不過桂林也曾出過一個「三元及第」的陳繼昌，他是淸廷重臣陳宏謀的孫子，總算替桂林人爭回些面子。

我們這一族到了榕華公大概已經破落得不像樣了，所以榕華公少年時才會上桂林城到一位本家開的商店裡去當學徒，店主看見這個後生有志向肯上進，便資助他讀書應考，一舉而中。榕華公曾到四川出任開縣的知縣，調署茂州，任內頗有政績。榕華公看來很有科學頭腦，當時茂州農田害蟲甚多，尤以螞蝗爲最，人畜農作都被齧傷，耕地因而荒蕪，人民生活困苦。榕華公敎當地人民掘土造窯燒石灰，以石灰撒播田中，因發高熱，螞蝗蔓草統統燒死，草灰作爲肥料，農產才漸豐收，州民感激，這件事載入了地方志。榕華公告老還鄉後，定居在桂林山尾村，從此山尾村便成了我們這一族人的發祥地。

榕華公的墓是一座長方形的石棺，建得相當端莊厚重，在列祖墓中，自有一番領袖群倫的恢宏氣勢。這座墓是父親於民國十四年重建的，墓碑上刻有父親的名字及修建日期。山尾村四周環山，舉目望去，無一處不是奇峰秀嶺。當初榕華公選擇山尾村做爲終老之鄉是有眼光的，這個地方的風水一定有其特別吉祥之處，「文革」期間破四舊，許多人家的祖墳都被鏟除一空，而榕華公的墓卻好端端的，似有天佑，絲毫無損，躲過了「文革」這一浩劫。

從小父親便常常講榕華公的中興事蹟給我們聽。我想榕華公苦讀出頭的榜樣，很可能就是父親心中勵志的模範。我們白家到了父親時，因為祖父早歿，家道又中落了，跟榕華公一樣，小時進學都有困難。有一則關於父親求學的故事，我想對父親最是刻骨銘心，恐怕影響了他的一生。父親五歲在家鄉山尾村就讀私塾，後來鄰村六塘圩成立了一間新式小學，師資較佳，父親的滿叔志業公便帶領父親到六塘父親的八舅父馬小甫家，希望八舅公能幫助父親進六塘小學。八舅公家開當舖，是個嫌貧愛富的人，他指著父親對滿叔公說道：「還讀什麼書？去當學徒算了！」這句話對小小年紀的父親，恐怕已造成「心靈創傷」（trauma）。父親本來天資聰敏過人，從小就心比天高，這口氣大概是難以下嚥的。後來得滿叔公之助，父親入學後，便拚命念書，發憤圖強，雖然他日後成為軍事家，但他一生總把教育放在第一位。在家裡，逼我們讀書，絕不鬆手，在前線打仗，打電話回來給母親，第一件事問起的，就是我們在校的成績。大概父親生怕我們會變成「紈袴子弟」，這是他最憎惡的一類人，所以我們的學業，他抓得緊緊的。到今天，我的哥哥姐姐談起父親在飯桌上考問他們的算術「九九」表還心有餘悸，大家的結論是，父親自己小時讀書吃足苦頭，所以有「補償心理」。

父親最愛惜的是一些像他一樣家境清寒而有志向學的青年。他曾幫助過大批廣西子弟及回教學生到外國去留學深造。我記得我大姐有一位在桂林中山中學的同學，叫李崇桂，就是因為她在校成績特優，是天才型的學生，而且家裡貧寒，父親竟一直盤送她到北京去念大學，後來當了清華的物理教授。李崇桂現在應該還在北京。

會仙鎮上有一座東山小學，是父親一九四〇年捐款興建的，迄今仍在。我們的巴士經過小學門口，剛好放學，成百的孩子，一陣喧嘩，此呼彼應，往田野中奔去。父親當年興學，大概也就是希望看到這幅景象吧：他家鄉每一個兒童都有受教育的機會。如果當年不是辛亥革命，父親很有可能留在家鄉當一名小學教師呢。他十八歲那年還在師範學校念書，辛亥革命爆發。父親與從前陸軍小學同學多人，加入了「廣西北伐學生敢死隊」，北上武昌去參加革命。家裡長輩一致反對，派了人到桂林北門把守，要把父親攔回去。父親將步槍託交給同隊同學，自己卻從西門溜出去了，翻過幾座山，老人山、溜馬山，才趕上隊伍。這支學生敢死隊，就這樣轟轟烈烈的開往武昌，加入了歷史的洪流。父親那一步跨出桂林城門，也就改變了他一生的命運。

從前在桂林，父親難得從前線回來。每次回來，便會帶我們下鄉到山尾村去探望祖母，當然也會去祭拜榕華公的陵墓。那時候年紀小，五、六歲，但有些事卻記得清清楚楚。比如說，到山尾村的路上，在車中父親一路教我們兄弟姐妹合唱岳飛作詞的那首〈滿江紅〉。那恐怕是他唯一會唱的歌吧，他唱起來，帶著些廣西土腔，但唱得慷慨激昂，唱到最後「待從頭收拾舊山河，朝天闕」，他的聲音高亢，頗爲悲壯。很多年後，我才體會過來，那時正值抗戰，烽火連城，日本人侵占了中國大片土地。岳飛穆興復宋室，還我河山的壯志，亦正是父親當年抵禦外侮，捍衛國土的激烈懷抱。日後我每逢聽到〈滿江紅〉這首歌，心中總有一種說不出的感動。

到桂林之前，我先去了台北，到台北近郊六張犁的回教公墓替父母親走過墳。我們在那裡建了一座白家墓園，取名「榕蔭堂」，是父親自己取的，大概就是向榕華公遙遙致敬吧。我的大哥先道、三姐先明也葬在「榕蔭堂」內。榕華公的一支「餘蔭」就這樣安息在十萬八千里外的海島上了。墓園內起了座回教禮拜的邦克樓模型，石基上刻下父親的遺墨，一副輓弔延平郡王鄭成功的對聯：

孤臣秉孤忠五馬奔江留取汗青垂宇宙

正人扶正義七鯤拓土莫將成敗論英雄

一九四七年父親因「二二八事件」到台灣宣撫，到台南時，在延平郡王祠寫下這副輓聯，是他對失敗英雄鄭成功一心恢復明祚的孤忠大義一番敬悼。恐怕那時，他萬沒有料到，有一天自己竟也星沉海外，瀛島歸眞。

●

我於一九四四年湘桂大撤退時離開桂林，就再沒有回過山尾村，算一算，五十六年。「四明狂客」賀知章罷官返鄉寫下他那首動人的名詩〈回鄉偶書〉：

少小離家老大回，鄉音無改鬢毛衰。
兒童相見不相識，笑問客從何處來。

我的鄉音也沒有改，還能說得一口桂林話。在外面說普通話、說英文，見了上海人說上海話，見了廣東人說廣東話，因爲從小逃難，到處跑，學得南腔北調。在美國住了三十多年，又得常常說外國話。但奇怪的是，我寫文章，心中默誦，用的竟都是鄉音，看書也如此。語言的力量不可思議，而且先入爲主，最先學會的語言，一旦占據了腦中的記憶之庫，後學的其他語言眞還不容易完全替代呢。我回到山尾村，村裡兒童將我團團圍住，指指點點，大概很少有外客到那裡去。當我一開腔，卻是滿口鄉音，那些孩子首先是面面相覷，不敢置信，隨即爆笑起來，原來是個桂林老鄉！因爲沒有料到，所以覺得好笑，而且笑得很開心。

村裡通到祖母舊居的那條石板路，我依稀記得，迎面撲來嗆鼻的牛糞味，還是五十多年前那般濃烈，而且熟悉。那時父親帶我們下鄉探望祖母，一進村子，首先聞到的，就是這股氣味。村裡的宗親知道我要回鄉，都過來打招呼，有幾位，還是「先」字輩的，看來是一群老人，探問之下，原來跟我年紀不相上下，我心中不禁暗吃一驚。從前踏過這條石徑，自己還是「少小」，再回頭重走這一條路，竟已「老大」。如此匆匆歲月，心理上還來不及準備，五十六年，驚風飄過。

我明明記得最後那次下鄉，是爲了慶祝祖母壽辰。父親領著我們走到這條石徑上，村裡許多鄉親也出來迎接。老一輩的叫父親的小名「桂五」，與父親同輩的就叫他「桂五哥」。那次替祖母做壽，搭台唱戲，唱桂戲的幾位名角都上了台。那天唱的是《打金枝》，是齣郭子儀上壽的應景戲。桂劇皇后小金鳳飾公主金枝女，露凝香反串駙馬郭曖。戲台搭在露天，那天風很大，吹得戲台上的布幔都飄了起來，金枝女身上粉紅色的戲裝顫抖抖的。駙馬郭曖舉起拳頭氣呼呼要打金枝女，金枝女一撒嬌便嚶嚶地哭了起來，於是台下村裡的觀衆都樂得笑了。晚上大伯媽給我們講戲，她說金枝女自恃是公主拿架子，不肯去跟公公郭子儀拜壽，所以她老公要打她。我們大伯媽是個大戲迷，小金鳳、露凝香，還有好幾個桂戲的角兒都拜她做乾媽。大伯媽是典型的桂林人，出口成章，妙語如珠，她是個徹頭徹尾的享樂主義者，她有幾句口頭禪：

酒是糯米湯，不吃心裡慌。
煙槍當拐杖，拄起上天堂。

她既不喝酒當然也不抽大煙，那只是她一個瀟灑的姿勢罷了。後來去了台灣，環境大不如前，她仍樂觀，自嘲是「戲子流落趕小場」。她坐在院中，會突然無緣無故拍起大腿迸出幾句桂戲來，大概她又想起她從前在桂林的風光日子以及她的那些乾女兒們來了。大伯媽痛痛快快地一直活到九十五。

祖母的老屋還在那裡，只剩下前屋，後屋不見了。六叔的房子、二姑媽的都還在。當然，都破舊得搖搖欲墜了。祖母一直住在山尾村老家，到湘桂大撤退前夕才搬進城跟我們住。祖母那時已有九十高齡，不習慣城裡生活。父親便在山尾村特別爲她建了一幢樓房，四周是騎樓，圍著中間一個天井。房子剝落了，可是騎樓的雕欄仍在，隱約可以印證當年的風貌。父親侍奉祖母特別孝順，爲了報答祖母當年持家的艱辛。而且祖母對父親又分外器重，排除萬難，供他念書。有時父親深夜苦讀，祖母就在一旁針線相伴，慰勉他。冬天，父親腳上生凍瘡，祖母就從灶裡掏出熱草灰來替父親渥腳取暖，讓父親安心把四書五經背熟。這些事父親到了老年提起來，臉上還有孺慕之情。祖母必定智慧過人，她的四個媳婦竟沒說過她半句壞話，這是項了不起的成就。老太太深明大義，以德服人，頗有點賈母的派頭。後來她搬到我們桂林家中，就住在我的隔壁房。每日她另外開伙，我到她房間，她便招我過去，分半碗雞湯給我喝，她對小孩子這份善意，卻產生了沒有料到的後果。原來祖母患有肺病，一直沒有發覺。我就是那樣被染上了，一病五年，病掉了我大半個童年。

●

我臨離開山尾村，到一位「先」字輩的宗親家去小坐了片刻。「先」字輩的老人從米缸裡掏出了兩只瓷碗來，雙手顫巍巍地捧給我看，那是景德鎮製造的釉裡紅，碗底印著「白母馬太夫人九秩榮壽」。那是祖母的壽碗！半個多世紀，歷過多少劫，這一對壽碗居然倖存無恙，在幽幽地發著溫潤的光彩。老人激動地向我傾訴，他們家如何冒了風險收藏這兩只碗。她記得，她全都記得，祖母那次做壽的盛況。我跟她兩人搶著講當年追往事，我們講了許多其他人聽不懂的老話，老人笑得滿面燦然。她跟我一樣，都是從一棵榕樹的根生長出來的樹苗。我們有著共同的記憶，那是整族人的集體記憶。那種原型的家族記憶，一代一代往上延伸，一直延伸到我們的始祖伯篤魯丁公的基因裡去。

●

香港電視台另一個拍攝重點是桂林市東七星公園小東江上的花橋，原因是我寫過〈花橋榮記〉那篇小說，講從前花橋橋頭一家米粉店的故事。其實花橋來頭不小，宋朝時候就建於此，因為江兩岸山花遍野，這座橋簇擁在花叢中，故名花橋。現在這座青石橋是明清兩朝幾度重修過的，一共十一孔，水橋有四孔，橋面蓋有長廊，綠瓦紅柱，頗具架式。花橋四周有幾座名山，月牙山、七星山，從月牙山麓的伴月亭望過去，花橋橋孔倒影在澄清的江面上，通圓明亮，好像四輪浸水的明月，煞是好看，是桂林一景。

花橋橋頭，從前有好幾家米粉店，我小時候在那裡吃過花橋米粉，從此一輩子也沒有忘記過。吃的東西，桂林別的倒也罷了，米粉可是一絕。因為桂林水質好，榨洗出來的米粉，又細滑又柔韌，很有嚼頭。桂林米粉花樣多：元湯米粉、冒熱米粉，還有獨家的馬肉米粉，各有風味，一把炸黃豆撒在熱騰騰瑩白的粉條上，色香味俱全。我回到桂林，三餐都到處去找米粉吃，一吃三四碗，那是鄉愁引起原始性的飢渴，塡不飽的。我在〈花橋榮記〉裡寫了不少有關桂林米粉的掌故，大概也是「畫餅充饑」吧。外面的人都稱讚雲南的「過橋米線」，那是說外行話，大概他們都沒嘗過正宗桂林米粉。

●

「桂林山水甲天下」這句自古以來讚美桂林的名言，到現在恐怕還是難以駁倒的，因爲桂林山水太過奇特，有山淸、水秀、洞奇、石美之稱，是人間仙境，別的地方都找不到。這只有嘆服造化的鬼斧神工，在人間世竟開闢出這樣一片奇妙景觀來。桂林環城皆山，環城皆水，到處山水縱橫，三步五步，一座高峰迎面拔地而起，千姿百態，每座殊異，光看看這些山名；鸚鵡山、鬥雞山、雉山、駱駝山、馬鞍山，就知道山的形狀有多麼戲劇性了。城南的象鼻山就眞像一隻龐然大象臨江伸鼻飲水。小時候，母親率領我們全家夏天坐了船，在象鼻山下的灕江中徜徉游泳，從象鼻口中穿來穿去，母親鼓勵我們游泳，而且帶頭游。母親勇敢，北伐時候她便跟隨父親北上，經過槍林彈雨的，在當時，她也算是一位摩登女性了。灕江上來來往往有許多小艇子賣各種小吃，我記得唐小義那隻艇子上的田雞粥最是鮮美。

自唐宋以來，吟詠桂林山水的詩文不知凡幾，很多留傳下來都刻在各處名山的石壁上，這便是桂林著名的摩崖石刻，僅宋人留下的就有四百八十多件，是一筆豐富的文化遺產。在象鼻山水月洞裡，我看到南宋詩人范成大的名篇：〈復水月洞銘〉，范成大曾經到廣西做過安撫使，桂林到處都刻有他的墨跡。洞裡還有張孝祥的〈朝陽亭詩幷序〉。來過桂林的宋朝大詩人眞不少：黃庭堅、秦少游，他們是被貶到嶺南來的。其實唐朝時就有一大批逐臣遷客被下放到廣西，鼎鼎有名的當然是柳宗元，還有宋之問、張九齡，以及書法家褚遂良。這些唐宋謫吏到了桂林，大概都被這裡的一片奇景懾住了，一時間倒也忘卻了宦海浮沉的凶險悲苦，都興高采烈地爲文作詩歌頌起桂林山水的絕頂秀麗。貶謫到桂林，到底要比流放到遼東塞北幸運多了。白居易說「吳山點點愁」，桂林的山看了只會叫人驚喜，絕不會引發愁思。從桂林坐船到陽朔，那四個鐘頭的灕江舟行，就如同觀賞南宋大畫家夏珪的山水手卷一般，橫幅緩緩展開，人的精神面便跟著逐步提升，兩個多鐘頭下來，人的心靈也就被兩岸的山光水色洗滌得乾乾淨淨。香港電視台的攝影師在船上擎著攝影機隨便晃兩下，照出來的風景，一幅幅「畫中有詩」。灕江風光，無論從哪個角度來拍，都是美的。

●

晚上我們下榻市中心的榕湖賓館，這個榕湖也是有來歷的，宋朝時候已經有了。北岸榕樹樓前有千年古榕一棵，樹圍數人合抱，至今華蓋亭亭，生機盎然，榕湖因此樹得名。黃庭堅謫宜州過桂林曾繫舟古榕樹下，後人便建榕溪閣紀念他。南宋詩人劉克莊曾撰〈榕溪閣詩〉述及此事：

榕聲竹影一溪風，遷客曾來繫短篷。
我與竹君俱晚出，兩榕猶及識涪翁。

榕湖的文采風流還不止於此。光緒年間，做過幾日「台灣大總統」的唐景崧便隱居榕湖，他本來就是廣西桂林人，回到故鄉興辦學堂。康有為到桂林講學，唐景崧在榕湖看棋亭上，招待康有為觀賞桂劇名旦一枝花演出的《芙蓉誄》。康有為即席賦詩：「萬玉哀鳴聞寶瑟，一枝濃豔識花卿。」傳誦一時。想不到「百日維新」的正人君子也會作艷詩。

榕湖遍栽青菱荷花，夏季滿湖清香。小時候我在榕湖看過一種水禽，雞嘴鴨腳，叫水雞，荷花叢中，突然會衝出一群這種黑壓壓的水鳥來，翩翩飛去，比野鴨子靈巧得多。

榕湖賓館建於六〇年代，是當時桂林最高檔的賓館，現在前面又蓋了一座新樓。榕湖賓館是我指定要住的，住進去有回家的感覺，因為這座賓館就建在我們西湖庄故居的花園裡。抗戰時我們在桂林有兩處居所，一處在風洞山下，另一處就在榕湖，那時候也叫西湖庄。因為榕湖附近沒有天然防空洞，日機常來轟炸，我們住在風洞山的時候居多。但偶爾母親也會帶我們到西湖庄來，每次大家都歡天喜地的，因為西湖庄的花園大，種滿了果樹花樹，橘柑桃李，還有多株纍纍的金桔。我們小孩子一進花園便七手八腳到處去採摘果子。橘柑吃多了，手掌會發黃，大人都這麼說。一九四四年，湘桂大撤退，整座桂林城燒成了一片劫灰，我們西湖庄這個家，也同時毀於一炬。戰後我們在西湖庄舊址重建了一幢房子，這所房子現在還在，就在榕湖賓館的旁邊。

●

那天晚上，睡在榕湖賓館裡，半醒半睡間，朦朦朧朧我好像又看到了西湖庄花園裡，那一叢叢綠油油的橘子樹，一只只金球垂掛在樹枝上，迎風招搖，還有那幾棵老玉蘭，吐出成千上百夜來香的花朵，遍地的梔子花，遍地的映山紅，滿園馥郁濃香引來成群結隊的蜜蜂蝴蝶翩躚起舞——那是另一個世紀、另一個世界裡的一番承平景象，那是一幅永遠印在我兒時記憶中的歡樂童畫。

——原載二〇〇一年五月二十一——二十三日《世界日報》副刊

翻譯苦、翻譯樂

——《台北人》中英對照本的來龍去脈

今年七月香港中文大學出版社出版了《台北人》的中英對照本，英譯是採用一九八二年印地安那大學出版的本子，重新做過修訂，並且把書名也還了原：Taipei People。每本書的出版背後大概總有一段故事，《台北人》從英譯本變到中英對照本都是一項「團隊工作」（teamwork），主編高克毅（喬志高）先生，合譯者葉佩霞（Patia Yasin），以及原作者我自己三個人各就各位，群策群力，共同完成的一樁相當費時吃力的文字工程。印大的英譯本從一九七六年開始，八一年完成。五年間，我們這個「翻譯團隊」由高先生領航掌舵，其間有挫折、有顚簸，但有更多的興奮、喜悅，「團隊」的士氣一直很高，乘風破浪，終於安抵目的地。

出版《台北人》英譯本最先是由於劉紹銘與李歐梵向印大推薦，因爲印大出版社那時正好有出版一系列中國文學作品英譯的計畫。但在此之前，《台北人》有兩篇小說，〈永遠的尹雪艷〉、〈歲除〉已經譯成英文刊載在《譯叢》雜誌一九七五年秋季號上。前者由余國藩教授及他的學生Katherine Carlitz合譯，後一篇的譯者爲Diana Granat。這兩篇譯文，我們後來稍加修改，也收入了《台北人》的英譯本中。《譯叢》（Renditions）是高克毅先生及宋淇先生於一九七三年創辦的，屬於香港中文大學翻譯中心。這是一本高水準、以翻譯爲主的雜誌，對香港翻譯界以及英美的漢學界有鉅大影響。中國文學作品的英譯，由古至今，各種文類無所不包，而其選材之精，編排之活潑，有學術的嚴謹而無學院式的枯燥，這也反映了兩位創始人的學養及品味。一九七五《譯叢》的秋季刊是高先生自己主編的，我也因《台北人》的英譯，與高先生開始結下了長達二十多年的文字因緣。參加《台北人》英譯，是我平生最受益最值得紀念的經驗之一。

如果說我們這個「翻譯團隊」還做出一點成績來，首要原因就是由於高先生肯出面擔任主編。大家都知道高先生的英文「聒聒叫」——宋淇先生語，尤其是他的美式英語，是有通天本事的。莫說中國人，就是一般美國人對他們自己語言的來龍去脈，未必能像高先生那般精通。他那兩本有關美式英語的書：《美語新詮》、《聽其言也——美語新詮續集》一直暢銷，廣爲華人世界讀者所喜愛，他與高克永先生合編的《最新通俗美語詞典》更是教人嘆爲觀止。高先生詮釋美語，深入淺出，每個詞彙後面的故事，他都能說得興趣盎然，讀來引人入勝，不知不覺間，讀者便學到了美語的巧妙，同時對美國社會文化也就有了更深一層的了解，因爲高先生說的那些美語故事，其實反映了美國的社會史、文化史。高先生的英文能深能淺，雅俗之間，左右逢源。他那本 *Cathay by the Bay*（《灣區華夏》）把舊金山的唐人街寫活了，那些金山伯的一言一行，都被他一手幽默生動的英文刻劃得維妙維肖，不是美國通，寫不出這樣鮮龍活跳的英文。但他的英文又有深藏不露的一面，一九七八年《譯叢》刊載了他那篇回憶老舍的文章："Lao She in America – Arrival and Departure"（中文原文發表於《聯合報》），這篇文章綿裡藏針，分析老舍在美國的生活以及一九四九年離美回返中國前夕複雜矛盾的心情，冷靜客觀，隨處暗下針砭，表面卻不動聲色，英文用字的分寸拿捏恰到好處，讀來非常過癮，這應該是研究老舍的一篇重要史料文獻。光是英文好，並不一定能成爲翻譯大家，高先生的中文功夫也是一流的，讀讀他那些行雲流水舉重若輕的小品文就知道了，所以他中譯的幾本美國文學經典：費茲傑羅的《大亨小傳》、奧尼爾的《長夜漫漫路迢迢》以及伍爾夫的《天使，望故鄉》，譯作本身也就成爲了典範。尤其是《大亨小傳》不容易譯，這是費茲傑羅的扛鼎之作，也是美國小說中之翹楚，費茲傑羅文字之精美在這本小說中登峰造極，高先生譯《大亨小傳》，把原著的神髓全部抓住。這就需要對美國文化的精粹有深刻體認才做得到。高先生曾長期居住紐約，那正是這本小說的背景。能夠優游於中英兩種語文之間，從心所欲不踰矩的作家不多，高克毅先生是一個例外。

我們「翻譯團隊」的第二位要角是葉佩霞，佩霞（Patia）是生長在紐約的猶太人，出身書香世家，父親 Harold Rosenberg 是美國首屈一指的藝術評論家。佩霞從小耳濡目染，熱愛文學音樂，她熟讀莎士比亞，一段一段會背的，又因爲長居曼哈頓，住在 East Village，街頭巷尾的俚語俗話，耳熟能詳，所以她的英文也能雅俗並兼。佩霞對東方文化悟性特高，她的博士專業是研究日本民俗音樂，她到日本留學，專訪昭和時代遺留下來的老藝妓，跟她們學唱日本民歌。佩霞出師後，東瀛歸來，手抱三味線，輕攏慢撚，淺唱低吟，我的日本友人聽後大爲絕倒，以爲有京都音。佩霞在我們加州大學聖芭芭拉分校音樂系教授民俗音樂，她常常來旁聽我的中文課，也到過台灣進修中文。我力邀她參加我們的「翻譯團隊」，佩霞欣然同意，而且從頭到尾幹勁十足，也是因爲《台北人》英譯的機緣，我與佩霞結下了二十多年的深厚友誼。

我自己中文英譯的經驗有限，只有在愛荷華大學「作家工作室」念書的時候，把自己的幾篇小說譯成英文，作爲碩士論文，「作家工作室」規定，碩士論文須用創作。嚴格說來，那不算翻譯，只能說我用英文把自己的小說重寫一遍。後來我把〈謫仙記〉也譯成英文，經夏志清先生精心修改後，收入他編的那本《中國二十世紀短篇小說》選集中，由哥倫比亞大學出版。英文不是我的母語，用於創作就好像左手寫字，有說不出的彆扭。我知難而退，就再沒有用英文創作的打算。參加《台北人》的「翻譯團隊」可以說完全是一種巧合。

因爲有高先生做我們的靠山，我與佩霞心中相當篤定，我們知道有這位譯界高手把場，我們的翻譯不至於滑邊。佩霞與我定下一個原則，翻譯三律「信、達、雅」我們先求做到「信」，那就是不避難不取巧，把原文老老實實逐句譯出來——這已是了不得的頭一關。當初寫《台北人》，隨心所欲，哪裡想得到有一天自己也要動手把裡面的故事一篇篇原封不動譯成外國文字？當時只求多變，希望每篇不同，後來寫出來十四篇小說各自異調，這就給譯者出了一個大難題。翻譯文學作品我覺得語調（tone）準確的掌握是第一件要事，語調語氣不對，譯文容易荒腔走板，原著的韻味，喪失殆盡。語調牽涉用字的輕重、句子的節奏、長短、結構，這些雖然都是修辭學的基本功，但也是最難捉摸的東西。我和佩霞合譯的第一篇，又偏偏選中了〈遊園驚夢〉，這是《台北人》系列結構比較複雜、語調多變化的一篇，而且還涉及特殊的中國文化背景。我先花一番工夫對佩霞講解〈遊園驚夢〉裡那一群崑曲藝人的戲夢人生，幸虧佩霞的古典文學底子深，《史記》、《杜詩》、《紅樓夢》的英譯本她都看過，而且極爲傾倒，〈遊園驚夢〉的世界她很輕易便進去了。爲了製造氣氛，我們一邊譯，一邊聽梅蘭芳的崑曲《遊園驚夢》，佩霞經過音樂訓練的耳朵，聽幾遍《皂羅袍》也就會哼了。然而把這篇小說轉換成另外一種文字，卻也費了我們九牛二虎之力。我們逐字逐句的琢磨，有時候找不到合適的英文字句，翻遍字典，摘髮頓足也於事無補。我們兩人拿著放大鏡查遍ＯＥＤ（《牛津英語字典》），偏偏就找不到 le mot juste（正確字眼），〈遊園驚夢〉裡又引了幾段《牡丹亭》的戲詞，這幾段戲詞對整篇小說的主題頗爲關鍵，《牡丹亭》早有白之（Cyril Birch）教授的英譯本，白之的譯文當然典雅，但佩霞覺得引用人家的譯文到底不算本事，不如自己動手。她譯出來的這幾段戲文，頗有點伊莉沙白時代英語的味道，湯顯祖的《牡丹亭》成於十六世紀，所以倒也不算時代錯亂。

我們的初譯稿只能算是一個相當粗糙的坯胎，這個粗坯要送到我們的主編高先生那裡，仔細加工，上釉打彩，才能由達入雅。就在高先生修改潤飾我們初稿的過程當中，我才深深體認到高先生英文的眞功夫。他增刪一字一句，往往點石成金，英文字在他手中，好像玩魔術，撒豆成兵，全變得活生生起來。改別人的譯稿，最費工夫，改得太多，面目全非，失去改稿的初衷。高先生不僅是一位經驗豐富而且也是最能體貼人心的編輯。他修改我們的稿子，雖然很細很嚴，但他總設法儘量保持原有架構，不使其失卻原貌。我與佩霞每次接到高先生的修訂稿，一面讀一面讚嘆，佩服得五體投地。佩霞多才多藝，對自己的文字功夫頗自負，要她服貼，並不容易。有時我們認爲譯得得意的地方，被高先生一筆勾消，不免心疼，再上訴一次，如果高先生覺得無傷大雅，也會讓我們過關。宋淇先生在《鼠咀集》（喬志高著）的序文中對高先生有這樣一段評語：

> 說起來奇怪，喬志高自己也許不知道，他本身就集中國人的德性於一身。同他接近的人都有一種如沐春風的感覺，來自他的和藹性格，令人想起《論語》第一章的：「夫子溫、良、恭、儉、讓以得之。」

這是知言，以高先生在翻譯界名望之重，我們跟他一起工作，一點也不感到壓力，眞是如沐春風。他讓我們任意馳騁，過了頭的地方，自然會把我們兜轉過來，但我們有一二創見，他也會替我們撐腰。例如〈思舊賦〉這篇小說，是以兩個舊日官家老女傭的對話爲主，我們最初是用普通英文，譯出來調子完全不對，我對佩霞說，〈思舊賦〉裡的羅伯娘跟《飄》裡的 Mammy、福克納《聲音與憤怒》中的 Dilsey，這些美國南方黑人嬤嬤有幾分類似，佩霞提議那何不用美國南方方言試試？果然，譯出來生動得多，比較接近原文中對話的語氣。從前美國南方一些世家的主僕關係，跟中國舊社會裡大家庭的組織有相似之處，重人情講義氣，這兩種文化有些地方是可以相通的。我們開始還有些擔心高先生的看法，未料到高先生卻認爲可行，只刪掉一些鄉土氣太重的詞句。《台北人》十四篇譯稿就這樣一來一往，五年間，高先生爲審訂工作付出了驚人的心血與時間。他那些修正稿我都保存下來，捐給了我們學校的圖書館。日後如果有人對《台北人》的英譯有興趣研究，高先生的修正稿是重要參考。葉佩霞的執著精神也令人佩服，她後來不在我們學校教書了，卻在聖芭芭拉多住下一年，就是爲了要翻譯這本書。那幾年我自己正在寫《孽子》，一邊譯《台北人》，創作、翻譯同時進行，也不知道怎麼磨蹭過來的。那時高先生住在華盛頓附近，我們各在美國東西兩岸，只靠書信電話聯絡，可是我們三人小組卻有一種團隊的默契，我想那是由於高先生領導有方，他做事一絲不苟高效率的敬業態度，又是美國式的了。我們在翻譯過程中，有摸索的艱苦，可是精神上卻是其樂融融的，那是一次最愉快的合作。

我在這裡隨便舉一兩個例子，看看高先生的神來之筆。中文小說英譯第一件令人頭痛的事就是中文人名，作者替他小說中人物命名，總希望能對人物的個性、背景、命運等等有所提示，啓發聯想。張飛、諸葛亮、潘金蓮、李瓶兒、賈寶玉、薛寶釵，這些人名取得好，涵意豐富，但譯成英文用羅馬拼音，那只剩下了音，失去了意，而且拼音不加四聲連音也念不準。有些譯者也把中文名字意譯，那也不是每個中文名字都適合這樣做的。王際眞（C. C. Wang）的節譯本《紅樓夢》，王熙鳳就直譯爲 Phoenix，西方文化中的鳳凰雖然有很不同的象徵意義，但張牙舞爪的潑悍形象倒適合了鳳辣子的個性。霍克斯（David Hawkes）譯全本《紅樓夢》時，熙鳳便變成了 Xi－feng。霍克斯的譯本當然是項了不起的成就，但我覺得他把鳳姐的名字羅馬拼音化卻是個敗筆，我寧取王際眞的意譯。我們譯《台北人》的人名，傷透腦筋，何時意譯，何時拼音，煞費思量。〈金大班的最後一夜〉中，金大班本名金兆麗，這個名字用上海話念起來刮拉鬆脆，拼音以後，便覺瘖然。我與佩霞一時也想不出合適的意譯名字，只好向高先生求救，高先生寄回來的答案是：Jolie。佩霞與我看了拍案叫絕，這原是個法國名字，發音起來，與上海話「兆麗」很相近，又有「美麗」之意，音與意都相符，而且「夜巴黎」我們用法文：Nuits de Paris，因此 Jolie 又添了些舞廳裡的巴黎味。高先生這一著棋，使得全盤皆活。〈遊園驚夢〉裡錢夫人的妹妹月月紅也教人爲難，月月紅就是月季花，當然不能用拼音，但我們查遍了有關薔薇科的辭典，也找不到一個相當的花名，原因在「月月紅」有個重疊詞在裡面，英文裡哪裡去找？只好又把這個難題拋給了高先生，他一下子就解決了：月月紅就譯成 Red－red Rose。英國詩人朋斯（Robert Burns）有一句常爲人引用的名詩句：「My love is like a red, red rose.」月月紅的英譯便有了出典，而且英文中也有個重疊詞。月月紅花呈粉紅，隨開隨謝，原有幾分浮花浪蕊，Red－red Rose念起來也很俏皮，十分相配。眞虧高先生想出這個英文譯名來，怎能不教人服氣?

七〇年代中，高先生答應出任《台北人》英譯的主編後，跟我通過一次電話，電話裡他談到這本書，他說他看了〈冬夜〉那篇小說頗有所感，那一刻我覺得似乎能夠了悟到高先生的感觸。高克毅先生那一代的知識分子，身經抗日戰爭，都懷有書生報國的一腔熱情。那時高先生正在美國留學，在哥倫比亞大學念國際關係並獲碩士學位，哥大國際關係研究所以培養外交人才著名。高先生當時便進入了國民政府中宣部駐美機構任職，從事宣傳抗日的工作，那時連領袖群倫的頭號書生胡適博士也投入了抗戰行列，出任駐美大使。美國是抗戰時期外交戰場的第一線，美國參戰，援助國民政府，是抗戰勝利的一大主因。高先生以及他們那一代的中國知識分子在美國宣傳抗日，是件很重要的工作。我讀到高先生寫的一些回憶抗日的文章，深爲感動。然而抗戰勝利，不旋踵國民政府卻把江山也給丟了，當年投身抗日爲國奔走的書生們，情何以堪，〈冬夜〉就是寫那一代知識分子黯淡的心情。編審《台北人》英譯稿是件非常費神的工作，我想若不是高先生對這本書有份特殊感情，不會輕易接過這件無償的「苦差」。

書譯完，我們這個「翻譯團隊」當然也就解散了，佩霞回到她的紐約老家。自從譯過《台北人》後，佩霞對語言、翻譯的興趣大增，她本來就會法文、義大利文這些拉丁語系，回去紐約，她不要教書了，到紐約大學去專攻語言，土耳其文、波斯文她都修過，一邊又從事翻譯工作，佩霞認爲活到老學到老樂在其中。這些年每次到紐約，我總找佩霞出來吃飯叙舊，我們喜歡到城中的 Russian Tea Room 去吃俄國大餐，佩霞的祖父輩是從俄國來的，所以對俄國文化倍感親切，她也熱愛杜斯妥也夫斯基的小說。我們在一起叙舊，總忘不了要提到當年翻譯《台北人》的苦與樂，也常懷念高先生對待我們的長者之風。佩霞說《台北人》裡她最能認同的人物是金大班，她喜歡摹仿金大班的滿口粗話——用英文講，那篇小說中美式英語的粗話譯得很生動，她認爲那是她的得意傑作。「翻譯團隊」解散了，但團隊精神卻一直維繫著我們這個三人小組。

印地安那大學出版的《台北人》英譯本，主要對象是英美人士，多數是對中國文化文學有興趣的美國大學生，對《台北人》中的人物身分不一定弄得清楚，爲了避免誤解，我們便選了其中一篇篇名做爲書名：*Wandering in the Garden, Waking from a Dream: Tales of Taipei Characters* 譯回中文應該是：《遊園驚夢：台北人物誌》。這本書在印大發行了十來年，後來絕版了。兩年前，又因高先生的引薦，香港中文大學有意將《台北人》出中英對照版。隔了將近二十年，我們這個「翻譯團隊」一下子又忙碌起來，於是高先生、佩霞與我三個人各在一方，電話、傳眞又開始來來往往，一瞬間的錯覺竟好像重回到從前的時光，高先生與佩霞對這本書的熱忱絲毫未減，我們把整個本子從頭過濾一遍，做了若干修正，因爲是中英對照，兩種文字並排印行，更是一點都大意不得，有什麼錯一眼就看出來了。我們的團隊這次加入了一位生力軍，中大出版社的黃小華女士，她是一位心細如髮（高先生語）

的一流編輯，給我們提出不少寶貴意見，製作這本中英對照版，黃小華功勞很大。最後剩下封面設計，我去向至交好友奚淞借來一幅紅山茶，茶花已開到極盛，風華穠麗中不免有些悽愴，倒合乎書中的人物身世，這是奚淞「光陰系列」中的極品。我的第一版晨鐘出版社印行的《台北人》，封面就是請奚淞設計的，畫了一隻翩翩展翅飛向那無處的鳳凰，那是一九七一，已近三十年前。

香港是華人地區英文程度最高的地方，大學裡普遍設有翻譯中心，台灣的大學近年來也紛紛成立翻譯系所，可見翻譯工作在華人地區愈來愈受到重視。《台北人》中英對照本的讀者就不再限於美國大學生，而應擴及港台等地對翻譯有興趣的人士。可以想見，這個版本也一定會受到更嚴格的眼光來審視，往細節裡挑挑，我相信必然也會挑出來一些可以改進的地方。文學作品的譯本恐怕沒有最後定稿這回事，世世代代都可能有新譯本出現，不過有一定成績的舊譯本也必會在原作品的翻譯史上佔有一席之地。翻譯對於文化交流的影響毋須贅言，《聖經》英譯、佛經中譯可以改變整個文化。不知道曾否有人深入探討二十世紀初期林紓那些西洋翻譯小說對中國社會、中國讀者產生過多大的衝擊，我想可能不亞於後來居上的好萊塢電影。林琴南一句外文不識，與人合作用文言翻譯，一面譯、一面自由發揮，居然迻譯出近兩百種西洋小說，這不能說不是中國翻譯史上一大奇蹟。據說當年他譯小仲馬一本《茶花女遺事》就曾經賺取過多少中國讀者的眼淚。我記得我在台大的法文教授黎烈文先生，他本身也是一位翻譯名家，譯過多本法國小說，就曾大大讚賞《茶花女遺事》的中譯書名，說林琴南譯得漂亮，如果 La Dame aux camélias 譯成「茶花太太」，豈不大殺風景。的確，翻譯的巧妙就在這裡，一個女字，盡得風流。

——原載二〇〇〇年十二月三十一日—二〇〇一年一月二日《聯合報》副刊

上海童年

我是一九四六年春天，抗戰勝利後第二年初次到達上海的，那時候我才九歲，在上海住了兩年半，直到四八年的深秋離開。可是那一段童年，對我一生，卻意義非凡。記得第一次去遊「大世界」，站在「哈哈鏡」面前，看到鏡裡反映出扭曲變形後自己胖胖瘦瘦高高矮矮的奇形怪狀，笑不可止。童年看世界，大概就像「哈哈鏡」折射出來的印象，誇大了許多倍。上海本來就大，小孩子看上海，更加大。戰後的上海是個花花世界，像只巨大無比的萬花筒，隨便轉一下，花樣百出。

國際飯店當時號稱遠東第一高樓，其實也不過二十四層，可是那時眞的覺得飯店頂樓快要摩到天了，仰頭一望，帽子都會掉落塵埃。我從來沒有見過那麼多的高樓大廈聚集在一個城裡，南京路上的四大公司——永安、先施、新新、大新，像是四座高峰隔街對峙，高樓大廈密集的地方會提升人的情緒，逛四大公司，是我在上海童年時代的一段興奮經驗。永安公司裡一層又一層的百貨商場，琳琅滿目，彩色繽紛，好像都在閃閃發亮。那是個魔術般變化多端層出不窮的童話世界，就好像永安公司的「七重天」，連天都有七重。我踏著自動扶梯，冉冉往空中升去，那樣的電動扶梯，那時全國只有大新公司那一架，那是一道天梯，載著我童年的夢幻伸向大新遊樂場的「天台十六景」。

當年上海的電影院也是全國第一流的，「大光明」的紅絨地毯有兩寸厚，一直蜿蜒鋪到樓上，走在上面軟綿綿，一點聲音都沒有。當時上海的首輪戲院「美琪」、「國泰」、「卡爾登」專門放映好萊塢的西片，《亂世佳人》在「大光明」上演，靜安寺路擠得車子都走不通，上海人的洋派頭大概都是從好萊塢的電影裡學來的。「卡爾登」有個英文名字叫Carlton，是間裝飾典雅小巧玲瓏的戲院，我在那裡只看過一次電影，是「玉腿美人」蓓蒂葛蘭寶主演的《甜姐兒》。「卡爾登」就是現在南京西路上的長江劇院，沒想到幾十年後，一九八八，我自己寫的舞台劇《遊園驚夢》也在長江劇院上演了，一連演十八場，由上海「青話」胡偉民導演執導。

那時上海灘頭到處都在播放周璇的歌，家家〈月圓花好〉，戶戶〈鳳凰于飛〉，小時候聽的歌，有些歌詞永遠也不會忘記：

上海沒有花，大家到龍華，龍華的桃花都回不了家！

大概是受了周璇這首〈龍華的桃花〉影響，一直以爲龍華盛產桃花，一九八七年重返上海，遊龍華時，特別注意一下，也沒有看見什麼桃花，周璇時代的桃花早就無影無蹤了。

夜上海、夜上海，你是個不夜城。
華燈起，車聲響，歌舞昇平。

這首周璇最有名的〈夜上海〉，大概也相當眞實地反映了戰後上海的情調吧。當時霞飛路上的霓虹燈的確通宵不滅，上海城開不夜。

其實頭一年我住在上海西郊，關在虹橋路上一幢德國式的小洋房裡養病，很少到上海市區，第二年搬到法租界畢勳路，開始復學，在徐家匯的南洋模範小學念書，才眞正看到上海，但童稚的眼睛像照相機，只要看到，咔嚓一下就拍了下來，存檔在記憶裡。雖然短短的一段時間，腦海裡恐怕也印下了千千百百幅「上海印象」，把一個即將結束的舊時代，最後的一抹繁華，匆匆拍攝下來。後來到了台灣上大學後，開始寫我的第一篇小說〈金大奶奶〉，寫的就是上海故事。後來到了美國，開始寫我小說集《台北人》的頭一篇〈永遠的尹雪艷〉，寫的又是上海的人與事，而且還把「國際飯店」寫了進去。我另外一系列題名爲「紐約客」的小說，開頭的一篇〈謫仙記〉，也是寫一群上海小姐到美國留學的點點滴滴，這篇小說由導演謝晉改拍成電影《最後的貴族》，開始有個鏡頭拍的便是上海的外灘。這些恐怕並非偶然，而是我的「上海童年」逐漸醞釀發酵，那些存在記憶檔案裡的舊照片拼拼湊湊，開始排列出一幅幅悲歡離合的人生百相來，而照片的背景總還是當年的上海。這次《文匯報》出版社出版我的文集，可以說是對我「上海童年」的一個紀念，我的書能在上海出版，也是順理成章的。

——原載一九九九年二月上海《收穫》雜誌

冠禮

古代男子二十稱弱冠之年，要行加冠禮。《禮記·冠義》：「古者冠禮，筮日筮賓，所以敬冠事。」可見古時這項成年儀式是極隆重的。當隱地告訴我他的心肝寶貝「爾雅」今年竟然已達弱冠，我不禁矍然一驚，就好像久不見面的朋友劈頭告訴你他的兒子已是大二生了，實在令人難以置信，那個小孩子沒多久以前不是明明還在念國中嗎？人對時間的流逝，心理上壓根兒要抵制，所以時常發生錯覺。「爾雅」創業書王鼎鈞的《開放的人生》當年暢銷的盛況還歷歷在目，好像只是昨天的事，一晃，怎麼可能，「爾雅」已經創立二十年了。大概王鼎鈞那本書名取得好，「爾雅」一登場就是一個碰頭彩，一開放就開放到如今，仍舊是「爾雅」的暢銷書。沾過出版一點邊的人都知道，在台灣出版文學書籍是一番多麼堅苦卓絕而又勞民傷財的事業，能夠撐上三五年已算高壽。眼前我們看到的這幾家歷史悠久的文學出版社，其實都是一將功成萬骨枯的倖存者，而許多當年響噹噹的出版招牌，隨著時間洪流，早也就一一灰飛煙滅了。

隱地與我同庚，都是在七七戰火中出世的，可謂生於憂患。我們那一代的文化工作者還繼承了一些五四浪漫餘緒，對於中國式的文藝復興懷有過分的熱忱以及太多不切實際的憧憬。開始是寫文章，抒發己見，次則聚合三五文友，有志一同，創辦同人雜誌，後來大概覺得雜誌格局太小，影響有限，乾脆辦起文學出版社來。我自己辦過文學雜誌，也開過文學出版社，當然最後錢賠光了，也就都關了門。可是隱地卻撐了下來。我知道，這是件多麼不容易的事，因爲我親眼看他如何開始投身出版事業的。

這又得從頭說起，推回到台灣出版界的天寶年間去了。開台灣文學出版社風氣之先，還得首推「文星」。六〇年代初，「文星」老闆蕭孟能策畫出版的那套「文星叢刊」，如一陣清風，吹進了台灣當時正在蠢蠢欲動的知識界。「文星叢刊」那一套精美樸素的袖珍本，是當年台灣知識分子以及學生們的精神食糧，蕭孟能有心將「文星叢刊」比照日本「岩波文庫」，一直出下去，誰知當局一聲令下，「文星」便被查封了。「文星叢刊」最後一批書是歐陽子、王文興及我自己的三本小說集。我們初次結集出版，剛興匆匆接到「文星」的書，接著「文星」便關門了，那是一九六七年。用政治力量可以隨便關閉一家有理想又爲知識界所推崇的出版社（其實還包括《文星雜誌》及「文星書店」），今天看來是件不可思議的事，當年台灣的政治對文藝就可以那樣霸道。

「文星」一倒，台灣的文藝出版界便進入了五代十國，群雄並起的局面了。「文星叢刊」成功的例子，的確鼓動了不少雄心勃勃有志於出版的冒險家。當時有兩位曾在「文星」任職的年輕人林秉欽和郭震唐，他們二人湊了幾個股東就開起「仙人掌」出版社來了，完全效法「文星」那一套，出版「仙人掌文庫」，連版本設計也是模仿「文星叢刊」的。林秉欽是印尼僑生，台大畢業，人很能幹，善言辭。他找上我要替我出版小說集，我很容易就被他說動了，因爲林秉欽還有大志，他要替我經營發行《現代文學》，大概也想學「文星」，希望有一本雜誌在手。我正苦於《現文》發行不良，雜誌堆積在台大外文系辦公室，只好任學生隨手拿去看。有出版社一手包辦，我求之不得，什麼都答應了，於是拿出幾萬塊錢也就入了股。《現文》在「仙人掌」出了三期，余光中主編，果然改頭換面，氣象一新，版面、設計、印刷，樣樣都佳，但是三期出完，「仙人掌」也就倒了，因爲擴張太快，周轉不靈，那是一九七〇年。

那年夏天我回台灣正在焦頭爛額處理「仙人掌」倒閉的善後事項，有一天隱地來找我談事情，那是我第一次眞正跟隱地見面接觸。隱地在一九六七年編了一本《這一代的小說》，選過我一篇小說，那只算是神交。那天隱地神色凝重，告訴我原來他也是「仙人掌」的股東之一，入股一萬元，希望我去替他向林秉欽討回來。隱地退役不久，那一萬塊大概是他辛辛苦苦積蓄起來的，當時文化人手上的一萬塊台幣，眞好像天那麼大，我自己爲了《現文》那幾萬塊也急得像熱鍋上的螞蟻。我看隱地說得鄭重，便去向林秉欽說：「隱地的錢，你一定要還給人家。」隱地的股份拿回去了，我的卻拿不回來，林秉欽便將「仙人掌文庫」的版權及存書交了給我做補償，我拖回一卡車的書怎麼辦？乾脆自己辦出版社吧！於是我跟弟弟先敬便創辦了「晨鐘」出版社，出版了一百多本文學書籍，「晨鐘」也就暗啞無聲了。

所以說，隱地對於出版事業，老早就躍躍欲試了的。算起來，「仙人掌」應是他第一次嘗試出版，而且我們還一起懵懵懂懂做了同一家出版社的股東。我不知道隱地從「仙人掌經驗」學到了什麼，但隱地是一個有心人——我想到隱地，就想用有心人去形容他——隱地一直有心要出版好書，有心要編好選集，那幾年他一定在默默準備，有朝一日，自己播種，開創出版事業。「爾雅」是一九七五年創立的，所以其間也醞釀了五年。

好像是一九七八年的夏天，隱地請我們到他北投家裡去吃飯，是隱地的母親柯老太太親自下廚做的蘇州菜。隱地幫著張羅，忙得一頭汗，可是臉卻是露著一股遮掩不住的喜悅，因為他的出版社正在抽枝發芽，漸漸成為一棵茁壯的幼木了。那是我頭一次見到「爾雅」，因為出版社就設在隱地北投的家中。

一家出版社能夠生存下來，大概總要靠幾本鎮山之寶支撐的，當然「爾雅」也出版了不少叫好又叫座的書。但大家談起來，總稱讚隱地有魄力、有毅力，出版了那麼多的詩選及小說選，這些選集不一定能賣錢，但卻值得出版。有些作家自己有文集，作品還會留下來，但有些作家沒有結集出版，作品很可能就散失掉了。試看看「三言」、「二拍」、《唐詩三百首》這幾本名選集對中國小說及詩歌的流傳曾經產生多大影響。誰知道，也許有一天，「爾雅」這些詩選、小說選都會變成研究台灣文學的珍貴材料呢。我有一位大陸學者朋友，專門研究台灣小說，我就送了一套「爾雅」年度小說選給他，跟他說，看完這套選集，台灣這三十年來短篇小說的發展，也就有了一個粗略的概念了。「爾雅」居然有勇氣還出版了爲數可觀的現代詩集，因爲難賣，現代詩很多出版社碰都不敢碰的。隱地自己喜歡現代詩，所以才會如此禮遇這位文學國度中的沒落貴族。難怪隱地自己五十六歲也寫起詩來了，而且寫得興致勃勃，成爲一個「快樂的寫詩人」。

這些年來每次回台灣都會約隱地出來聊天。跟隱地見面很開心，因爲總有稿費可拿，而且隱地對於台北文化現象觀察入微，我從他那裡會得到不少台北消息。看了他那本《翻轉的年代》，就知道隱地是如何能夠隨著台北的後現代時期翻轉自如了。隱地向我感嘆：這幾年文學書沒落了，文學出版社不容易撐。近年來台灣人心浮躁，定不下心來閱讀文學書籍。據說第一次大戰後，歐洲人對詩又突然狂熱起來。大概人類心靈受了創傷，就會向文學尋找安慰。等到台灣人心有了創痛，自然又會有人爭著服用文學這帖安神劑的。隱地倒也豁達，他說既然文學書的市場摸不準，那就不要管它，有好書，出版就是。

去年陰曆年前，我第一次採訪廈門街的「爾雅」出版社。許多年前北投那棵幼木已經長成亭亭華蓋一株三層樓的文學樹了。隱地帶我去參觀他地下室的書庫，裡面堆滿了新的書舊的書，一陣書香（油印味）迎面撲來，我感到再熟悉不過。從前我到晨鐘書庫聞到的就是這個氣味。出版的喜怒哀樂、悲歡離合統統集在書庫裡。一批新書送出去就好像把自己的兒女打扮得體體面面花枝招展推上人生舞台，等到退書回來，一本本灰頭土臉衣衫不整的狼狽模樣，眞使人有錐心之痛慘不忍睹。這種痛楚，我辦晨鐘時嘗過不少。

廈門街「爾雅」出版社進門前院的一角，擺設著一群盆栽，一盆盆碧玉層層，秀色可餐。一眼就知道，在台北這樣汙濁的空氣及惡劣的環境下，這些花木不知須經多少細心呵護才能出落得如此枝葉光鮮，生機盎然。我在加州家裡，屋內屋外，也種了幾十盆花樹，每天澆水、施肥、剪枝、除蟲，經常忙得顧此失彼，一個疏忽，馬上枝枯葉萎，香消紅褪。栽培一盆花，已經不是一件容易的事，何況隱地種出這麼大一棵文學樹來。二十年的耕耘，辛苦恐怕非比尋常。希望這棵長青樹，弱冠之後，更上一層樓去。

——原載一九九五年十月二日《聯合報》副刊

隱地附注

●林秉欽和郭震唐當年辦「仙人掌出版社」的同時，另外也登記了一家「金字塔出版社」，和我一同入股的還有作家黃海。金字塔第一批書三冊：王禎和的《嫁粧一牛車》；舒暢《軌跡之外》；王令嫻《球》，出書的日期爲一九六九年五月五日。

●先勇兄投入的「幾萬塊」換回的是一卡車的「仙人掌文庫」，這件事，要等到二十五年後讀先勇的這篇文章才知道。我的一萬元，因他的幫助拿了回來（否則，可能沒有今天的爾雅出版社），他的「失落」呢？完全沒有聽他在我面前抱怨過，這樣一個寬厚待人的作家，我要怎麼說出自己心中的感激呢？

殉情於藝術的人

——素描顧福生

一九九三年夏天我在台北又見到顧福生。福生從美國回來探親。算一算自他由舊金山搬到波特蘭（Portland），竟有五六年沒有見過面了。老朋友住在美國，未必常能相聚，住遠了，倒是老死不相往來的多。但台北到底是我們的老窩，東繞西繞，不約而同又一齊飛了回來。那天下午我們相約在誠品書店喝了咖啡，出來走到敦化南路仁愛路的圓環，正值台北下班的交通尖峰時刻，人群車輛，都繞著圓環像走馬燈似的在漩渦裡打轉。灼人的八月熱潮、汙濁得黏人的都市空氣，卻氤氳在台北最華麗的一圈高樓大廈群中，而夕陽，在一團混沌中把那些華廈的玻璃壁窗渲照得如此絢爛斑斑。我與福生大概一下被這幅後現代的台北街景震懾住了。反正叫不到車，我們兩人乾脆在敦化南路街邊石階上坐了下來，無視於行人熙攘，車聲喧囂，我們兀自天南地北的談笑起來。福生大我三歲，已將近六十，可是談笑間，一切歲月的侵蝕、人世的斑駁統統消逝了。眼前的顧福生還是我三十多年前初識的顧福生——一個永懷赤子之心、擁抱藝術、奮不顧身的作畫者。藝術是顧福生的全部生命，藝術占滿了顧福生整個的世界，他的心中，已無方寸之地可以容納其他。三十多年來，顧福生對藝術狂熱執著的追求，並沒有因任何挫折而稍有遲疑。終其生，他為藝術殉了情。

顧福生的畫室，很少為別人啓開。六〇年代初，我剛認識顧福生，他帶引我到他的第一間畫室裡。那是他在台北泰安街的家中，在後院獨立一間的小屋裡，是福生的臥房，也是他作畫的地方。那是藝術家一個隱蔽的小天地。在那個小天地裡，顧福生創造了他一系列的半抽象人體畫。我記得那間房間裡陳列滿了一幅幅青蒼色調，各種變形的人體。那麼多的人，總和起來，卻是一個孤獨。那是顧福生的「青色時期」。顧福生的畫，全是他內心世界的投射，外界的現實世界，他似乎全然漠視。所以他的人，並沒有個人的屬性，而大部分是沒有頭，或是面目模糊的。顧福生的人體，毋寧是他內心一種衝動、一個抽象意念的表現。那就是人生而孤獨，赤條條來去無牽掛，人的孤獨，是宇宙性的。但少年的顧福生未必有這些清楚的概念，那時他對人生還充滿了憧憬。他告訴我他要離開家到外面去，到法國到巴黎，遠行到另外一個世界去追求他的藝術，我們初識那一年是值得懷念的日子，我剛創辦《現代文學》，開始寫作，對追求藝術的理想，狂熱則一，因而感到彼此相知，這分相知之心，持續至今。

一九六四年，我在紐約又見到顧福生。福生已經從巴黎轉到紐約來了。他又帶我到他的畫室去。他住在曼哈頓百老匯與九十九街上。那是一間有五間房寬大的老公寓，屋主 Ralph

是一個六十上下的美國人，下了班回家就彈浪漫時期的鋼琴曲子，據說他年輕時一直想當音樂家，Ralph喜歡東方人，人很慈祥。顧福生的紐約畫室裡，又擺滿了他的新作。顧福生作畫的速度很快，每個時期產量也頗驚人。他這個時期的畫，還是以人體爲主。其實他所有的畫都是以人爲中心的。不過這些人體已擺脫了早期的拘泥與凝重，人平地飛起，多姿多采起來。又因畫的背景都是抽象或超現實的，顧福生的繪畫世界，更是海闊天空了。人在混沌初開的宇宙中，任意翻滾奔騰飛揚翺翔。而且人體往往由一而分化爲數衆，於是便增加了畫面的複雜性及流動感。顧福生的畫由早期靜態的悒鬱變成了動態的焦慮。

一九六四年夏天，我在紐約哥倫比亞大學上夏季班，哥大離福生住處不遠。下了課，我會去找福生。有時候我們到中央公園去散步曬太陽。他跟我談起在法國的生活，倒有點像普契尼的《波希米亞人》。現實生活挫折從未能動搖福生對他藝術的信念，他對他自己畫風的發展方向，倒愈加堅定不移了。

七〇年代中，顧福生搬到了西岸舊金山，而我自己也到西岸來教書，於是又有了碰面的機會。福生在舊金山南區與一位開出版社的朋友合租了幢兩層樓的小洋房。那年我去他們那裡過耶誕，一進屋，便看到全屋子牆壁上都掛滿了顧福生的畫，大都是他的近作。福生迫不及待把我帶到閣樓上一間小房間，裡面貯藏了他許多幅尙未裝框的畫，有油畫、有水彩、有素描，都是我未曾見過的，恐怕有幾百幅。福生興奮地把他的畫一一給我看，而且一直問我喜不喜歡。我知道顧福生的畫是不輕易示人的。他大概覺得我還了解一些他的藝術，所以要聽我的意見。別人的畫我不一定懂，可是幾個好朋友的畫，我倒還有一點心得。因爲了解人，所以也親近他們的畫。

福生大概對人生愈來愈寬容了，所以他的視野也就從此開闊，人與自然、人與自己，也就有了妥協的可能。一幅百合花，每一朵花苞竟捲著一個赤嬰，這是一幅天人合一的百子圖。於是也就有了幽默，一幅大號蛋糕，突然從中央豎出一雙人腿來。

顧福生的世界永遠是超現實的，永遠在打破理性的限制後，讓幻想與夢境任意馳騁。那天晚上，我睡在那間閣樓的房間裡，看著那些畫面上飛在天空中的人體、站在臥室中的斑馬、浮在人頭上的大黑驢，我不禁讚嘆，藝術家是有本事重造我們視覺世界的。

這些年來，顧福生從來沒有停止過創作，而且畫風一直在進展改變。這次台北市立美術館舉行的顧福生作品回顧展，涵蓋顧福生三十多年創作生涯的一個總回顧，一百多幅作品代表了他各個階段的風格演變，讓我們對顧福生的藝術有了一個歷史視野的全面了解。這將是一次重要的畫展。

當年顧福生與一群新銳畫家創辦了「五月畫會」，對當時台灣的現代畫壇產生了深刻的影響力，而這位台灣現代畫的先驅，對藝術的追求與狂熱，三十餘年沒有絲毫遞減。福生這份藝術家的執著與勇氣，是我所最欽佩的。

——原載一九九三年《中國時報》人間副刊

克難歲月

──隱地的「少年追想曲」

隱地在一篇文章中感嘆，近二十年來，台灣人過慣了豐裕生活，把從前物質匱乏的窮苦日子忘得一乾二淨，現在台灣的新人類e世代恐怕連「克難」這兩個字的眞正含義，都不甚了了。說眞話，要不是最近讀到隱地的文章，我也很久沒有在台灣的報章雜誌上看到「克難」這個詞兒了，台灣人大概眞的把當年那段克難歲月早已淡忘。

在隱地和我這一代的成長時期，台灣社會的確還處在一切因陋就簡的「克難時代」。這個「克難時代」大約從一九四九年國民政府遷台算起，跨過整個五〇年代。「克難」一詞除了意味經濟上的貧乏，還有更深一層的政治意義。那時刻國民黨在大陸新敗之餘，兩百多萬軍民倉皇渡海，政府在台灣面臨的內外形勢，是何等嚴峻。當時台灣的物質生活困苦，要大家勒緊肚皮又要維持士氣於不墜，怎麼辦？叫幾聲振奮人心的口號倒也還能收一時之效，「反共抗俄」、「反攻大陸」，在五〇年代是喊得很認眞的。「克難」也變成了那個時候一句口頭禪，大家都有一種共識：國難當前，一切從簡，眼前困境克難克難也就撐過去了。當然，克難也有克服萬難的積極意義，所以還有勵志作用。當時台北有一條街就叫克難街。台灣出產的香菸也有克難牌，跟新樂園不相上下，據說軍隊裡的老士官愛抽這種菸。克難街從前就在南機場那兒，在我的印象中，是一條相當破敗的街道，所以才叫「克難」。隱地最近有一篇文章寫他的少年流浪記〈搬搬搬，搬進了防空洞〉，最後棲身的那個防空洞，就在克難街口。台灣的克難日子早就過去了，所以克難街也就改了名稱，一分爲二：國興路與萬青街，現在青年公園就在那裡。

舒服日子容易過得糊塗，倒是苦日子往往刻骨銘心，難以忘懷。最近隱地在「人間副刊」及「聯副」上發表了一系列文章，追憶他青少年時期那段克難歲月，這些文章一出，令人大吃一驚，原來隱地還有這等沉重的心事，竟埋藏了四十多年才吐露出來。隱地當然是個資深又資深的老作家，算算他連編帶寫的書，迄今已有三十餘種。他寫過小說、散文、格言各種文體，而且到了五十六歲突然老樹開花，寫起詩來，一連出版了三本詩集，台灣詩壇爲之側目。隱地寫得最多的其實是散文，「人情練達即文章」用在隱地這些散文上最合適，他的「人性三書」、《翻轉的年代》，還有兩本「咖啡」書：《愛喝咖啡的人》、《遢著鞦韆喝咖啡》，都是隱地看透世情、摸透人性之後寫出的文章。這些文章有一個特點，無論寫人情冷暖，世態炎涼或是白雲蒼狗，世事無常，作者多半冷眼旁觀，隔著一段距離來講評人世間種種光怪陸離的現象，而且作者的態度又是出奇的包容，荒謬人生，見慣不怪，有調侃，有嘲諷，但絕無重話傷人。因此隱地的散文給人一貫的印象是溫文爾雅，雲淡風清，他自己曾經說過：「散文，最要緊的就是平順。」平順，就是隱地的散文風格。但隱地最近發表的這一連串告白式的文章，與他過去的風格有了顯著的不同，就如同由這些文章結集成書的名字《漲潮日》一樣，暗潮洶湧，起伏不平，因為作者在寫他自己徬徨少年時的一段痛史，少年的創傷是如此之深且劇，客觀平順的散文，已無法承載這些埋藏了四十多年傷痛的重擔了。

隱地少年的創痛，直接來自他的父母，間接來自政府遷台貧窮匱乏的大環境。寫自己的父母本來就難，親子間的情感糾葛，豈是三言兩語說得清的？如果父母根本就是自己痛苦的締造者，那下筆就更難了。尤其是中國人，多少總受儒家思想的制約，寫到自己父母，不免隱惡揚善，不像有些美國人，寫起回憶錄來翻臉無情，把父母寫得禽獸不如，也許眞有其事，到底不足為訓。隱地父親事業失敗，終身潦倒，母親不耐貧窮，離家出走，少年隱地，擺盪在父母之間，經常衣食無著，三餐不繼，甚至飄泊流浪，居無定所，青澀年紀早已飽嘗人生辛酸委屈，對父母的怨懟，當然不止車載斗量了，所以要等四十餘年，經過了解、理解、諒解的艱難過程，終於與人生取得最後和解，才開始把他心中的積怨與隱痛化成感人文字。對作家隱地來說，這恐怕也是一道必需的療傷手術。

家家有本難念的經，隱地家這本經加倍難讀。先說隱地父親，本來是溫州鄉下的農家子弟，因得父母寵愛，賣田讓他完成大學教育，當時農村有人上大學就好像古代中科舉一般，是件天大的事，何況隱地父親念的是燕京、之江兩所貴族名校，又念的是英文系，在當時，以這種高人一等的學歷，無論入哪一行，都應該前程似錦的。隱地父親在北京杭州這些地方見過世面，當然不甘蟄居在溫州鄉下。雖然家裡幫他娶親，還生了兩個男孩，他還是拋棄妻兒，隻身到上海求發展去了。在上海，遇見了隱地母親，一個嫁到上海的蘇州姑娘，生過一個女兒，丈夫去世後，留在上海討生活。於是年輕的隱地父母便在一起一同編織著「上海夢」，三〇年代，上海是無數中國青年的冒險天堂。奇怪的是隱地父親精通英文，卻沒能在十里洋場發達起來，而且民國三十五年卻跑到台灣在一女中做了教書先生。剛到台灣那四五年，隱地一家住在台北寧波西街一女中的宿舍裡，那是全家生活的高峰，因爲隱地父親拿到上海種玉堂大藥房的代理權，售賣種玉丸，據說吃了這種丸藥，容易受孕，因此生意興隆。可是共產黨一進上海，種玉丸也就斷了來源，從此全家便往下坡直落。隱地父親不安於教職，一心想做生意賺錢養家，可是做一行賠一行，最後連教書工作也丟了，被一女中趕出了宿舍。經濟窘迫，促使家庭分裂，於是隱地跟著他父親開始了他的坎坷少年路。隱地的父親對他說過人生像潮水，有漲有退。可是父親的漲潮日等了一輩子也沒有來臨，六十九歲，抑鬱以終。寫一個徹底失敗的父親，隱地寫得相當坦率，有時坦率得令人不忍，但大致上他這些自傳性的回憶文章，都能做到「哀而不傷，怨而無誹」，這不是件容易的事，這就要靠一手文字功夫以及一顆寬容的心了。

隱地父親年輕時曾是個衣架子，瘦高身材，穿著筆挺的西裝很登樣，所以隱地母親常常對他說：「你父親穿起西裝來，眞是有派頭！」可是又緊接一句：「西裝穿得筆挺，我怎麼會想到他兩袋空空！」在隱地的記憶中，他這樣描寫父親：

是的，我記憶裡的父親總也是一襲西裝。可他一生就只有西裝。父親活一輩子，沒有自己的房屋，沒有長期存款，當然更沒有股票，他去世時，唯一留給我的，也只有一套西裝。（〈上海故事〉）

一套西裝，寫盡了父親潦倒一生。事實上在隱地筆下，父親是個老實人，還有點爛好人，日本友人贈送的一幢樓房會被親戚騙去賣掉，隱地母親把所有積蓄換成金條縫在棉被裡，讓他父親帶去香港跑單幫，朋友開口，居然輕易被誆走，這樣沒有計算的人，怎能做生意？這就注定了父親一生的失敗。

隱地寫到他母親，也是愛恨交集的。母親的倔強個性，不肯向環境低頭認輸，好面子愛打扮，一手好廚藝——這些都是隱地佩服母親的地方。在父親那邊常常挨餓，到了母親那裡，母親總會設法讓他塡飽肚子，即使家中缺糧，母親也有辦法帶著饑腸轆轆的隱地到處去打抽豐；同安街郁媽媽家、福州街楊媽媽家，還有廈門街的陳家好婆，隱地這樣寫道：

說起廈門街九十九巷陳家好婆，更是我從小不停去吃飯的地方，陳家好婆家裡有錢，又沒孩子，也沒親人，只要有人到她家，跟她說話，她就會送錢給你，每次吃完飯，陳家好婆一定會塞錢給媽，媽媽一接到陳家好婆的錢，她的眼淚就會掉下來。遇到過年，我最喜歡到陳家好婆家拜年，她的壓歲錢，可以讓我吃好多頓飯。（〈餓〉）

這段表面輕鬆的文字，蘊含了好強好面子的母親無限辛酸。事實上隱地母親本身就是一位烹調高手，隱地稱讚他母親燒出來的江浙菜，台北飯館無一能及。我也嘗過隱地母親的手藝，她那道嫩蠶豆羹絕不輸於台北叙香園的招牌菜。如果隱地父親事業成功，家境富裕，他母親也許就順理成章做一個能幹稱職的好主婦了。然而「貧賤夫妻百事哀」，中國家庭的悲劇，大都起源於油鹽柴米。

隱地的哥哥從香港帶了一件皮夾克送給他，那時候，男孩子穿皮夾克是件很騷包的事，隱地喜歡穿了皮夾克去逛西門町，可是那件皮夾克卻常常無翼而飛：

關於我的皮夾克，也充滿傳奇，它無數次進入當舖，可見在貧窮的年代，它甚有價值，有一次，我周末放假，回到家立刻把軍服脱掉，想穿上它去西門町溜達，發現皮夾克又不見了，我當然知道它去了哪裡，一股自暴自棄的恨意升起，我騎了腳踏車飛奔而出，憤怒使我失去了理智，腳踏車撞在牯嶺街口、南海路的一户紅色大門上，冬夜，我卻全身冒汗，跌得皮青腳腫，金星直冒。（〈少年追想曲〉）

一件皮夾克寫出了母親的窮途末路，經常要拿兒子的衣服去典當，母親必然已陷入絕境了。

環境不好，母親的情緒也變得暴躁不穩。隱地十三歲的時候，母親睡午覺，隱地翻書包將一只鉛筆盒掉落地上，母親驚醒從床上跳起來，一只瓶子便擲向了兒子，接著一頓狠打，木屐、磚頭也飛向他來。十三歲的隱地狂奔逃家，逃到明星戲院混至天黑才敢回去。疼愛他的母親，痛打他的母親，都是同一個人。後來母親離家出走，跟了王伯伯，母子間的裂痕就更難彌合了。

隱地的詩與他散文的風格也有許多相似的地方，隱地開始寫詩時，早已飽經人生風霜，已無強說愁的少年浪漫情懷。他詩中處處透露著老眼閱世，臧否人生的睿智與幽默，詩寫得輕鬆愉快，所以廣為讀者所喜，可是有一首詩〈玫瑰花餅〉卻不是這樣的，無意間，隱地又一次眞情畢露：

出門的路
回家的路
一條簡單的路

原先歡喜地出門

爲了要買想吃的玫瑰花餅
讓生命增添一些甜滋味
怎麼在回家的路上
走過牯嶺街——
一條年少時候始終走著的路
無端地悲從心生

黑髮的腳步
走成白髮的蹣跚
我還能來回走多少路？
仍然是出門的路
回家的路
一條簡單的路

這首小詩相當動人，幽幽的滲著一股人生悲涼。爲什麼走過牯嶺街無端端悲從中來？因爲牯嶺街一帶正是隱地少年時流浪徜徉的地方，被母親追打逃家出走，就是跑到牯嶺街上。已過中年的隱地，驀然回首，無意間觸動了少年時的傷痛，有感而發，寫下〈玫瑰花餅〉，這首詩的風格，與「少年追想曲」一系列的散文，基調是相符的。無論詩文，隱地寫到少年徬徨時，總是情不自禁。

狄更斯年幼家貧，父親不務實際，全家經常借貸度日，後來狄更斯父親因欠債坐進了監牢，十二歲的狄更斯一個人在倫敦流浪，自己賺錢謀生。狄更斯幼年便閱盡倫敦的形形色色，所以日後他小說中的倫敦才寫得如此多姿多采。隱地少年時在台北搬家的次數恐怕少有人及，自從被一女中從寧波西街的宿舍趕了出來，隱地一家人便像失去了舵的船，四處飄泊，從東門町搬到西門町，從延平區搬到南機場的防空洞裡，台北好像哪個角落他都住過了，難怪隱地對於老台北的地理環境瞭如指掌，五〇年代的台北，在他的文章裡就顯得非常具體實在。隱地寫自己「成長的故事」，也就連帶把那個克難時代以及那個時代的台北風情勾畫了出來，而且點染得栩栩如生。那時候的西門町是「我們」的西門町，是我們去萬國戲院、國際大戲院一連趕幾場電影的時代，詹姆士．狄恩主演的《天倫夢覺》，觸痛了多少當時台北的少年心。葛蘭在總統府對面的三軍球場跳曼波，震動了整個台北城，幾千個年輕觀眾跟著喝采吹口哨，跟現在的新新人類一樣high。克難時代也有窮開心的時候。

看完了隱地這些「少年追想曲」，不能不佩服他在那樣顛沛流離四分五裂的環境中，居然還能逆來順受向上茁長，日後開創出「爾雅」的輝煌局面來。他這些文章，對於一些正在貧困中掙扎的青年，可以當做勵志讀物。

——原載二〇〇〇年八月《中國時報》人間副刊

鄰舍的南瓜

——評荆棘的小說

五〇年代的時候，台北市的松江路還未經開拓，路中央是一道崎嶇的亂石泥徑，長滿了茅草；兩旁鋪了柏油的小路也十分狹窄，有汽車迎面馳來，騎腳踏車靠邊閃讓，不小心就會衝滑到泥坑裡去。松江路靠近南京東路的那一帶，一排排蓋了不少木造平房，木板都漆上了軍服的草綠色，看起來倒像是一大片軍營。那些房子是公家蓋的，大概那時松江路荒地多，所以選中了那一帶。不過的確也有許多軍眷住在那裡，都是空軍。有一回，一位老太太顫巍巍扶著她的小孫子到我們家來借用軍用電話。老太太滿面惶急，原來她的飛行員兒子值勤晚歸，老母親等得驚慌起來。省政府的官員住在那裡的也不少，但也不完全是公家宿舍，例如我們家在松江路的房子就是自己買下來的。那時聶華苓也住在不遠那麼一棟綠色木板屋裡，倒是忘了問她住屋是公家還是私人的，若是公家不知是什麼單位。總而言之，住在那一帶的居民，不管什麼來路，大概都屬於跟著政府倉皇撤退台灣的外省人居多。那些外省人那時候心裡都寧願相信有一天會「反攻、反攻、反攻大陸去」，總希望那些草草成就的木造屋只是暫時落腳的所在，將就一下，挺過去再說。沒料到大家一住下去就是十幾二十年，一直到六〇年代末，松江路開成大馬路，那些軍營似的綠色木板房子才一棟棟被打掉鏟平，改建成今日的高樓大廈。我們家那棟木板屋，也要等到一九六六年父親過世後才賣出去。

我們住在松江路一二七號，因爲家裡人多，把連在後面的一棟也買了下來，兩屋打通，成了很奇怪的一幢狹長房舍。我們的右鄰是一家空軍校官，周家孩子多，常常牆頭上倏地冒出三四個小蘿蔔頭來，一張張小臉充滿了好奇的笑容，好像隨時隨地想來探看我們家有什麼事發生似的。前幾年我巧遇周家老二，原來已經是華航的正駕駛了。我們的左鄰松江路一二五號住的便是朱家，那就是荊棘的家。當然那時我不知道朱家小女後來又會變成了作家荊棘，而且她的第一篇小說竟是發表在我辦的雜誌《現代文學》上的。這個謎要等到二十多年後才解開：原來荊棘就是朱立立，當年我在松江路的老鄰居。荊棘投稿沒有寫地址，《現代文學》給不起稿費，文章刊出，照例是要送兩本雜誌給作者的。我們在《現代》登了一則啓事，請荊棘賜示地址。大概荊棘不好意思暴露身分，也可能青年作家有她的自負，不願意跟我們攀關係，她沒有理會我們的「尋人廣告」，所以我也就始終無從得知，隔壁朱家小女，也曾是《現代文學》的撰稿人。

荊棘的父親也在政府做官，兩家家長彼此應該認識的，大概不同系統，所以沒有什麼往來。做了十幾年鄰居，中間一道牆把兩家隔得開開的。但兩家的傭人過往卻甚密，互通有無。朱家的一些點點滴滴，偶爾也會傳些過來。比如說，我們知道朱家母親早逝，繼母入門後，朱家兒女的日子不是很好過。托爾斯泰在《安娜．卡列尼娜》的開場名句：「幸福的家庭，家家一樣；不幸福的家庭，各有所難。」其實中國人說得更乾脆：「家家有本難念的經！」在那個年代，尤其來台的外省人，剛遭巨變，連根拔起，難念的經，每家恐怕還不只一本。我們家就有好幾本，恐怕早也由我們的廚子小王傳到隔壁朱家去了。

一直要到很多年後，八〇年代，我看了荊棘出版的第一本文集《荊棘裡的南瓜》，尤其其中帶有自傳性的幾篇：〈南瓜〉、〈飢餓的森林〉、〈凝固的渴〉，我才了悟到爲什麼從前在松江路隔壁那個終日穿著白衣黑裙的朱家小女，從來看不見她臉上的歡顏。這三篇文章都是寫對親情的追念與渴求。荊棘十二歲喪母，十二年後終於寫出這篇〈南瓜〉，悼念她來自農村一生憂勞而又極端溫柔的母親。〈南瓜〉大概象徵了荊棘生命中獲得的母愛吧。從荊棘中生長出來，南瓜生命雖然暫短，卻帶給家人如許的溫馨與喜悅。〈南瓜〉因爲情眞，所以寫得意切，《文星雜誌》上發表後，又在《讀者文摘》重新刊出，是荊棘的成名作。荊棘大學選讀了園藝，最後竟在美國新墨西哥州開墾出一片二十多英畝的農場來，遍植各種瓜果葉蔬，當然也有南瓜。是不是荊棘稟受了她來自農村母親的遺傳，最後還是歸農莊稼。我們眞不能低估了父母親在我們身上所刻下不可磨滅的烙印。有位心理學家寫過一本書：《原始的呼號》（*Primal Cry*），他讓他做實驗的心理病人大聲呼叫「爸爸」、「媽媽」，叫著叫著，病人會發狂一般，心理退化到原始階段，對父母親種種的憤怒、渴求、懼畏、孺慕

——這些最基本而又強大無比的情感，隨著「爸爸」、「媽媽」原始性（Primal）的呼叫聲中，宣泄出來。〈飢餓的森林〉、〈凝固的渴〉，是荆棘的「原始的呼號」，文中少女對父愛的飢渴，眞有原始森林那般龐大。情感早已僵化了的父親，對女兒無助的呼求，竟無法回應。而繼母將一些名牌的生日蛋糕鎖在書房裡，任其腐爛，飼餵紅頭綠蠅，也不肯拿出來與兒女共享。親情的飢渴，使心理的創傷轉化成爲生理的痛楚了。

令人驚奇的是，荆棘，正如她的筆名所示，在松江路那般荒瘠的環境裡，竟還能抽發茁長，最後落根在新墨西哥州的沙漠裡，挺伸成一棵傲岸堅實的仙人掌。荆棘進入台大園藝系，畢業後到美國留學，改習心理，最後成爲頗有成就的心理學教授，又隨著從事教育行政的先生到世界偏遠的地區：巴基斯坦以及非洲的史瓦濟蘭，去幫助那些貧窮落後國家，教育他們的孩子。這樣一個堅韌的生命，她的泉源在哪裡？一個源頭恐怕還是傳自她那來自農村母親的稟性，對土地自然有一種出自天性的親近。荆棘喜歡寫農作物，她的第二本文集《異鄉的微笑》裡，便寫了許多瓜瓜果果，「哈密瓜」、「紅棗」、「枸杞」，荆棘寫這些瓜果時，特別動情，所以寫得生機盎然。荆棘居住的新墨西哥州，出產一種鮮美多汁的甜瓜，本來以爲是從日本傳過來的，後來溯源而上，在香港發現同樣瓜種，原來竟是吐魯番的名產新疆哈密瓜。當荆棘到巴基斯坦時，便將巴基斯坦與新疆交界地所產的哈密瓜種籽帶回新墨西哥，在她的農場上種植出一片哈密瓜田來，並將種籽分給當地瓜農，於是遠渡重洋的新疆哈密瓜，便在新大陸的沙地裡瓜瓞綿綿的散布開來。荆棘又在她農場種植了紅棗、枸杞，這些原產於中國的瓜果，對去國日久的荊棘恐怕也具有療治鄉愁的作用。有一天在瓜市裡，荊棘向一個美國顧客諄諄解說哈密瓜的來源，提起重洋對岸那片古老的土地，荊棘突然按捺不住流下了異國人無法理解的遊子淚。

新疆吐魯番出產的哈密瓜，的確不愧是人間美味，瓜瓤豐腴，味甜如蜜。抗戰勝利後，我們居住南京，每年父親在新疆的回教朋友都要送來幾大簍哈密瓜。晚飯後父親召集我們開「生果會議」，一桌子擺得黃橙橙的，一刀下去，滿室生香。有一種哈密瓜竟有醇酒的芬芳，所以又名「醉瓜」，對此極品，怎不叫人睹物生情。

另一種支持荊棘成長的生命力量，我想必須歸功於她自小對文學的熱愛了。荊棘在少女時代便開始寫稿投稿，雖屢被退稿，卻並不氣餒，直到她的小說〈等之圓舞曲〉登上《現代文學》後，才正式跨入文學園地。她自稱那段日子是她「一段《現代文學》如醉欲狂的日子」。住在隔壁巷子的三毛，第一篇小說在《現代文學》刊出的時候，捧著雜誌，跑上玄關，大喊大叫，發了狂一般。那個時代，台灣社會封閉，政治思想定於一尊，文學，對於許多心靈都不甘受禁錮的知識青年，不啻是肅殺嚴冬裡的一脈薰風，是闗得黑漆漆的密室裡，破壁而開的一面天窗。文學，在那個年代，的確具有解放心靈的力量與作用的。六〇年代是個文化思潮風起雲湧的歷史轉捩點，戰後成長的一代青年都在向傳統文化挑戰。六〇年代的台灣知識青年，表面安分守己，實際上也早已感染了世界性的文化震盪，思想及心理也在悄悄蛻變，在掙扎反叛父權社會給予他們的指定路線。三毛與荊棘，各從松江路出發，經歷歐洲、美國，最後不約而同又降落在非洲大陸的沙漠裡。這恐怕不能看做一種偶合，這是當時一些不肯受拘的台灣青年，掙脫思想牢籠，飛向海闊天空，去追尋自我實現的一段艱辛而又充滿冒險刺激的精神行旅。雖然各人遭遇不同，三毛飛繞了一大圈，終於飛回台灣折翼而亡，而荊棘卻在新墨西哥落腳，與美國先生共同建立起他們的夢中堡壘——「沙堡」。

荊棘飛離台灣後，有很長一段時間，似乎把她在松江路陰鬱的過去全部拋棄了。停筆十八年，一個偶然的機會，她身上潛伏著文學創作的欲望，觸電一般，突然驚醒，於是她重新執筆，一連串寫出了《荊棘裡的南瓜》及《異鄉的微笑》兩本散文，並且完成一部小說集《蟲及其他》。又一次，是文學把她斬斷了的過去生命銜接起來。荊棘這幾本集子的文章有一個特點，散文與小說，往往是很難分界，有幾篇是小說化的散文，也有一些卻是散文化的小說。讀荊棘的文章有一種親切感，一直覺得作者在向你娓娓吐露她深藏的心事。〈蟲〉便是一篇散文體的寓言故事。作者與先生到巴基斯坦，從當地運回新墨西哥一批質地堅實，紋路細微的木塊，用來鑲砌他們自己動手築成的住屋「沙堡」的牆壁，誰知木塊裡有蛀蟲，也一併封到牆壁裡去，於是日復一日，年復一年，蛀蟲奮力啃齕木頭，發出吱吱的哀音，但木塊太過堅實，蛀蟲至死未能破壁而出，見到天日。卡夫卡的《蛻變》描寫一個人一覺醒來發覺自己竟變成了一隻大甲蟲，無論他如何掙扎，始終也未能解脫「蟲的存在」。是不是人也跟蟲一樣，有誰能夠任意蛻變，突破自己賴以生存的時空大限呢。〈繼承者〉是集子裡份量比較重的一篇小說，荊棘又回到她一直最關切的主題：親子之間，種種的複雜與矛盾。李琴的父親是國民黨的元老，年輕時留學德國，與一位有恩於他的中德混血少女成了婚。李琴的母親高貴優雅，對丈夫是無限量的諒解與無條件的犧牲。幼年的李琴，父親是她心中至高無上的完美偶像。當李琴發覺道貌岸然的父親竟私下與一個粗俗無知的軍眷女傭有染，並且爲此拋棄了她高雅的德國母親，李琴的世界由此崩潰，抱憾終身，一直要到父親在台灣彌留的時刻，才得到外國歸來的女兒的諒解。荊棘在這篇小說中，終於與過去妥協、和解，由少女時代「原始的呼號」，轉換成一闋中年人哀悼生命的輓歌。

松江路荊棘裡冒出來的南瓜，種籽飄洋過海，在美國新墨西哥州的沙礫地，終於結成豐碩的果實來。

——原載一九九六年十一月《聯合報》副刊

落葉賦

——爲奚淞的畫《釋迦下山》而寫

很多年前，我的左鄰住著一位義大利老人。老人嗜好園藝，園中遍植榆柳銀杏，桃李枇杷。這些樹秋冬落葉，十一月，樹上葉子開始枯黃，片片墜地，直到園中只剩空枝，結束一季盛夏的繁華。老人每日晨昏定時在園中耙掃落葉，他患有心疾，胸上長年綁著一副儀器，然而老人樂觀，菸酒不忌，他揮動手中竹耙，虎虎有力。老人珍惜落葉，每一片都不捨得遺棄，他把那些落葉集在一角，堆積成山，造就了一座紅黑褐的落葉冢。冬雨過後，落葉腐爛，汙泥相和，化成滋養豐富的有機肥。春天來臨，老人將他親手製造的腐葉土，大量施於園中果樹，每年七八月間，滿園桃李纍纍，老人甚爲得意。那些年，我也分享了不少老人的肥桃甜李，腐葉土培養出來的果實，的確味道鮮美。龔定庵的詩：「落紅不是無情物，化做春泥更護花。」落花落葉，誰曰無情，人間有情，萬物才得欣欣向榮。老人病逝，鄰舍數易其主，新主不諳耕植，落葉任其飄零，園中桃李乏人照料，而今已不結果。

——原載一九九九年《康健》雜誌

台北Pastoral

——為黃銘昌的田園畫而寫

五〇年代，台北市曾有這樣一幅景觀：松江路自長春路口以下一直推往圓山是千百頃一望無垠的稻田。春夏之際，禾苗茁長，頃刻間黃土地變成綠海洋。春風驟起，稻浪一波推一波，一片綠，直往那天涯盡處翻滾過去，那是欣欣向榮的綠、歡騰鼓舞的綠、洋溢著禾香稻香的綠天綠地。青油油的稻海中，有成千上百的白鷺鷥，隨著禾浪的起伏，載浮載沉，如同一匹舒展不盡的綠綢緞上，綴滿了朵朵雪白的睡蓮花。時而群鳥驚起，滿天白羽紛飛，圓山落日，霞光萬丈，把白禽背上染得通紅。夕照點點片片灑落在稻海上，億萬禾苗迸燃起閃閃金光，造就了千頃的金碧輝煌。

五〇年代，我的家就住在松江路與長春路的交口處。清晨推窗，稻田裡的綠波便倏地湧了進來，從頭到腳替我沐浴一輪，如醍醐灌頂，一切煩囂即時淨滅。那時候的台北尚未被毒化、被腐化、被汙染。那時候，台北還是一座處女城，曾經擁有一片生機盎然的綠。

——原載一九九九年《康健》雜誌

逝者如斯

我的第一本小說集《謫仙記》是一九六七年「文星」出版的。這本集子發行的過程頗爲崎嶇，是「文星叢刊」的最後一批書，據說這批書剛擺上「文星書店」的橱窗，「文星」就因爲觸犯當局遭到勒令停業的命運。從此，《謫仙記》便開始流離失所，後來不知怎的又變成了「大林」版，此外花花綠綠還有幾種盜印版。最後由香港的「文藝書屋」把「文星」這套叢書收去重新刊印發行，倒還能維持原貌，是「文星」袖珍型小叢書的樸素風格，深灰色的封面，書背有一張作者的照片，據蕭孟能說，出版「文星叢書」的靈感，來自日本的「岩波文庫」。

取爲書名《謫仙記》的那一篇，是一九六五年在愛荷華大學「作家工作室」念書的時候完成的。那個春天，我常常到愛荷華河濱公園一張野餐桌上寫東西。四月間，愛荷華河已經解凍，河水澌澌溶溶，滾滾而下，萬物欣欣向榮，到處一片生機，如此良辰美景，不知怎的，我卻把〈謫仙記〉的女主角最後寫成了投水自盡的悽慘下場，大概那時候，已經能深深警覺到滔滔流水，逝者如斯的悲愴了吧。

——原載一九九八年二月《聯合文學》「作家臉譜」

經典之作

——推介夏志清教授的《中國古典小說》

夏志清先生在西方漢學界以及中國文學批評界樹立了兩道里程碑：《中國現代小說史》（*A History of Modern Chinese Fiction*）與《中國古典小說》（*The Classic Chinese Novel：A Critical Introduction*）。《中國現代小說史》於一九六一年由耶魯大學出版，這本書在歐美學界即刻引起巨大回響。首先這是第一本用英文寫成的中國現代小說史，從「五四」文學革命歷經三〇年代左翼文學運動，以至四九年後的共產主義文學，將現代中國的文藝思潮作了一個全面有系統的介紹及論評。當時由於中共興起，歐美學界對於現代中國研究，開始產生強烈興趣，中國現代文學，尤其是反映現代中國政治社會的小說，當然也就成爲重要研究部門之一。夏先生這本《中國現代小說史》可謂應運而生，成爲美國大學中國小說研究的標準參考書。

一九六八年夏志清先生的《中國古典小說》由哥倫比亞大學出版，這部書的問世，在中國文學批評史上應是劃時代的一件大事。全書共四一三頁，分七章，首章〈導論〉，其餘六章分論《三國演義》、《水滸傳》、《西遊記》、《金瓶梅》、《儒林外史》及《紅樓夢》，並附論文一篇：〈中國古代短篇小說中的社會與個人〉。首先夏先生將書名取爲《中國古典小說》便具有深意，現代中國學者慣將「五四」以前的小說稱爲「舊小說」、「傳統小說」或者「章回小說」，與「五四」以來的「新小說」以示區別，這些名稱多少都含有貶義，而「古典」，尤其是英文 Classic 一辭，意指經過時間考驗被公認的經典之作，夏先生將《三國演義》等六部作品稱爲「古典小說」，當然就是在肯定這六本小說在中國文學傳統上的經典地位了。事實上夏先生取擇標準甚嚴，他在第一章〈導論〉中對中國小說的缺點，作了毫不姑息的批評，與西方小說相比，中國小說，除了《紅樓夢》以外，在藝術成就上，的確有許多不逮之處。但他篩選的這六部小說，無論從哪一方面來講，都堪稱中國小說的經典，是「這種文學類型在歷史上最重要的里程碑，每部作品在各自時代都開拓了新的境界，爲中國小說擴展了新的重要領域，並深深影響了中國小說後來的發展」。英國文學批評家李維斯（F. R. Leavis）的名著《偉大的傳統》（*The Great Tradition*），取材極苛，只選了珍・奧斯汀（Jane Austen）、喬治・艾略特（George Eliot）、亨利・詹姆士（Henry James）寥寥數人，作爲英文小說家的代表。夏志清先生將《三國》、《水滸》、《西遊》、《金瓶》、《儒林》、《紅樓》——這六座中國小說的高峰，先後排列成行，也替中國小說建構了「偉大的傳統」。

「五四」以還，中國學者如胡適、鄭振鐸等人對中國傳統小說都曾作出重大貢獻，但他們的研究多偏向「考據」，而夏先生則側重「義理」。當然，夏先生絕非忽略「考據」的重要，事實上在每一章的開端，夏先生必先將作品各種版本的演變以及小說題材的來源說得一清二楚。因爲像《水滸傳》、《紅樓夢》，甚至《儒林外史》，版本的差別，影響內容至鉅。但「義理」的批評，才是《中國古典小說》一書的精華所在。

《中國古典小說》的評論準則，大致可分下面四個方向：

首先是作品的文化意涵，夏先生將作品放置於中國儒、釋、道三流匯合的文化大傳統中，來檢視小說所反映中國哲學、歷史、宗教、社會、政治的各層現象及其意義，而加以詮釋、比較、批評。他所選的這六部小說，都是我們民族文化、民族心靈最深刻的投射，又因其數百年來一直深爲廣大中國讀者所喜愛，再加上歷來說書人以及改編戲曲的傳播，早已深入民間，歷久不衰。試看近年來中國大陸改編之《紅樓夢》、《西遊記》、《水滸傳》電視連續劇，受到空前熱烈的歡迎，足證這幾部經典小說其文化生命力之強韌。這些小說中的典型人物諸葛亮、關雲長、宋江、李逵、孫悟空、豬八戒、潘金蓮、賈寶玉等，也早已演變成爲我們民族性格的文化原型了。夏先生以宏觀視野，將這六部小說提升到中國文化大傳統的高度上去替它們定位，這就使《中國古典小說》這部書具備一種恢宏氣度，超越了文學批評的範疇，而擴大爲文化論著。

不同於《中國現代小說史》的體例，《中國古典小說》並非小說史，但所選的六部小說，在中國白話小說的發展上，每一部都是一座往前推進的里程碑，因此，中國小說的演進，亦是此書的重要論點之一。除了在〈導論〉中，夏先生將中國白話小說的起源演進做了概括的引介之外，在分論中，他又把每部作品在中國小說發展上特殊的貢獻及重要性詳加分析：從《三國演義》到《紅樓夢》，中國小說如何從依附歷史傳說、宗教寓言幻想而落實到日常生活的寫眞，在形式上又如何逐步擺脫說書話本的累贅影響，而蛻變成獨立完整的藝術作品。事實上分論每章皆可獨立成篇，是一篇完整的專論，但是六章排列在一起，先後呼應，互相輝映，貫穿四百多年中國白話小說演變的過程，這就使這部書驟然增加了歷史的縱深。因此，《中國古典小說》也可以說是一本中國小說發展史。

在《中國現代小說史》中，小說藝術是夏先生評論作家及其作品所定的最高標準，而夏先生在小說藝術的鑑定上，把關最嚴。他認爲巴金、茅盾、丁玲的小說藝術成就不如張愛玲、沈從文、錢鍾書，所以他們在《中國現代小說史》中的地位評價就不如張、沈、錢等人。夏先生本人出身耶魯英文系，當年耶魯英文系是「新批評」學派的大本營，獨領美國學界風騷。「新批評」學派特重文學的藝術形式，對於作品的文字結構審查嚴格。夏先生對於小說藝術所訂的標準，當然不限於狹窄的「新批評」，但他對小說作品文字結構的要求，嚴格則一。在《中國古典小說》中，夏先生最終是把六本中國小說經典當作文學藝術來鑑賞評定的。在這方面，作爲文學批評家，夏先生最見功力，這部文學批評，處處閃耀他獨具慧眼的創見。將中國傳統小說當作嚴肅的文學藝術，全面有系統的探討分析，《中國古典小說》

應該是首創，替後來中國古典小說的研究，尤其在西方漢學界，奠下根基。

《中國古典小說》是以英文寫成，最先的讀者當然是以西方人爲主，而夏先生撰寫這本書的目的之一，恐怕也是有意將中國古典小說推向世界，將中國小說經典擱置在世界文學的天平上，作一個橫向的比較。因此，書中也就大量採用中西文學比較的方法及實例。西方讀者研究中國小說，文化隔閡難免，夏先生在書中引用了許多西方文學作品，妥切比較，使西方讀者能夠舉一反三，觸類旁通。例如《西遊記》，夏先生舉班揚（John Bunyan）的《天路歷程》（The Pilgrim's Progress）與之相較，這兩部宗教寓言，彼此對照，佛教高僧西天取經，與基督教徒尋找天國便有了互相闡明的功效。當然，西方學者很早便對這幾本中國小說產生興趣，而且英、德等譯文的全本及節本也早已流行，但一九六八年《中國古典小說》的出版，的確在漢學界搭起了一座新的橋梁，引導更多西方讀者進入中國古典小說豐富的世界。

《中國古典小說》這部書，宏觀上既縱貫中國文化傳統、中國小說發展史，微觀上又深入作品內涵，細細道出潛藏其中之微言大義，藝術巧思，橫向更連結西方文化、西方文學，以爲借鏡，互相觀照，其架構博大，內容精深而自成體系，應該是夏志清先生的扛鼎之作。這本書本身也早被公認爲中國文學批評的經典之作（Classic）。一九八八年大陸版中譯本由安徽文藝出版社出版，胡益民等合譯，德文版於一九八九年問世，主譯者爲艾克·熊菲德（Eike Schönfeld）。台灣版中譯，何欣主譯，亦即將由聯合文學出版社印行。

十四世紀由羅貫中編撰而成的《三國志演義》之出現，是中國白話小說史上的頭一宗盛事，這部偉大的歷史演義小說，是我們的《伊利亞德》（*The Iliad*）。但胡適對《三國演義》卻頗有微辭，他在《三國志演義序》中如此批評：「《三國演義》拘守歷史的故事太嚴，而想像力太少，創造力太薄弱。」而夏志清先生對《三國演義》的評價卻相當高，而且他也不同意胡適以上的看法。他認爲「三國」故事的長處恰恰在於羅貫中能夠刪除說書人加入的一些神怪離奇粗糙情節，儘量靠近《三國志》正史，而保持了《三國》敘事的簡潔統一。羅貫中繼承的，其實是司馬遷、司馬光的史官傳統，《三國演義》的眞正源頭是《史記》、《資治通鑑》。如果西方小說起源於史詩，那麼中國人的小說則孕育於我們的史書了，中國人的悲劇感全在我們的歷史裡，天下分合之際，「浪花淘盡英雄」。

事實上羅貫中的創造力絕不像胡適所稱那樣「薄弱」，夏先生例舉《三國演義》中非常著名的「赤壁之戰」，曹孟德大宴文武將官橫槊賦詩的一場，來說明羅貫中小說藝術之高超。這場宴會正史沒有記載，可能是羅貫中憑藉說書人的材料重新加工創造而成。曹操的名詩〈短歌行〉當然不一定完成於「赤壁之戰」前夕，但卻被羅貫中巧妙的運用到文中，大大幫助了小說的情節氣氛。曹操一代霸主顧盼自得的形象、「對酒當歌，人生幾何」英雄漸老的蒼涼，一怒而刺殺諫臣、酒醒後又懊恨不已的複雜性格，在短短幾節中，寫得大開大闔，跌宕有致。這一場氣勢非凡，情景交融，人物個性分明，戲劇張力十足，在在顯示出羅貫中小說手法的傑出老到。

中國古典小說以刻劃人物取勝，因此夏先生在詮釋小說人物上，著墨頗多。尤其是劉備、關羽、張飛及諸葛亮之間君臣忠義、手足患難的錯綜複雜關係，有非常精闢的分析評論。《三國演義》的大架構是寫天下大勢，歷史分合，但其中心主題卻是中國儒家傳統君臣之忠、手足之義的理想。我們看完《三國演義》不禁掩卷長嘆，就是因為劉、關、張、諸葛武侯這一群孤臣孽子一心興復漢室而終究功虧一簣的千古遺恨。其實羅貫中一開始第一回已經埋下蜀漢最後敗亡的伏筆了。劉關張桃園三結義，共誓「不求同年同月同日生，但願同年同月同日死」，「背義忘恩，天人共戮」。最後劉備果然信守誓言，關羽大意失荊州，身亡敵營，促使劉備雪弟恨，竟不顧軍師諸葛亮的力諫而伐東吳，打破了諸葛亮苦心孤詣的聯吳抵魏大策略，終於招致蜀漢的覆滅。夏先生指出，伐東吳實是《三國演義》一書的大關鍵，這一章與首回桃園三結義遙相呼應，顯示劉備「政治上的失敗，正標榜他人格上的完整」。

劉備戰敗，駕崩白帝城的一回，是全書的精華所在，夏先生把整段引了下來細論，尤其是永安宮劉備託孤的一節，暗藏玄機，值得推敲：

先主命內侍扶起孔明，一手掩淚，一手執其手曰：「朕今死矣，有心腹之言相告！」孔明曰：「有何聖諭？」先主泣曰：「君才十倍曹丕，必能安邦定國，終定大事。若嗣子可輔，則輔之；如其不才，君可自爲成都之主。」孔明聽畢，汗流遍體，手足失措，拜泣於地曰：「臣安敢不竭股肱之力，盡忠貞之節，繼之以死乎！」言訖，叩頭流血。

劉備一心恢復漢室，有問鼎天下之雄心，傳位子嗣當然爲第一要務。然而劉備也深知嗣子愚弱，若無孔明誓死效忠，萬無成事可能，劉備要孔明取而代之，很可能也在試探他的忠貞，聰明如孔明，心裡明白，所以才會有「汗流遍體，手足失措」的強烈反應，劉備看見孔明「叩頭流血」，痛表心跡之後，果然也就未再堅持禪讓了。這是夏先生極爲深刻細緻的看法，羅貫中是精通中國人情世故，深諳中國政治文化的作家，所以才可能把劉備孔明君臣之間微妙複雜的關係，寫得如此絲絲入扣。夏先生對於《三國》這一章節如此結論：

中國歷史上再也找不出如此動人君臣訣別的場面了。羅貫中恰如其分把二人之間爲了共同大業而建立的永恆情誼描寫出來。然而同時他也並未忽略此一哀婉動人場面的政治含義。如此，他把劉備塑造成一個令人難忘而可信的歷史人物。

數百年來，中國讀者一面倒同情蜀漢的失敗英雄，那就是因爲羅貫中把諸葛亮的忠與劉玄德的義，寫得如此感人肺腑。

《水滸傳》把中國白話小說發展又往前推進了一步。《水滸傳》開始大量採用生動活潑的口語白話，而且塑造人物，鋪陳故事，能不拘於史實，更向小說形式靠近。夏志清先生對於《水滸傳》在小說發展史上的重要性，小說藝術上的成就都予肯定，他也稱讚《水滸傳》中英雄好漢林冲、武松、魯智深、李逵等人物塑造突出，性格刻劃生動，但夏先生對於這部小說透露出來潛藏在我們民族心理的黑暗面：一種嗜血濫殺殘忍野蠻的集體潛意識衝動，則給予相當嚴厲的批判。在這點上，夏先生道出許多前人所未能及的創見，使我們對《水滸傳》的複雜性能夠更深一層的了解，而又釐清我們判斷《水滸傳》時一些道德上的困惑。

歷來褒獎《水滸傳》的論者，都把此書稱譽爲梁山泊草莽英雄官逼民反替天行道的俠義小說。其實這一群一百零八個天罡地煞說穿了，也不過是一個強盜集團，是洪太尉無心放走下降凡塵擾亂人間的「妖魔」。這個梁山泊的草莽集團十分特殊，盜亦有道，並非一般烏合之衆。他們有組織、有紀律、有信仰，他們標榜一種「英雄信條」（heroic code）。《水滸傳》中這種「英雄信條」的特色是：遵守義氣、崇尚武藝、慷慨疏財、不近女色、卻縱情酒肉。夏先生指出，這個純男性中心的集團最特異的地方便是仇視女色，視女色誘惑爲英雄氣概的最大威脅，因此，《水滸傳》中的幾個「淫婦」必須鏟除，閻婆惜給殺了頭，潘金蓮、潘巧雲都遭到開膛剜心最慘烈的懲罰，至於梁山泊隊裡的母夜叉、母大蟲、一丈青已是「女丈夫」了，自然不會構成女色誘惑的問題。其實以現代心理學來解釋，梁山泊的男性集團這種極端禁欲主義，與好漢們殘忍虐殺行為，是有因果關係的。

《水滸傳》的英雄好漢，他們還未加入梁山泊集團前，如林冲、武松、魯智深都能恪守「英雄信條」，是堂堂丈夫，但一旦加入集團，他們的個人身分消失，於是這一群梁山泊草寇他們集體行動所遵守的，不過是一種「幫會行規」，夏先生認為對於他們所標榜的「英雄信條」，反倒變成了一種諷刺。這些煞星們，一旦聚集在一起，個性泯滅，在一種集體意識的引導下，打著「替天行道」的旗幟，像一架龐大的殺戮機器，下山招兵買馬打家劫舍。宋江率衆三打祝家莊、掃平曾頭市，都是殺戮甚衆，無辜婦孺慘遭斬草除根的場面。夏先生對於《水滸傳》中肆意描寫這些殘暴事件有這樣的評論：

說書人當年傳誦這些故事於市井，唯以取悅聽衆為務，未必能夠弄清個人英雄事跡與集體暴虐行為的分別。但這些故事迄今猶流傳不衰，的確顯示中國人民大衆對痛苦殘忍的麻木不仁。但正因為書中對暴虐的歌頌是不自覺的，現代讀者倒可以把七十回標準本看做一則充滿弔詭的政治寓言（一旦衆好漢全部聚集一堂時，他們遂變成政府的有效工具而失去幫會性格）：官府的不公不義，是激發個人英雄主義的條件，但衆好漢一旦成群結黨，卻又足以斲傷這種英雄主義，而製造出比腐敗官府更邪惡的恐怖統治了。其實這

就是地下政黨的老故事：在求生存爭發展的奮鬥中，卻往往走向它聲稱所要追求的反面。

梁山泊的英雄好漢復仇之心特別熾烈，這股仇恨一旦燃燒，這些天罡地煞便顯現了妖魔原形，大開殺戒。書中武松血濺鴛鴦樓是著名的殺戮場面，武松復仇，砍殺張都監之後，開始屠殺張都監全家，連幾個在場唱曲兒的女娘也不能倖免，武松殺得性起，說道：「一不做，二不休，殺了一百個也只一死！」一直砍殺得刀都缺了。

全書中復仇殺人的殘暴場面寫得最觸目驚心的，恐怕是黑旋風李逵生啖黃文炳的一節。通判小吏黃文炳曾經陷害過宋江，這個仇當然要報，黃文炳被捉到後，在宋江的指使下，李逵把黃文炳活生生割來吃掉：

便把尖刀先從腿上割起。揀好的，就當面炭火上炙來下酒。割一塊，炙一塊，無片時，割了黃文炳，李逵方纔把刀割開胸膛，取出心肝，把來與眾頭領做醒酒湯。

夏先生引這兩則例子與《史記》相較。司馬遷記載呂后嫉恨戚夫人：「遂斷戚夫人手足，去眼、煇耳，飲瘖藥，使居廁中，命曰『人彘』。」這是中國歷史上最著名的殘虐事件之一，但司馬遷以呂后子惠帝一言：「此非人所為。」遂定呂后罪於千古，夏先生認為：

「《史記》肯定人類文明正道，而《水滸傳》大加讚賞那些草莽好漢所幹的野蠻復仇行爲則非是。」

《水滸傳》中的「英雄世界」與「野蠻世界」之間的界線相當模糊，《水滸傳》表面上讚頌的是梁山泊衆好漢打著「替天行道」的旗幟幹下的英雄事跡，但這些好漢的實際行動都是極端野蠻殘忍違反文明的。「忠義堂」上衆好漢杯觥交錯歃血爲盟之際，梁山泊的黑店裡正在幹著販賣人肉包子的勾當。歷來學者評論這部小說的文化精神時，產生相當大的矛盾分歧，而矛盾的焦點又顯著集中在梁山泊的寨主領袖呼保義及時雨宋公明的身上。明朝思想家李贄把宋江捧爲「忠義」的化身，而金聖歎卻把宋江貶爲假仁假義的僞君子。在分析宋江這個書中的首腦人物上，夏志清先生提出了非常重要的一點：他認爲試圖解析宋江這個人物的意義，不能止於宋江本身，必須把宋江與李逵聯繫起來，宋江這個角色複雜矛盾的意義方可能有較完整的解說。其實及時雨宋江與黑旋風李逵兩人相輔相成，構成的是一對複合互補的角色，如同杜斯妥也夫斯基小說中的「雙重人物」（Double Character）。杜氏擅長研究人性善惡，在小說中常常設計關係曖昧複雜的「雙重人物」，來闡釋人性善惡的相生相剋。自從三十八回李逵與宋江一見如故後，便對宋江五體投地誓死效忠了。如果及時雨宋江代表《水滸傳》裡「替天行道」幫會式的忠義道德，那麼黑旋風李逵便象徵著《水滸傳》另一股黑暗野蠻原始的動亂力量。天魁星、天殺星看似南北兩極，其實遙相呼應，彼此牽制。做爲幫會魁首，宋公明必須維持及時雨領袖群倫的形象，不能公然造反，但遠在三十九回宋江在潯陽樓上已寫下反詩：「彼時若遂凌雲志，敢笑黃巢不丈夫！」原來宋江早已心存反志，要賽過大叛徒殺人魔王黃巢。李逵一再慫恿宋江造反，奪取大宋江山自己做皇帝，其實正講中宋江的心懷。事實上李逵可以說是宋江那股叛逆意志的投射，宋江心中黃巢的具體化。許多殘酷野蠻的殺戮行爲都是李逵在宋江指使默許下完成的，李逵生啖黃文炳，等於宋江的意志在進行復仇行動。這一對「雙重人物」其實是《水滸傳》中叛徒形象的一體兩面，及時雨宋江及黑旋風李逵分別代表《水滸傳》的「英雄世界」與「野蠻世界」，而當這兩個世界重疊在一起時，「水滸」中便是一片「腥風血雨」了。最後宋江被陷害中毒，臨死前他把李逵一併毒殺，宋江必須與李逵共存亡，因爲李逵根本就是他另外一個自我。難怪李逵爲宋江死得心甘情願，完成了他們「同年同月同日死」的手足之義。宋江與李逵兩個角色之複雜關係及多重意義貫穿整本小說，使得這本情節繁雜人物衆多的作品得到主題上的統一。要了解《水滸傳》這部小說深一層的涵意，首先須了解宋江與李逵這一對「雙重人物」的關係，而夏先生對宋江—李逵的人物論無異是閱讀《水滸傳》的一把鑰匙。

中共評論家一面把《水滸傳》稱譽爲農民起義的偉大革命小說。書中所表露出反政府、反秩序的叛逆意識與狂熱的復仇心理，跟中共所主張的階級仇恨、階級鬥爭的確有脗合之處。毛澤東更把宋江讚揚爲農民起義的革命領袖。毛澤東對宋江如此激賞是能理解的，其實毛澤東本人便具有「及時雨」及「黑旋風」的雙重性格。然而梁山泊的草莽好漢成群結黨濫殺無度，實在不能算做開明的革命力量。夏志清先生在本章末，批駁了中共文評家對《水滸傳》農民起義革命精神的過分抬舉後，如此告誡：《水滸傳》中這股黑暗野蠻的衝動，其實是人類潛意識釋放出來可怕的破壞力量，任何文明如要生存，必須抑止這種暴力的滋生。夏先生完成《中國古典小說》於一九六六年的夏天，中國大陸那一場史無前例人類大浩劫「文化大革命」剛剛爆發，十年間大陸上一股黑旋風式的暴力，差點把一個幾千年的古國文明徹底摧毀。事後看來，夏志清先生批評《水滸傳》這段警世諍言，更具有特殊的文化意義。

●

大唐天子太宗李世民派遣高僧玄奘赴西方天竺（印度）取經，這在中國歷史及佛教史上是件何等莊嚴隆重的大事，而明朝小說家吳承恩卻偏偏把這段歷史改寫成一部熱鬧非常諧趣橫生的喜劇小說。這是部天才之作，數百年來大概沒有比《西遊記》更受中國讀者喜愛的喜劇小說了。這部小說的成功得力於吳承恩創造了兩個最突出的喜劇滑稽角色：孫悟空與豬八戒，這一猴一豬早已變成我們民俗文化的兩個要角。夏先生把孫悟空與豬八戒這一對寶貝與西方小說中另一對著名的互補角色相比，唐·吉訶德（Don Quixote）與桑丘·潘薩（Sancho Panza），兩者一樣令人難忘。《西遊記》也是西方讀者最容易接受的一部中國古典小說，韋利（Arthur Waley）的節譯本在西方一直很受歡迎，余國藩的全譯本更是中西文學交流的一件盛事。

《西遊記》的來源複雜：有歷史記載、佛教傳說、印度史詩種種。夏先生不憚其煩將這些來源一一釐清。接著他分析闡釋唐三藏玄奘這個人物在《西遊記》中的意義。小說中的玄奘至少有三重身分：民間傳說玄奘乃狀元陳光蕊之子，父母被強人所害，自幼被法明長老渡入佛門，後因孝行感天，被大唐天子選中派遣西天取經。但神話傳說玄奘前身乃是如來佛座下弟子金蟬長老，因不聽說法，輕慢大教，被佛祖罰降人間，歷劫十世，最後功德圓滿，皈依西天，成爲旃檀功德佛。因玄奘十世童貞，得其肉而食之可以長生不老，於是引動各界妖魔紛紛爭食唐僧肉——這便是《西遊記》的主要情節。但實際上吳承恩在小說中卻把玄奘寫成了一個富有喜劇感的凡人，與歷史上的高僧唐三藏了不相類。喜劇人物玄奘才是這本小說的關鍵所在，如果吳承恩把《西遊記》寫成了一本嚴肅的高僧傳，唐三藏西天取經的故事恐怕引不起多少讀者的興趣了。夏先生如此形容小說中的玄奘：

> 他容易動怒，一本正經，看不清自己領導無方，卻偏袒他團隊中最怠惰的一員，而且，作爲一個虛守宗教形式的僧人，雖然他裝模作樣堅持吃齋，不近女色，實際上並無眞正誠意。他絕對不會令人聯想到歷史上那個身具大勇的玄奘。

唯其小說中的玄奘只是一個凡人，有凡人的許多弱點，這倒使《西遊記》作爲一則宗教寓言更擴大了其普遍性。唐僧西天取經的故事變成了我們每個凡人紅塵歷劫，悟道成佛的寓言了。如同西方道德劇《凡人》（*Everyman*）一樣，其中的「凡人」必須經歷各種考驗才能悟道，或者像《天路歷程》中那個基督徒，要克服各種障礙陷阱，才能尋找得到天國。作爲宗教寓言，夏先生提出了一條解讀《西遊記》重要的線索：《般若波羅蜜多心經》。夏先生認爲吳承恩寫《西遊記》，等於把整本小說當作了《心經》哲理上的評註。他把吳承恩的《西遊記》與托爾斯泰及杜斯妥也夫斯基的作品相比：

喬治·史丹納（George Steiner）曾經如此精闢論評：托爾斯泰及杜斯妥也夫斯基的主要小說人物在面臨個人緊要關頭的道德問題時，常常背誦或討論《新約全書》的一些段落，這些段落又反過來給小說定下基調，說明小說的意義。在《西遊記》中，《心經》是唐僧與孫悟空反覆討論的主題，它有同樣的小說功能。

這是夏志淸先生論《西遊記》至關緊要的論點，掌握到此一論點，我們對《西遊記》的宗教含義才可能有深一步的了悟。《心經》乃是大乘佛法經典中之精華，其中心思想：「色即是空，空即是色」，其實也就是貫穿《西遊記》這本小說的主題，參悟「色空」的道理，才可能祛褪六賊，「無眼耳鼻舌身意」，才可能「心無罣礙；無罣礙，故無有恐怖；遠離顚倒夢想」，而「究竟涅槃」。這便是唐僧西天取經必須經歷的「心路歷程」。而吳承恩在《西遊記》中所設計的八十一難，也就是用來考驗玄奘的心路歷程上的各種「罣礙」與「恐怖」。

《西遊記》第十九回烏巢禪師贈玄奘《心經》一卷，並囑咐：「若遇魔瘴之處，但念此經，自無傷害。」自此，《心經》便成爲玄奘一路上重要的精神依恃。夏先生評論《心經》在小說中有如此功用：

迄今一直爲當代評論家忽略的事實是，正如同唐三藏手下那些怪物徒弟一般，《心經》本身就是被指定做爲三藏取經險途中保佑他的精神伴侶。從佛教寓言的構成上來說，它遠比任何一個徒弟更爲重要。因爲一個僧人若眞正了解它的訓誡，也就無需徒弟們的保護了，他會了悟他遭遇的災難其實都是幻境。

孫悟空是《西遊記》中最靈慧的角色，他是「心猿」，代表心靈智慧，最能參悟「色空」的道理，所以命名「悟空」。第四十三回中，唐僧屢遭災難，被妖魔嚇破了膽，弄得草木皆兵不敢前進，悟空引《心經》的話勸戒他師父：

老師父，你忘了「無眼耳鼻舌身意」。我等出家之人，眼不視色，耳不聽聲，鼻不嗅香，舌不嘗味，身不知寒暑，意不存妄想——如此謂之袪褪六賊。你如此求經，念念在意；怕妖魔，不敢捨身；要齋吃，動舌；喜香甜，觸鼻；聞聲音，驚耳；睹事物，凝眸；招來這六賊紛紛，怎生得西天見佛？

悟空在這裡點醒唐僧，他如此「恐怖」、「顛倒」，完全是因為「六賊」紛擾所致，「法本從心生，還是從心滅」。如此說來，其實爭著要吃他肉的那些妖怪全是唐僧自己「心魔」召來的幻境，悟空勸戒他師父「袪褪六賊」，這些妖怪自然消逝。當然，小說裡的玄奘只是一個普通和尚，要修煉到這一步，他還必須經歷作者吳承恩替他設計的「九九」歸眞八十一難，才能達到功德圓滿，悟道成佛。

然而無論《西遊記》的宗教涵意有多玄奧，它本身還是一部詼諧生動的喜劇小說。唐三藏手下的兩個徒弟孫悟空、豬八戒，一直是最受中國讀者喜愛的滑稽角色，就因為吳承恩把這一猴、一豬寫得那麼富有人性。如果孫悟空代表人的心靈，那麼豬八戒便是血肉之軀的象徵了。豬八戒好色、貪吃、懶惰、貪生怕死、善嫉進讒，而且對於求佛取經的苦行生活並不熱中，凡人的弱點他都有了，夏先生稱譽豬八戒是吳承恩「首屈一指的喜劇創造」。

●

宋明理學長時期主導中國思想界，其「存天理、去人欲」的教訓走到極端，變得過猶不及，把人的正常欲望也給窒息了。晚明一些開明思想家提倡個人自由、個性解放，文學創作高舉「情眞旗幟」，對宋明理學是一個大反動。這個時期的戲劇小說以浪漫、色情爲其特徵。前者以湯顯祖的《牡丹亭》達到最高境界，而後者則以《金瓶梅》集其大成。中國文學當然素來不乏色情作品，但與《金瓶梅》相較，全體黯然失色。《金瓶梅》是晚明文藝思潮的產物，也是中國文學的一則異數。然而夏先生指出這本一直被中國讀者目爲「淫書」的作品，在中國小說發展史上卻佔有劃時代的重要性：

就題材而言，《金瓶梅》無疑是中國小說發展史上的一道里程碑，它已經脫離歷史與傳奇的影響，來處理一個完全由作者自己創造的世界，裡面的人物多爲普通男女，生活在一個毫無英雄事跡和光榮色彩的中產階級環境裡。雖然前人也寫過色情小說，但此書能夠不憚其煩，將一個中國家庭骯髒墮落的日常瑣事鉅細無遺描寫出來，卻是革命性的，而且在中國小說發展上，可說後無來者。

《金瓶梅》是一本奇書，如果《水滸傳》是個男性中心的野蠻原始世界，《金瓶梅》寫的則是以女性爲主一個糜爛腐敗的末世社會。在這本小說裡，作者竟然可以拋棄一切道德禁忌肆意描寫人的肉體現實，從開始的興致勃勃寫到最後的恐怖悽厲，而作者對於人有可能完全沉溺受役於本身肉欲的可怕現實，絲毫不迴避，亦無憐憫，這只能說，《金瓶梅》的作者是一個殘忍的天才。在描寫女性世界，在以日常生活細節來推動小說故事進展，在以節令生日來標榜小說時間過程——這些小說技巧都遙指另一部更偉大的作品《紅樓夢》的誕生。《金瓶梅》開創了中國小說描寫日常生活的寫實風格。

但在小說結構及理念上，《金瓶梅》的弊病卻不小，夏先生將這些弊病一一都剖析出來。《金瓶梅》的小說來源相當混雜，據《金瓶梅》專家韓南（Patrick Hanan）教授的研究有八類之多：《水滸傳》、白話短篇小說、公案小說、文言色情小說、宋代歷史、戲曲、俗曲、佛教「寶卷」等。這些文類揉合在一起，不一定能融成有機的整體，有時互相衝突，反而有損於小說的寫實架構。例如《金瓶梅》大量引用當時流行的詞曲，這些曲子文藻瑰麗，但對小說內容不一定都有幫助。而且小說有些細節前後矛盾，尤其是西門慶縱欲身亡後二十回，更多破綻，西門慶衆妻妾散落流離，作者隨便安排她們的下場，也顯得過分輕率。在理念上，《金瓶梅》應該是一本闡揚佛家因果報應的警世小說，事實上作者在小說中卻醜詆僧尼，最後匆匆設計西門慶轉世託生孝哥，被普靜法師渡去化解冤孽，這種佛家解業贖罪的結果，實難令人信服。

《金瓶梅》這部小說在結構及理念上都有缺失，但其刻劃人物，尤其是描寫女性角色，卻是空前成功的。書中李瓶兒、春梅、宋蕙蓮固然音容並茂，就是連二三流的「蕩婦淫娃」王六兒、李桂姐、林太太也個個有血有肉。而且書中幾個正派女人吳月娘、孟玉樓也寫得極有分寸。當然，《金瓶梅》著名主要得力於潘金蓮這個人物創造出色，雖然潘金蓮這個角色源自《水滸傳》，但經過《金瓶梅》作者的妙筆渲染，脫胎換骨，已被塑造成中國文學史上的首席「淫婦」。作者寫潘金蓮之淫蕩、狠毒、奸詐、悍潑、淋漓盡致，在中國小說裡，像潘金蓮這樣集「淫婦」、「毒婦」、「刁婦」、「悍婦」於一身如此複雜多面的角色，並不多見。潘金蓮可以說已經成爲女性反面角色的原型了。

夏先生論《金瓶梅》，最後焦點聚集在潘金蓮這個小說人物身上，尤其是西門慶與潘金蓮之間逐步主奴易位的複雜過程，做了十分精細的分析，他如此形容潘金蓮：

> 她是其中頭腦最冷靜、最工心計的人物，她出身爲奴，調教成婢，她的殘酷是奴隸式的殘酷：自私中表露著卑鄙，爲了求安全爭權力不惜奸詐，對待情敵仇人卻殘忍無情。

《金瓶梅》雖然情節龐雜，但是故事的主軸還是落在西門慶與潘金蓮這對男女的關係上，這也是小說中最饒富興味值得深究的兩性關係。這是一場兩性之間的戰爭，這場戰爭在某層意義上是動物性雌雄交媾的生理戰。小說開始西門慶征戰於衆妻妾娼妓之間，雄風凜凜，潘金蓮僅是他一個曲意逢迎的性奴隸，第二十七回潘金蓮被西門慶綁在葡萄架下，甘心接受性虐待，這時西門慶完全佔上風，但是潘金蓮憑著她的狡獪色誘一步步往上爬，最後終於騎到西門慶身上，反奴爲主。第七十九回，西門慶貪欲喪命是全書寫得最驚心動魄的一回，這時跨在西門慶身上的潘金蓮已經變成一隻女王蜂，在殘殺與她交媾過後的雄性配偶。一場兩性戰爭，雌性動物終於贏得最後勝利。同時西門慶與潘金蓮之間的強弱對調，也是一場心理拉鋸戰。潘金蓮不僅在生理上降服了西門慶，在心理上也逐漸主宰了他的心靈，他對潘金蓮的囂張跋扈愈來愈無法約束，到最後，西門慶似乎中了邪，竟任她隨意擺布了。心理學家容格（Carl Jung）的一個理論，有些男性的潛意識裡，對某類女人的色誘，完全無法拒抗，失去主宰意志，如同中魔，容格把這類女人稱為男性潛意識心理投射的「女魔」（Succubus）。中國傳統小說中，也經常出現由妖魔幻化而成的美女，迷惑男人，然後盜其元陽，使其精枯髓盡而亡。《西遊記》中便常有這類女魔爭相盜取唐僧的元陽。《金瓶梅》中的潘金蓮到了最後，已經被誇大描寫成吸人精髓的女魔頭了。

《金瓶梅》的世界是一個完全沉淪於肉欲無法自拔的「感官世界」，小說最後草草出現佛家救贖的意旨，恐怕也難解書中人物積重難返的業障。然而作為一部世情小說，《金瓶梅》作者驚人的寫實功夫，不能不令人嘆為觀止，「金瓶梅」替晚明社會精雕細鏤出一幅俗艷華麗的浮世繪。

●

從《金瓶梅》到清朝乾隆時代的《儒林外史》，其中相隔一百四五十年。吳敬梓的《儒林外史》把中國小說藝術又推前了一大步。歷來論者評《儒林》，多以其諷刺中國傳統社會科學制度為主要論題。夏志清先生雖然也花相當篇幅探討這部小說中「仕」與「隱」中國傳統社會士大夫兩種理想之抉擇的主題，但他同樣重視《儒林外史》在中國小說藝術發展上的重要性。《儒林外史》已經脫離明朝小說說唱傳統的影響，寫景寫情，不再依賴詩詞歌曲，完全運用白話散文，書中方言及文言片語並不多用，《儒林外史》的小說語言是一種具有作者個人風格的白話文體，夏先生稱讚這種白話語文的精純度，超過其他幾本古典小說，連《紅樓夢》也不例外。吳敬梓的白話散文風格，對晚淸及民初的小說家影響深遠。

夏先生更進一步分析《儒林外史》小說叙述的方式，他發現作者吳敬梓刻劃人物、推展情節的技巧是革命性的。以往的作者介紹小說人物登場叙述故事情節，喜歡現身說法，作者夾評夾叙，把人物當作木偶操作，而且隨時抒發議論，主導讀者判斷，而《儒林外史》的作者卻是隱身的，讓小說人物自己登上舞台，由他們的舉止言行，逐漸展現他們的性格，由讀者自行推斷小說發展情節。這種「戲劇法」的使用，使得中國小說又提升到另一層境界，可以說是開始進入「現代」了。《紅樓夢》的作者在小說中自始至終「神龍見首不見尾」，運用的全是這種「戲劇法」，王熙鳳的出場，便是一個著名的例子。夏先生舉了《儒林》第二回「王孝廉村學識同科　周蒙師暮年登上第」爲例：幾個村人聚集在觀音庵裡，商議正月鬧龍燈之事，人物先後登場，作者僅寥寥數筆介紹了他們的外貌，然後便把他們推上舞台，完全由他們彼此之間的舉止言語，讀者漸漸領悟這些人物各別的身分、個性、互相關係等等，同時又十分微妙的透露出作者對這些人物勢利眼的諷刺。夏先生在這裡論到小說藝術十分重要的一個議題，也就是「新批評」學派重視的所謂小說觀點問題，如果沒有受過「新批評」

訓練的評論家，恐怕不會注意到《儒林外史》這種革命性的小說技巧，也就容易忽略了許多作者苦心經營隱含不露的小說藝術了。

《儒林外史》開宗明義標榜王冕隱而不仕的高風亮節，這當然是作者吳敬梓對隱士的尊崇，而書中熱中於科舉名利汲汲求進的幾個人物匡超人、牛浦郎等，都被他狠狠的損了一頓。小說最後一回，作者以四個市井小民的小傳作爲全書的結束，這些小傳看起來似乎不經意而爲，事實上暗寓深意。夏先生點明，這四個人物的喜好各爲琴棋書畫——正好代表中國傳統社會作爲雅士必備的文化修養，這些隱於市的雅士，就如同小說第一回楔子中的王冕一樣，是作者吳敬梓嚮往的理想。

●

十八世紀中葉，在中國文學創作的領域裡湧現出最高的一座山峰：《紅樓夢》，然而同時《紅樓夢》也成爲我們數千年文明的一首「天鵝之歌」，之後，我們民族的藝術創造力，似乎就再也沒有能達到這樣高的巔峰。由於《紅樓夢》的內容是如此豐富廣博，「紅學」專家們的論著汗牛充棟，可謂「橫看成嶺側成峰」，各成一家之言。

夏志淸先生論《紅樓夢》，有幾點觀察特別值得注意。夏先生認爲《紅樓夢》在哲學思想的悲劇精神上，固然非其他中國小說所能比擬，在心理寫實上，也是成就空前的。尤其在前佛洛伊德時期，《紅樓夢》竟然已經觸及人類潛意識的心理活動了。他引述八十二回「病瀟湘癡魂驚噩夢」，層層分析林黛玉這場寫得令人膽戰心驚的夢魘。一般論者多注意第五回賈寶玉神遊太虛幻境，但寶玉的夢只是一則寓言，是虛夢，黛玉的這場噩夢才是心理寫實，黛玉壓抑在心中潛意識裡種種恐懼欲望，都以各種扭曲後的象徵情節在夢中出現：黛玉朝朝夕夕欲獲得寶玉的心，在夢中寶玉果然把自己的胸膛血淋淋的剖開找心給黛玉，情節如此恐怖，難怪黛玉驚醒後一口鮮血。這場噩夢寫得這樣眞實可怕，而且涵意深刻複雜，完全合乎現代心理學潛意識夢境的分析，大概只有杜斯妥也夫斯基小說中一些夢魘堪與相比。

早期王國維在〈《紅樓夢》評論〉一文中，應用叔本華的悲觀哲學來詮釋《紅樓夢》的悲劇精神。那是中國學者第一次引用西方哲學的觀點來評論這部小說，其開創性當然重要。雖然王國維引用叔本華「生活之欲」的觀點，不一定能圓滿解釋《紅樓夢》遁入空門的解脫之道，但對於《紅樓夢》的研究，的確開拓了一面新的視野。循著這條途徑，夏志清先生引用另外一位西方作家的作品杜斯妥也夫斯基的《白癡》（*The Idiot*），與曹雪芹的《紅樓夢》相比，這項比較，對於《紅樓夢》的解讀，尤其是對西方讀者，有重大啓示：

在一篇傑出的書評中，韋斯特先生（Anthony West）評論這部小說的兩個英譯本，將寶玉比之於德米特里·卡拉瑪佐夫（Dmitri Karamazov），然而我覺得雖然這兩個都是心靈深受折磨的人，但寶玉並不具有德米特里那份世俗熱情及生命活力，亦不似其經常擺盪於愛恨之間，徘徊於極度的謙卑與叛逆。以寶玉的率眞嬌弱，以及他善解人意，心懷慈悲，倒更近似杜斯妥也夫斯基筆下另外一位主人公米希金王子（Prince Myshkin），他們兩人都自處於一個墮落世界，在這個世界裡，慈悲愛人反而遭人懷疑以為白癡。他們兩人都發覺這世上有著無法忍受的痛苦，因而都經歷長時期神思恍惚喪失心智的折磨。他們各自分別與兩位女性發生痛苦的情緣。但最後都全然辜負了她們的一番心意。米希金王子最後變成白癡，因為隨著娜絲塔西亞之死，他認識到基督之愛對於這個貪婪淫蕩的世界毫無效用。而當寶玉由癡呆恢復正常後，他也同樣了悟到愛情的徹底幻滅。但不同的是，寶玉最後遺棄紅塵，採取了出家人對於世情的冷漠。

《紅樓夢》很早便有王際眞以及德文版翻譯過來的英譯節本，後來更有衆口交譽霍克斯（David Hawkes）主譯的全本，但據我在美國教授這本小說多年的經驗，一般西方讀者對《紅樓夢》的反應，崇敬有餘，熱烈不足，反而不如對《西遊記》、《金瓶梅》直截了當。當然，西方讀者要跨入《紅樓夢》的世界的確有許多文化上的阻隔，但我發覺西方讀者一大困惑在於如何去理解賈寶玉這個「無故尋愁覓恨，有時似傻如狂」的奇特人物，用西方標準，很難替這位「癡公子」定位。夏先生以杜斯妥也夫斯基小說《白癡》中的主角米希金王子與賈寶玉互相觀照，便使寶玉這個人物，從宗教文化比較的視野上，刻劃出一個較為容易辨識的輪廓。杜氏撰寫《白癡》，設想米希金王子這個角色時，一度曾稱其為「基督王子」，可見杜氏本來就打算把米希金寫成基督式的人物。雖然後來米希金變成了一個白癡的「病基督」，無法救世，但米希金滿懷悲憫，企圖救贖苦難中人的愛心，這種情懷則完全是基督式的。王國維在《人間詞話》裡讚美李後主的詞「以血書者」，而且認爲後主「儼有釋迦基督擔荷人類罪惡之意」。王國維這句評語用來評曹雪芹的《紅樓夢》、尤其是賈寶玉這個人物，可能更加恰當。寶玉憐憫衆生，大慈大悲，一片佛心。如果米希金是杜斯妥也夫斯基筆下基督式的人物，那麼曹雪芹有意無意也把賈寶玉塑造成釋迦式的人物了。事實上寶玉與悉達多太子的身世便有許多相似之處，生長在富貴之家，享盡世間榮華，而終於勘破人世生老病死苦，最後出家悟道成佛。從宗敎寓言的比較角度，來詮釋賈寶玉，恐怕西方讀者對這個中國「白癡」容易接受得多。在基督敎文化薰陶下，產生了杜斯妥也夫斯基的偉大作品，佛敎文化卻孕育出曹雪芹的《紅樓夢》這塊光芒萬丈的瑰寶來。

●

夏志清先生這部《中國古典小說》與我個人卻有一段特殊的文學因緣，這本書曾經使我受益良多。遠在六〇年代中期，我正常爲《現代文學》籌稿源所苦，論文方面，《現文》多刊登翻譯的西方文學評論，而論評中國文學有份量的文章十分缺乏。我們很興奮在一九六五年第二十六期上，首次刊出夏先生那篇〈《水滸傳》的再評價〉，這篇論文是他《中國古典小說》中論《水滸傳》那一章的前身，由何欣先生翻譯，何先生在譯文之前有這樣一段引言：

> 我國旅美學人夏志清教授近年來對中國新舊小說的研究，早已贏得中外學者的欽敬。他的論文經常發表在國外的權威刊物，他的《現代中國小說史》（*A History of Modern Chinese Fiction*）早已爲士林所推崇。我覺得他的論著實在有介紹給我國讀者的必要，從他的論著中，我們可以看到研究中國文學的途徑，我們不能只在「考證」的圈子裡轉來轉去。

何先生這一段話，很能代表我們最初接觸夏先生研究中國古典小說論著感受到的啓發。接著《現文》第二十七期又刊出夏先生的〈《紅樓夢》裡的愛與憐憫〉，這篇論文後來擴大成爲他書中論《紅樓夢》的一章。那時我已知道夏先生在計畫撰寫《中國古典小說》這本書，等他書剛完成正在付印，我就請他將樣稿先寄給我閱讀，因此我可能是最早看到這本書的讀者之一。一來我希望先睹爲快，二來我也希望將此書各章盡快請人譯成中文在《現文》發表。我記得那大概是一九六八年的初春，我接到夏先生寄來厚厚一疊樣稿，我花了兩三天時間不分晝夜，一口氣看完，看文學批評論著，我還很少感到那樣興奮過，書上所論的六部小說，本來早已耳熟能詳，許多地方視爲當然，可是閱讀《中國古典小說》，卻好像頓感眼前一亮，發覺原來園中還有那麼多奇花異草，平時都忽略了，那種意外的驚喜，是令人難忘的閱讀經驗。

除了《三國演義》那一章是請莊信正譯出刊在《現文》第三十八期（一九六九）外，其餘各章仍由何欣先生翻譯，刊登《現文》的有五章：〈導論〉（第三十七期，一九六九），《水滸傳》（第四十三期，一九七一），《西遊記》（第四十五期，同年），《紅樓夢》（第五十期，一九七三）。何先生本來把《金瓶梅》及《儒林外史》也譯出來了，《金瓶梅》打算刊在第五十二期，但是當時《現文》財源已盡，暫時停刊，所以《金瓶》、《儒林》這兩章中譯始終未在台灣的刊物上出現過。但夏先生這些論中國傳統小說的文章，對當時台灣學界，已經起了示範作用。那時台灣的大學中文系課程還相當保守，小說研究不是主課，教授的人很少。台大中文系柯慶明教授曾經擔任《現代文學》後期的主編，他那時還在台大當助教，由他一手策畫，在《現文》四十四、四十五兩期上，登出了「中國古典小說研究專輯」，撰稿者多為台大及輔仁中文系師生，兩期上論文共二十四篇，夏先生的《西遊記》也在裡面，包括由先秦到明清的文言白話小說。這是破天荒頭一次，台灣大學的中文系如此重視小說研究。整個專輯的大方向皆以文學批評為主，脫離了考據範圍，這些論文的基本精神，是與夏先生論中國古典小說相脗合的，可以說，夏先生的小說論著，在台灣當了開路先鋒。

《中國古典小說》的中譯雖然未能完全登載，我本人卻一直有心將夏先生這些中譯論文結集成書出版，後來因爲我自己創辦「晨鐘出版社」，便自告奮勇徵得夏先生同意，打算由「晨鐘」出版這部書。因爲夏先生出書謹愼，出版中譯本須得自己仔細校對，時間上便拖延下來，一直到「晨鐘」因經營不善而停業，這本書仍未能付梓，這件事，我一直耿耿於懷，有愧於心。一九八八年大陸版的中譯本倒捷足先登出版了，中國大陸研究明清小說的學者人數甚衆，相信夏先生的《中國古典小說》也會成爲大陸學者們的重要參考。欣聞這部書即將由聯合文學付印出版，其實這部長久爲西方學者推重的小說論著早就該與台灣的讀者見面了，延誤了這些年，實在可惜。經過三十年時間的研磨，重新細讀夏志清先生這部研究中國古典小說的經典之作，更感到當初夏先生確立的研究方向之可貴，他的許多眞知灼見，迄今啓人深思。

——原載二〇〇一年八月《聯合報》副刊

第二輯　演講、訪問、對談

文學經典的保存與流傳

大概因爲二十世紀行將結束，大家分頭忙著替這個世紀算總帳，結清單，各行各業都在回顧百年來人類到底做出些什麼成就與貢獻。文學界當然也不例外，去年美國「藍燈書屋」（Random House）出版社整理出一張名單，選出一百本二十世紀最傑出的英文小說。頭一本選了喬伊斯的《尤里西斯》，前五本順序下來是《大亨小傳》：費茲傑羅，《青年藝術家的畫像》：又是喬伊斯的，《羅麗泰》：納布可夫，以及《美麗的新世界》：赫胥黎。這份名單一出，馬上引起議論紛紛，連十位評審委員彼此之間也爭執不休。本來這五本小說每本都得九票，只好又投一輪才把現在這個順序定下來。有的評審委員抱怨女性作家太少，只有八位，有的抗議這份名單以英美爲中心，澳洲、南非的作家沒能上榜。外界對這份名單也提出質問，有人懷疑評審委員全是「現代文庫」（Modern Library）的編輯，名單上的作品大部分是「現代文庫」的書，「現代文庫」本屬「藍燈書屋」旗下，難免有促銷之嫌。也有人找理由說，評審委員年齡太大，平均六十八歲，不合潮流。「藍燈書屋」的主管坦白承認，擬出這份書單，就是要引起大衆辯論，當然同時也希望促銷「現代文庫」。平心而論，「現代文庫」出版的書，的確水準很高，許多堪稱經典之作。我自己也很喜愛「現代文庫」，做學生的時候就收集了一套，我那本《尤里西斯》也是「現代文庫」的。

就在同時，《時代雜誌》（*Time Magazine*）也在做「世紀回顧」專輯，選出各行業率領風騷的人物。文學界詩人選了艾略特（T.S. Eliot），小說家竟然又是喬伊斯，其他又選了五名小說家作陪：卡夫卡、吳爾芙、海明威、馬奎斯，還有黑人作家艾利森（Ralph Ellison）。這份名單是世界性的，爭論當然就更大了。法國作家竟然一個也沒有，法國人看了這份名單一定會冷笑一聲，嗤之以鼻，而且毫不客氣的把喬伊斯拿下來，將普魯斯特換上去，在法國人眼中，二十世紀最偉大的小說當然是《追憶似水年華》。

文學、藝術的評定，本來就見仁見智，難定客觀標準，常常因時、因地、因人而結果不同。但不管怎樣，「藍燈書屋」及《時代雜誌》這兩份名單出來，至少美國文化界，在世紀末，總算還給了喬伊斯一個公道。當年喬伊斯的書在英美地區出版，到處碰壁，苦頭吃足。他的第一本小說集《都柏林人》曾經被二十二家出版社退過稿。《尤里西斯》最初在美國一本雜誌 Little Review 上連載時，被官方查禁，認爲這本小說「誨淫」，連兩位女編輯也吃上官司。一九二二年，法國一家小出版社總算出版了《尤里西斯》，但是書剛運到美國，第一批就被郵局燒掉了，第二批又被海關沒收，一直要到一九三三年，美國地方法院才取消這本書的禁令。

我舉喬伊斯的《尤里西斯》出版之艱難爲例，就是想說明一件事：我們現在看到的文學經典，其實有的當初都經歷過一番挫折掙扎，有時候還得依靠天時、地利、人和各種因素的湊合，才能流傳下來。與喬伊斯同時代的卡夫卡，他的幾部長篇小說《審判》、《城堡》等，在他生前，並未出版，卡夫卡臨終時，囑咐他的朋友出版家布羅德（Max Brod）把這幾部書的手稿焚毀，幸虧布羅德沒有遵從卡夫卡的遺囑，我們今天才有機會讀到卡夫卡這幾本曠世之作。二十世紀西方現代主義文學，沒有卡夫卡這幾本小說，是不可想像的。

中國文學傳統源遠流長，幾千年間，散佚的文學作品不計其數，其中一定不乏經典之作。我們試想，六朝的時候，如果沒有像昭明太子蕭統這樣的有心人士編纂《昭明文選》，中國古代文學的重要作品，恐怕又要流失不少，而一部「文選」的產生，對中國文學史的影響竟是如此深遠。其他如《花間集》、「三言」、「二拍」這些選集的編者，對中國文學都做出了重大貢獻。由於他們獨具慧眼，中國文學的許多優秀作品得以保存。

一九八七年我重返南京，去參觀了南唐中主李璟的墓「順陵」，李璟流傳下來的詞只有兩闋〈山花子〉，但都是詞中翹楚。以中主李璟之才，生前作品應該不在少數。我在觀看「順陵」文物展出時，不禁產生一個奇想：如果「順陵」文物中，突然發現了中主李璟的手稿，南唐文學的面貌，馬上會全部改觀，就如同這個世紀初，敦煌曲子詞的面世一樣。南唐後主李煜的才華，更如一江春水，他留下來的詞，也不過三四十首，他生前寫的詞，恐怕絕對不止這個數目。以南唐二主這樣一國之君的詞人，他們的作品，尚且不得以全貌流傳後世，遑論其他一般作家。文學作品保存傳世，的確是一項不能掉以輕心的艱巨事業。

二十世紀印刷發達，按理說文學作品應該沒有失傳之虞了。其實不然，我們不要忘記，曾有很長一段時間，海峽兩岸的讀者看不到像沈從文這麼重要的一位作家的作品，中國大陸的文學史裡，當時根本沒有沈從文這個名字。一九八一年，沈從文訪美，我在舊金山見到他，沈從文不勝感慨的對我說道：「可惜台灣也不出版我的書。」我急忙辯道：「沈先生，您的作品台灣已經有盜印版了！」那個時候，台大附近的書攤早已開始在賣大陸作家的禁書。那些書攤對兩岸文化交流，其實很有貢獻。我們現在也許覺得不可思議，「文革十年」，中國幾千年的文學作品，在大陸幾乎全部銷聲匿跡。同年，吳組緗先生從北京到美國加州參加魯迅討論會，我把兩本收藏已久的《吳組緗小說集》與《吳組緗散文集》拿給他看，那兩本書是香港出版的，可以說是海外孤本，年代已久，書已破舊。吳組緗先生捧著那兩本破書，激動得手都發抖，好像與失散多年的子女又在異地重逢一般，因為他在大陸也有許多年沒有看到自己的書了。「文革」時候，作家收藏自己的作品，可能會惹來殺身之禍。我看見吳組緗先生對他那兩本集子那般依依不捨，便把書贈還給他。

在台灣的作家，占有地利，但也不盡然，有幾位作家的作品，也曾因為政治、經濟種種原因，差點被埋沒，不為人知。我在台大念書的時候，就聽聞我們老師臺靜農先生是位五四時代已經成名的小說家，而且還受到魯迅的推崇。但是臺先生的小說只是聽聞，卻從來沒有機會讀到。那個時候，臺先生的創作恐怕在台灣還無法出版，一直到八〇年代，我知道劉以鬯先生在香港發現了臺先生的舊作，便趕緊寫信給曾經擔任過《現代文學》編輯的柯慶明教授，請他向臺先生取得同意，將他的小說重刊在《現代文學》上，這才有日後遠景版《臺靜農短篇小說集》的產生。柯慶明在一篇紀念臺先生的文章中提到，臺先生看到他那些闊別已久的小說，很平靜的說道：「五十年了，沒想到還找得到！」我想臺先生心裡還是高興的。

大概在八〇年代中，我在台灣參加過一個老中青三代小說家的座談會，那天恰好前輩作家姜貴先生沒能出席，我在會上便自告奮勇，為他那本絕版已久的小說《旋風》請命，呼籲有心人士出面重印《旋風》。據我了解，這些年來，有些學者想研究這本書，在市面上還是找不到，只好向圖書館借來全本複印。這次姜貴先生的《旋風》已經被選為台灣文學經典，這本小說總應該有機會重新再版了。文學經典，如果沒有有心人士的愛護與推廣，也有失傳的危險。

台灣這些年來，社會繁榮，出版事業出人意外的蓬勃，但是在市場經濟商業文化的主導下，嚴肅的文學作品，因為銷售量不夠大，在市場上反而失去了生存的空間。這倒令人懷念起六〇年代周夢蝶先生在武昌街明星咖啡館門前那個書攤來了，在那兒，我們總買得到銷不出去的舊文學雜誌以及一些曲高和寡的詩集。不知道現在還有沒有人，也懷有周夢蝶先生對文學那份興滅繼絕的悲願，開設一家書店專門賣高水準的文學書籍，讓台灣真正愛好文學的讀者，能在那兒買得到他們想看的文學作品。

台灣文學早已自成傳統，在華文寫作世界中獨樹一幟，就如同愛爾蘭文學及美國文學在英文文學中所占的地位一樣，有其承傳及開啓的重要性。尤其是一九四九年後的三十年間，中國大陸文學因爲政治干擾，喪失了生命力，這期間的台灣文學，在文學史上，愈顯得彌足珍貴。這次台灣文學經典評選，最讓我印象深刻的是，六十七位複審委員，大部分都是大專院校教授台灣現代文學的老師，而且據說台灣現代文學在台灣高等學院的課程中，已經變成了「顯學」，成爲通識教育大一國文的一部門，並且廣爲大專學生所喜愛，選修人數甚衆。這個現象，在十年前恐怕還是難以想像的。這是台灣人文教育的一大進步，台灣文學，在學院中終於取得了合法地位。這樣看來，我又變得樂觀起來，有這麼多的教師及學生在傳授研讀台灣文學，我相信台灣文學的優秀作品，會因此代代相傳下去。而這次台灣文學經典評選出來的這一份書單，正好可以作爲大專院校教授台灣現代文學課程的重要參考。

——「台灣經典文學研討會」之演講稿，原載一九九九年二月《聯合報》副刊

世紀末的文化觀察

去年在Vancouver，也是一個文學會議上，《明報》（加拿大）丁果先生給了我一個訪問，訪問時我們隨便聊聊文學，聊聊文化，想一想，二十世紀快完了，回頭想想這個世紀中國的文化——開頭滿輕鬆的，後來愈聊愈沉重，我就覺得「五四」以來的文化運動好像令人不太滿意；我隨口說，我們可能需要一個新的「五四」運動。我這麼講了，丁果就寫下來，就變成了一個標題：「中國需要新的五四運動」（按：〈中國需要一場新五四運動〉，載《明報月刊》一九九八年十二月號）。哇！這個題目我自己嚇到了。我當時講，希望在二〇一九年——「五四」運動一百年——以前，我們需要一個新的文化復興，自己大言一出，才發現講是這麼講，卻只能提出問題，完全沒有答案。一個多世紀以來，多少仁人志士做了多少事情，到了世紀末，卻還是茫茫然一片，我個人絕對沒有力量解答任何問題，我只提出我的看法和感受。我是寫小說的，這是我的本行，除此以外，其他文化的各方面，我都是外行，我是以外行人的眼光來看看我們的文化現象，並且跟大家一起討論。

還有一年多，二十世紀就過去了，走到了盡頭，於是世界各個地方，美國、台灣、香港……都在算總帳、結清單，看看這個世紀，人類到底做了什麼東西，對文明有什麼貢獻。美國出了本很厚的、圖文並茂的書，叫 *Our Times*，請了各行各業專家來討論各國民族對世界文明有什麼貢獻和影響，這本書翻成中文在台北出版了（按：書名是《Our Times：二十世紀史》）。余英時教授寫了一篇評論，他指出，這些專家論到中國這個世紀對世界影響的事情，只提到中國的革命、中國的專制，除此以外對中國文化隻字不提，余教授感到辛酸。但他也承認，平心而論，二十世紀中國人在文化上的建樹的確不算很大，他的話，我看了，也有點辛酸，我也有同樣的感受。

去年我在美國的時候，跟一位美國教授朋友，也討論到二十世紀的文化成就，他認為二十世紀最偉大的作家就是喬伊斯（James Joyce），他是愛爾蘭的後裔，愛爾蘭人總是講自己的好，我心裡有點不服。後來沒有多久，美國也算總帳了，《時代雜誌》（*Time Magazine*）做專輯，總結這個世紀各行各業有哪些領風騷的人物，講到小說的時候，也選了喬伊斯。藍燈書屋（Random House）也評了一百本最偉大的英美小說，頭一本就選《尤里西斯》。我想，我的美國朋友還是有一點眼光的，他選了喬伊斯，並且要我說一位我認為是二十世紀、中國產生的、影響世界文化的文化巨人，我一聽，結結巴巴半天講不出話來，後來我只好坦白地說沒有。我本來要講魯迅，後來想想，魯迅只寫過短篇小說，沒寫過長篇，好像份量不是很夠影響全世界，當然他的《徬徨》跟《吶喊》那兩個集子寫得很好，可是跟喬伊斯他們比，份量還是不夠，所以我就心裡有所感觸。

現在我們看世界級的音樂家、畫家、建築家裡也有很多中國人，前幾天還在電視上看到，紐約市長把 Yo Yo Ma（馬友友）的名字掛在四十六街上，在紐約曼哈頓，以音樂家的名字取了個街名字，而且還是中國人，馬友友恐怕還是第一個。

另外我兩年前得到法蘭西學院邀請，到了巴黎，晚上參觀了羅浮宮，一看，那個金字塔——貝聿銘的設計——在羅浮宮前大放光明，燦爛得不得了，我非常興奮，中國人的設計居然在法國的文化重鎮前耀武揚威。

這些藝術家當然很了不起，但仔細想一想，他們的貢獻，是對西方文化的貢獻，對整個世界文明的貢獻，他們的音樂和建築，對我們中國文化的提升好像沒有很大幫助。這麼一想，我的失落感就很重了。我們不得不承認，二十世紀，中國的傳統文化還沒有因爲能夠得到外來文化刺激而起死回生，更進一步，發揚光大，影響世界。余英時教授說，中國二十世紀的文化成就不高，回顧歷史，這恐怕也不是偶然的。從一九一九年「五四」運動到文化大革命，差不多半個世紀以來，中國人對自己文化的破壞那麼徹底，世界上好像沒有哪個民族對自己的傳統文化那麼痛恨，好像必要去之而後快！這個原因非常複雜。文革的時候，毛澤東提倡破四舊，我想他有一個目的，就是破舊立新。可是，文化傳統的根傷了那麼凶以後，所產生的新事物就變得很奇怪。

尼克森總統訪華以後，七〇年代初吧，美國突然掀起一股中國熱，很多大學放映江青的樣板戲，美國學生非常熱中，那時候我剛好在柏克萊，有一天上演江青的《紅色娘子軍》，我去看了，那部電影一放映，一群娘子軍跳芭蕾出來的時候，我就忍不住哈哈笑了起來，因爲我以前看的芭蕾舞，例如 Margot Fonteyn 與 Rudolf Nureyev 跳的《羅密歐與茱麗葉》都是非常優雅、浪漫的，忽然看見那群殺氣騰騰的娘子軍，扛著槍，綁著腿，橫眉豎目的，一跳一跳的，滑稽得不得了，我忍不住笑了。去年我又去了中國大陸，很巧，我又看到一段新的《紅色娘子軍》舞台劇，娘子軍一出來，我又笑了。那是因爲九〇年代的娘子軍扭來扭去，就像巴黎時裝展在走台步。江青的樣板戲完全顚覆了芭蕾舞的貴族傳統，九〇年代的紅色娘子軍引進了西方商業文化以後，也顚覆了江青時代的革命意識形態。搞來搞去，樣板戲就愈變愈怪，非常有後現代（post-modern）的味道。眞的，文化的根除掉了以後，就有許多怪異的東西產生。

回頭想想看，「五四」要打倒傳統、要打倒孔家店這套東西，已經好多好多人討論過了，據許多學者的看法，都說從鴉片戰爭以來，中華民族內憂外患，喪權辱國，知識分子爲了救亡圖存，認爲非打倒傳統的中國文化不可。但現在一個世紀過去了，我們恐怕可以得出一些結論：這些路，走了一個世紀，是不是走錯了？走了這麼久！我們可以向其他的國家借鏡，像法國人，二十世紀他們給德國人打得灰頭土臉的，軍事上敗得一塌糊塗，但法國人對自己的文化那麼有信心，他們一點都不捨得拋掉自己的文化，巴黎城裡的歷史建築，是受保護的，一碰都不可以碰，絕對不能拆掉，新的建築都被趕到城外面去；法國的科技科學也非常進步，他們把現代跟傳統結合起來，不需要像我們把北京城門拆掉了，就好像進步了。我在巴黎參觀博物館，那都是以前的宮殿，那些法國人解釋給我們聽：法國大革命（一七八九）的時候，貴族都上了斷頭台，被砍掉頭，暴民把那些宮殿裡的家具囉、畫囉統統搶掉，法國人又一個桌子、一個椅子撿回來。一個十八世紀的椅子有什麼稀奇？但那個法國人講起來猶有餘痛，好像法國大革命造成的毀滅和破壞就像是昨天發生的事情一樣。他們保護自己的傳統文化，費盡心血，這麼珍惜，這麼驕傲，並且又能夠創新，我的確很佩服他們這種精神。到了巴黎，你感到古老的文化還在感應你，它充滿生機，不是死的、僵化的文化傳統，它一脈相傳下來，並沒有切斷。

另外舉個例子，日本人也戰敗了，但他們沒有把京都文化燒掉。反過來看清朝，八國聯軍入侵幾乎導致亡國，最後還是沒有亡國，漢族可說是革自己的命，這個世紀也是中國人革自己的命，可不是外族入侵使我們亡國了。

我看到這個現象，並提出問題：是不是一定要連根拔起，一個國家才會復興？或許說，連根拔起以後，這個國家傷得很凶，因此文化就不如人家了？我要聲明我不是國粹派，但我感到中國人對文化的保存，非常輕率、忽略。

我這次到杭州，這裡起了很多房子，跟原來的文化根源格格不入，好像給很美的古城文化戴了很奇怪的帽子。杭州這個古城的文化，中國政府如果認識的話，就應該好好規劃，應該把好的傳統融合到現代去。傳統與現代怎麼結合，恐怕是個大學問，統統是我們要思考的，人家的國家好像不必經過那麼多掙扎，不必經過那麼多衝突就結合起來了，偏偏中國人好難。一個多世紀了，「古今中外」這四個字，我們掉在裡面眞是暈頭轉向。也有人說西方文化是個強勢，這還包括俄國文化，他們對中國文化的毀滅性特別強，我們抵擋不住。可是想想，中國文化也不是第一次受外來文化刺激。印度佛教文化到中國的時候，跟中國文化融合，燦爛地開花結果，使中國文化脫胎換骨，但又沒有摧毀我們的傳統，無論是音樂、文學、藝術、建築各方面，佛教文化完全是良性的。而西方文化、俄國文化怎麼對我們的文化摧毀性那麼大！

我昨天去了個地方，叫我非常感動，我到了鑽石山參觀志蓮淨苑，我一去眞的給震撼住了！那個佛教寺廟，整個建築群，完全恢復了唐代建築，大部分是用木頭建的。香港到處都是摩天高樓，一抬頭就像被壓住的樣子；但一進去志蓮淨苑，就走進開放的空間，好像進入時間隧道，慢慢的、慢慢的、慢慢的通往唐代，整個文化是活的文化。這個建築像鎭山之寶，到了這裡感到一種效應：我覺得這是有可能的，古老的文化可以復興，就看你怎麼設計。

我當然很好奇，這是香港人，還是中國大陸的設計師設計的，這個建築好像有點似曾相識，有點京都風，後來我一問，果不其然，是請了日本設計師參加設計的。文革的時候破四舊，寺廟都被摧毀了，雖然中國大陸現在也修復寺廟，可是最叫人痛心的是紅的綠的亂漆一頓，弄得俗透了，沒有一點美學！可見中國文化的根基在什麼地方失落了！但日本人，他們保存了唐朝文化，這個源頭還是活的，他們造出來的中國佛寺，令人感動；中國大陸自己修復的廟宇，不是這裡錯就是那裡錯，那就表示說：文化上我們受了傷，直到現在還沒有恢復過來。

五四運動包括了各種文化現象，我稍微講講我自己的感受，就講一講文學方面吧。當然，中國人最驕傲的是白話文運動，由胡適提倡，後來一脈相承的是魯迅的白話文學、三〇年代的寫實主義傳統。我們感到驕傲，這是二十世紀我們的文學成就。胡適也提倡新詩，在座有很多詩人，我就不講詩了，詩不是我的本行，我就講白話文小說。我一直對新文學運動存有疑問：《儒林外史》、《紅樓夢》，那不是一流的白話文，最好、最漂亮的白話文麼？還需要什麼運動呢？就連晚清的小說，像《兒女英雄傳》，那鮮活的口語，一口京片子，漂亮得不得了。它的文學價值或許不高，可是文字非常漂亮。我們卻覺得從魯迅、新文學運動起才開始寫白話文，以前的是舊小說、傳統小說。其實這方面也得再檢討，我們的白話文在小說方面有多大的成就？

我剛學寫小說的時候，夏濟安先生給了我一個很大的啓示，他說，「『五四』以來的白話文，充滿了陳腔濫調，是很不好的小說語言。」那時候我聽了很入耳，記在心裡頭。現在想起來，從白話文運動以來，難以拿出幾本小說，它的文字藝術——先不說內容——是超過《儒林外史》，超過《紅樓夢》的。

我也跟大陸學者交換過意見，他們也有這個看法。比如劉再復先生也認爲新文學史應該重寫、重新估價。新文學的成就，一般的排位是「魯郭茅巴老曹」，就是魯迅、郭沫若、茅盾、巴金、老舍、曹禺，他們的排位是動不得的，劉先生也很不以爲然，覺得要重新估價這些人的成就。

講到文學成就，文學到最後恐怕還是個文字藝術；至於內容，也許因爲受當時政治、社會的影響，要具有社會意識、革命意識，這些東西看起來很重要，但最後作爲評斷的時候，文字畢竟還是藝術，而且文字是很重要的。我們想一想，以「五四」到四九年以來的作家，光是比文字的話，恐怕寫得最美的，還是張愛玲吧。夏志清教授那本書（按：《中國現代小說史》）是一九六一年出版的，他最驚人的論斷就是說，「五四」以來，張愛玲的小說藝術最好。那是石破天驚的看法，因爲張愛玲當時在正統文學來說，並不入流，當時很多人不服這個看法，但後來愈來愈多人接受他的看法。以文字來講，前面提到的六位，的確不如張愛玲。當然，張愛玲小說的好處不止於文字，還有人的觀察、它的感性，但是這些東西都需要以特殊的文字來表現。研究張愛玲的學者都說，張愛玲不是從「五四」運動傳承過來的，她是從《海上花列傳》、《紅樓夢》、晚清小說直接過來的。她對魯迅等人置諸不理，她給了我們一個教訓：她的文字寫得漂亮，可能就是因爲她沒有經過「五四」運動。她的文字也不是歐化的句子，「五四」新文學則有許多歐化的句子。

「五四」運動到現在已經八十年了，現在更到了世紀末了，我們看看中國大陸、台灣、香港等地，都走到了文化上的十字路口。中國大陸一開放，市場經濟、商業文化，一下子蜂擁而入，它正處於急遽的變化中，它在轉型，會變得什麼樣子，我們不知道，只感到憂喜參半——我看到有些現象充滿希望，有些則令人憂心。在台北，也是同樣的問題，解嚴了，本土意識高漲，台灣也在尋找自己的文化定位，也在轉型了，而且變得很快。香港回歸以後，可以說是百年大變，香港人也處在非常重要的轉型期，香港人也在思考他們新的身分。

我剛才說，我們需要新「五四」運動，我只提出問題，沒有答案，但有一點很重要——我們要重新發掘、重新親近我們的文化傳統，我希望至少是歐洲式的文藝復興——古希臘文明經過了一段黑暗時期，最後復興了，我們也經過文革。我們要重新發現自己文化的源頭，然後把它銜接上世界性的文化，這個題目很難，但是我們必須做。至少目前的二十年內，我們必須慢慢整理自己的文化傳統，我們要很虛心、很冷靜地對待這事情。中國有三大地方擔負了這個任務，在中國大陸是上海，第二是香港，第三是台北。因爲這三個城市是開放的，而且處於跟外來文化交流的第一線，對外交流密切，怎麼把現代文化引進來，融合進傳統文化中，這三個城市擔任很重要的任務。

——一九九九年二月香港嶺南大學演講稿，原載一九九九年五月《明報月刊》

六〇年代台灣文學：「現代」與「鄉土」

一、定義

本文所討論之六〇年代台灣文學，雖然以一九六〇年至一九七〇年十年間的作品爲主，但因爲台灣六〇年代的主要文藝思潮「現代主義」文學運動，自五〇年代中已經開始而至七〇年代初仍然蓬勃，所以本文也會觸及這個年限中的一些作品。本文所提之「六〇年代作家」是指在六〇年代開始成名的台灣作家，但他們在七〇年代甚至八〇年代的作品，在台灣文學界仍具相當影響力。

本文以討論六〇年代之台灣小說爲主，台灣現代詩因篇幅所限，只概略提及。

二、背景

國民政府自一九四九年國共內戰戰敗遷台，經過一九五〇年因朝鮮戰爭爆發一九五四年與美國簽訂「中美協防條約」後，台灣島內政局開始穩定，國民政府致力於經濟、教育、文化的建設，至六〇年代開始，台灣由農業社會逐漸轉向工商社會，而戰後的一代，也在此時完成高等教育。台灣一個新時代開始降臨，新一代的作家也因此應運而生。

由於國民政府禁止出版中國大陸三〇年代左翼作家文學作品，台灣新一代的作家在意識形態方面，與大陸三〇年代左翼文學運動基本上脫了節，雖然早期「五四運動」創新求變的浪漫精神，一直對台灣新一代作家有遙相呼應的感召。

同時，這些青年作家，對當時國民黨政府提倡的「反共文學」及「健康寫實」的文藝路線，感到不滿。因此，創立一種新文學：在藝術表現上，建立新風格、新形式，在思想視野上，反映台灣的新時代、新現實。這種富有創新精神的文藝思潮，是當時不同背景的戰後一代青年作家的共識。這是二十世紀中國文學史上繼「五四運動」後，第二次的現代文學運動，而這個波瀾壯闊的運動卻發生在本世紀中期的台灣。

三、「現代主義」文學運動

一九六〇年《現代文學》雜誌創刊，在台灣文學史上是一個重要事件。五〇年代，台灣已有幾份現代詩刊創刊：《現代詩》（一九五三）、《藍星》（一九五四）、《創世紀》（一九五四），對於台灣詩的現代化運動早已點燃起火把，尤其是一九五六年紀弦創組「現代派」，加盟詩人八十餘人，聲勢浩大，台灣詩壇引起巨大回響。但是《現代文學》的誕生，才眞正象徵了台灣文學在六〇年代展開了新的一頁。這本雜誌是由當時尚在台灣大學外文系念書的一群學生創刊的。他們的背景各異：有遷台的外省第二代子弟，有本省戰後成長的青年，也有海外歸國的僑生，但他們都是戰後的一代，受過共同的教育，具有類似的價值觀。《現代文學》創刊詞有這樣幾段話，可以代表當時他們對於文學創作的思維方向：

> 我們感於舊有藝術形式和風格不足以表現我們作爲現代人的藝術感情。所以，我們決定試驗、摸索和創造新的藝術形式和風格。
>
> 我們尊重傳統，但我們不必模仿傳統或激烈的廢除傳統。不過爲了需要，我們可能做一些「破壞的建設工作」（Constructive Destruction）。

除了創刊的幾位青年作家如王文興、歐陽子、陳若曦、白先勇等外，還有其他經常在《現代文學》上投稿的同代作家，如王禎和、陳映眞、黃春明、七等生、施叔青、李昂等，這些當時的新銳日後都成爲台灣文壇小說界的中堅，他們在六〇年代發表的作品，至今天對台灣文學仍有一定的影響力。前面所述幾份現代詩刊的重要詩人：余光中、洛夫、周夢蝶、鄭愁予、楊牧、葉維廉、白萩等，也經常有詩作在《現代文學》上刊出。六〇年代中期創刊的《笠》詩社，幾位創刊詩人如陳千武（桓夫）、杜國清，他們初期的詩，都發表在《現文》上。這本雜誌，在台灣六〇年代，提供了一片園地，讓這批青年作家自由耕耘，培養個人的風格，奠下日後卓然成家的根基。《現代文學》前一個階段由一九六〇年至一九七三年，這期間的確凝聚了一批台灣六〇年代最有才情、最具獨創風格的青年作家。

與「五四」新文學運動比較，這兩個文學運動有相似的地方：兩個運動都經歷中國政治社會大變動後而產生，「五四」文學是經過「辛亥革命」建立民國的新時代，六〇年代文學是誕生於共產革命國民政府遷台後一段承平的日子，兩個運動都是由於青年作家受了西方文學的啓蒙，對於當時的文風不滿，而蓄意創造一種中國文學的現代風格而發起。

基本上，六〇年代作家所受的西方文學的影響，是來自西方「現代主義」（Modernism）的作品。《現代文學》雜誌的一大特色，便是有系統的譯介了西方「現代主義」重要作家的作品及研究評論：如卡夫卡（Franz Kafka）、喬伊斯（James Joyce）、吳爾芙（Virginia Woolf）、艾略特（T. S. Eliot）等，以及其他不少西方現代主義大師。雖然這些青年作家本身的學識有限，只能做一些譯介工作，但這是台灣文學界第一次大規模接觸到西方「現代主義」的文學作品，所以當時也產生了不小的震撼。主要的是，這些青年作家接觸到這些西方「現代主義」的作品，受到啓發，轉而創造了富有自己獨特風格的文學作品，這是中西文學交流後的重要成果。

與「五四」新文學運動不同的地方是，六○年代台灣青年作家，他們對待中國傳統文化並沒有像他們的「五四」先驅那樣，要徹底打倒的狂熱與革命激情。他們對中國傳統文化毋寧是一種理性的省思與選擇，而且企圖將中國傳統與西方現代接合起來。因此，《現代文學》也曾對中國古典文學，尤其是中國傳統小說，以現代的眼光，作了一系列的回顧與批評。

我曾在〈《現代文學》的回顧與前瞻〉①中，如此評論台灣六○年代的作家：

縱的既繼承了中國五千年沉厚的文化遺產，橫的又受到歐風美雨猛烈的衝擊，我們現在所處的，正是中國幾千年文化傳統空前劇變的狂飆時代，而這批作家們，內心是沉重的、焦慮的。求諸內，他們要探討人生基本的存在意義，我們的傳統價值，已無法作爲他們對人生信仰不二法門的參考。他們得在傳統的廢墟上，每一個人，孤獨的重新建立自己的文化價值堡壘。因此，這批作家一般的文風，是內省的、探索的、分析的；然而形諸外，他們的態度則是嚴肅的、關切的。他們對於社會以及社會中的個人有一種嚴肅的關切，這種關切，不一定是「五四」時代作家那種改革社會的狂熱，而是對人一種民胞物與的同情與憐憫。

四、六〇年代台灣文學中的「現代」與「鄉土」

西方「現代主義」基本上是對十九世紀工業革命以來中產階級庸俗文化價值的一個大反動。在文學上，西方「現代主義」作家在藝術形式上的顛覆創新，以及對當時社會價值的強烈質疑與批判，表現了極大的叛逆性。六〇年代台灣作家受到這股文藝思潮的感染，他們在追求小說藝術形式及語言風格的創新，展示了前所未有的執著與熱情。他們這種獨創的藝術形式及文字風格，也是他們作品中重要的「現代」元素。

現在我以幾位作家舉例說明：

㈠王文興

王文興是《現代文學》創辦人之一，他在六〇年代的短篇小說裡，已經顯露他對小說語言所做的各種實驗。他對「五四」以來新文學中的白話文有強烈的不滿。一九七三年，王文興的長篇小說《家變》出版，台灣文學界大吃一驚，在這部小說中，王文興把中文文法語句常常扭曲顚倒，有時幾乎無法念通。在這部小說中，如同喬伊斯後期的小說《尤里西斯》（Ulysses）一樣，王文興把中文語文的實驗推到了極限。他創造如此艱澀的語句，當然是爲了表達他小說《家變》中極爲複雜幽深糾纏不清的父子衝突的主題。這本小說可以視爲中國社會父權崩潰的一則寓言，「寓言式」（Parabole）的小說，正是台灣六〇年代作家常用的形式。他們脫離了三〇年代中國作家的純粹寫實主義，而進入了象徵的境界。

(二)歐陽子

歐陽子也是《現代文學》的創始人之一，她擅長的是心理分析小說，這在中國近代小說是比較少見的。台灣六〇年代作家另外一個特色便是「由外向內」。中國三〇年代的作家寫的多半爲外在的社會變遷，台灣六〇年代作家則著重於個人內心世界。歐陽子是一個比較極端的例子，她的小說幾乎都在挖掘人心的隱秘，她的小說場景全部設在心理平面。她發展出一種純度極高的心理分析語言，文風是冷靜的、理性的、客觀的，她的小說形式又控制得十分完整嚴謹。但是在冷靜的語言及嚴謹的形式中所表現的，卻是人心中暗潮洶湧的七情六欲。許多兩性之間及家庭倫理的社會禁忌，都被歐陽子從人心中毫不留情的暴露出來。她的短篇小說集《秋葉》，是她的代表作。

㈢李昂

在六〇年代李昂還很年輕的時候，她在作品裡便表現了她對兩性關係有強烈興趣與獨特的看法。她在《現代文學》上發表的一系列「鹿城故事」，便是完全從女性觀點，審視台灣女性如何在急速崩潰的傳統社會中尋找自我定位的命題。可以說，李昂很早便開創了台灣女性主義小說之風氣。

她的中篇小說《殺夫》，是她文學事業的高峰，也是台灣女性主義小說的代表作。李昂在這部小說中，以她獨創的幽森黑暗充滿暴力意象的語言，刻劃出人性中最原始的性的暴力所引發出來的毀滅性。從女性角度來看，這本小說也可以看作一則寓言：男性父權中心社會的崩潰。這部小說在台灣文壇也引起了不少的爭議。

「鄉土」一詞，在六〇年代與七〇年代後期在台灣文學中，有相當不同的含義。七〇年代「鄉土文學論戰」以後，「鄉土」有了明確的意識形態及政治色彩。但在六〇年代的台灣文學中，「鄉土」只是籠統泛指當時的「台灣現實」而言，並沒有十分明確的定義，而且不同的作家對「鄉土」可能就有不同的詮釋，六〇年代的台灣作家中，本省籍的子弟，他們面對的「台灣現實」，與他們父兄的日據時代，有截然不同的意義。其中第二代外省子弟，對台灣也有了新的認同，台灣變成了他們新的「鄉土」，遠離了他們父輩大陸上那個已經毀滅了的舊世界，這些當然也都反映到他們的作品裡。我舉幾個例子來說明台灣六〇年代作家對「鄉土」的詮釋：

(一)陳映眞

陳映眞是六〇年代重要作家，他發表在《現代文學》的短篇小說〈將軍族〉，是台灣六〇年代文學的代表作之一。這篇小說是描寫台灣養女與大陸老兵之間一則動人肺腑的悲劇故事。這是陳映眞藉著兩個台灣社會底層人物，來象徵外省人與本省人在台灣這個島上鑄造共同命運的一則寓言——這也就是作者眼中的「台灣現實」。陳映眞在七〇年代「鄉土文學論戰」中，是站在「鄉土」派一方主要的代言人之一，但他本人在六〇年代發表的小說，卻也有相當明顯「現代主義」的色彩。〈將軍族〉這篇小說具有典型的陳映眞式的語調：一種詩意的、富有憂鬱氣質的，近乎日本小說家芥川龍之介那種悲愴哀婉的韻調。大陸批評家把陳映眞稱爲「台灣的憂鬱」，大概也由於陳映眞善於書寫台灣人的苦難，他所寫的台灣人，當然也包括在台灣的外省人。

(二)黃春明

黃春明是另外一位台灣六〇年代重要作家，他以寫故鄉宜蘭小人物的故事著名。發表在《現代文學》上的〈甘庚伯的黃昏〉。是黃春明的傑作。這篇篇幅頗短的故事，十分有力的闡明了台灣日據時代殖民歷史的一段傷痛：二次世界大戰末期，台灣宜蘭老農夫甘庚伯的獨子阿興被日軍徵調到東南亞打仗，回來後精神失常變成白癡。小說便是描寫甘庚伯對待白癡兒子百般呵護的感人故事。在黃春明的筆下，白癡阿興變成了台灣人苦難的象徵，台灣殖民歷史也是「台灣現實」的一部分。

「鄉土文學論戰」以後，在很長一段時間，台灣文學界一直把「鄉土」與「現代」對立起來，認為「鄉土」與「現代」是互相排斥、互不相容的。事實上在六〇年代，在許多台灣作家的作品中，「鄉土」與「現代」是並存不悖的，「鄉土」的內容往往是以「現代」的技巧形式表現出來。上面提到的幾位作家李昂、陳映眞、黃春明，他們的作品大都有這個特徵。另外一位六〇年代重要的台灣作家王禎和，他的作品可以當作「鄉土」與「現代」融合得最成功的例子。

王禎和是花蓮人，他的小說多以花蓮的鄉土人物為主角。而且他蓄意將台語有系統的引進小說中，並大量採用台灣俚語，大大的增加了小說寫實成分及喜劇效果。但王禎和也是台灣大學外文系的學生，參加過《現代文學》編輯工作。他曾潛心研究過西方「現代主義」作品，尤其是西方現代戲劇及電影，因此，他在作品中，也採用了各種西方「現代主義」文學的技巧，如意識流心理描寫。他在他最著名的作品《嫁粧一牛車》中，以現代技巧成功的塑造了一個阿Q式的台灣鄉土人物萬發。在王禎和的小說中，「鄉土」與「現代」是合而爲一的，他的作品可以說是既「鄉土」又「現代」。

五、結論

台灣六〇年代作家，由於他們對藝術造詣鍥而不捨的追求，以及他們在思想上、視野上都有新的突破。他們的文學成就，在台灣文學史上，甚至二十世紀中國文學史上，都應佔有一席之地。

一九九九年，台灣《聯合報》舉辦「台灣文學經典」甄選，由六十七位在大學教授「現代文學」的教師票選，選出十部經典小說中，有七部是屬於六〇年代作家的。可見台灣文學界對六〇年代台灣文學的推崇。

台灣大學中文系柯慶明教授（他本人曾擔任《現代文學》的編輯工作），在〈六〇年代現代主義文學？〉一文中②，對六〇年代的作家群有這樣的結論：

雖然在那個年代裡，大部分的作家都還年輕，但是他們的作品，不論在藝術的表現或思想的深度或廣度而言，都已擺脫了純粹的「嘗試」而是成熟的。這既拜承平歲月所賜，也由於能夠汲引古今中外的諸多傳統資源，自然與五四的草萊初闢，以及抗戰的顚沛流離不同。視野闊大而不失其出於本土現實的立足點，技巧多變而能妥適運用，形成言之有物的內容，套一句古語，可謂：「文質彬彬」矣！

這是相當公允的評語。

——本文爲二〇〇〇年六月在東京大學應「日本台灣學會」之邀的演講稿

注釋：

①白先勇，〈「現代文學」的回顧與前瞻〉，《第六隻手指》，台北：爾雅出版社，一九九五年。

②柯慶明，〈六〇年代現代主義文學？〉，《中國文學的美感》，台北：麥田出版社，二〇〇〇年。

我的創作經驗

編按：

白先勇教授於二〇〇〇年一月二十日，應香港城市大學中文榮譽學士學位課程負責人王培光博士的邀請作演講，出席者約二千五百人。此次演講爲名家系列演講之一，該系列演講旨在促進中學與大學的交流，由大學撥款委員會贊助。這次演講，由該課程學生張嘉雯、黃子容、柯冠茵筆錄，副教授鄭滋斌博士作文字上的整理，經白教授審閱後，現在錄出以饗讀者。白教授說，這篇演辭的對象主要是香港的中學生，目的在提高他們對中國文學和寫作的興趣。然而，其豐富深刻的創作體會，相信對寫作人和文藝青年也具有啓發性。以下爲白教授的講詞。

各位老師，各位同學，我要向大家道歉，去年十二月，本來應約到這裡來作演講，其後去了北京，當地天氣很冷，而且大概感冒病毒也很厲害，雖然打了感冒針，結果還是受到感染，發高燒，不能來了，眞是非常對不起。

今天講的題目，是「我的創作經驗」，說說我的寫作生涯，跟在座青年朋友分享一下我走過的一些創作道路，寫作的苦樂。今天我想講講寫作的心路歷程和《台北人》。我知道這本書在香港有些中學是作爲指定讀物的。

當初是怎麼寫出這本書來的？我在〈驀然回首〉一篇裡已經提過了，現在想想，有點不太公平，因爲我漏了香港這一段，今天要特別提出。我剛去過我在這裡念書的地方，九龍塘小學和喇沙書院，勾起了很多回憶，包括當時老師的講課情形，對我都很重要。我們所讀過的書，教過自己的老師，經歷的一切，對我們的一生都很要緊。我在香港是從一九四九到五二年，只有三年，但這段時間對我很重要。

我在〈驀然回首〉裡提到我小時候身體不好，生肺病。那時候肺病是很厲害的病，沒有藥可根治。我生了四年多的病，因爲這病會傳染，需要隔離，大概人獨個兒時喜歡幻想，當時我就是這樣，又喜歡看小說、連環圖。到了念書的年齡，好像在桂林、上海、南京等地方都待了幾年，時值戰亂，沒有時間安定下來念書，眞正念書是在香港開始的。

九龍塘小學是一所滿有名的學校，校長葉不秋，很嚴格，很注重我們的學業。老師都很認眞。當時我念五年級，每個星期要站起來用廣東話背書，這對我來說糟糕極了。用廣東話說一說還可以，要背書就背不出來。老師很好，就讓我用普通話背，到現在印象還滿深刻的。我們每念一篇文章就要背誦，一個挨一個字的背，還要用毛筆默寫，錯一字就扣一分，那時候這都是苦事，現在想想，卻是很對的老法子，背了的書是相當有用的。

我當時很喜歡國文，愛看小說，所以國文成績比較好。老師改作文喜歡打紅圈，表示寫得好，而且還會把它貼堂。我有幾篇作文貼堂，很得意。這種鼓勵很大，覺得國文老師對我很器重，於是我對國文特別下工夫。回憶中，以前的香港很重視中文教育，國文老師注重根基訓練，要默書。其後我到喇沙書院念書，一所有名的英文學校，我今天也去過了，現在的校長是 Brother Patrick，當年的校長也叫 Brother Patrick，是愛爾蘭人。那時我們讀的書以英文為主，不過中文老師同樣重視背書和默寫。我記得那時候，有位國文老師年紀滿大的，教〈琵琶行〉時，用廣東話念，特別好聽：「潯陽江頭夜送客，楓葉荻花秋瑟瑟」，我聽了很喜歡，把詩背得很熟。〈琵琶行〉很長，老師也要我們默寫。我在喇沙念了一年半，那時候的國文教育，對我有相當的啓發。

我們是一個詩的民族，文學成就以詩最大。詩表現的就是文字的美。假如文字是一種藝術，詩就是文學的貴族，是最美的藝術。詩講究對仗，每一個字要注意它的位置和聲音，什麼都要對，要求非常嚴。念詩時，每個字要念得很正確。我覺得同學在中學十五、六歲時，觸覺較敏銳，對美開始敏感起來，這包括藝術、音樂和文學。中學以後，你們可以從事股票買賣，可以從事電腦研究，可以學醫，各樣都可以，但如果你在青少年時候，對文學有相當的愛好，它可能是你一生中最美的追求、回憶。文學或許不能幫助一個國家的工業或商業發展，但文學是有用的，它是一種情感教育。想作一個完整的人，文學教育是非常重要的。它可以培養你的美感，對人生的看法、對人的認識，它在這方面的貢獻最大，不是別的東西所能替代。音樂比較抽象，而文學卻很實在，它對人生更爲接近。念過〈琵琶行〉，它對我發生了作用。大家都知道〈琵琶行〉講的是一個歌女的事，她的滄桑史。我當時可能並不太了解，但它文字的優美和內容，可能啓發了我以後寫同類的歌女生涯的小說，例如〈遊園驚夢〉、〈金大班的最後一夜〉等等。當時國文老師用廣東話念〈琵琶行〉，對我有很大的感動，影響卻在以後才發現。所以你們中學念的詩歌，可能對你的一生有很大的影響。

後來我到了台灣，再上中學。建國中學在台灣也是名校，是最好的學校。在香港，我的英文成績比較好，到台灣念書，我以插班生資格考試，英文是一百分，數學只有三十分——台灣學生的數學很厲害——平均起來，我的成績剛好夠被錄取。在那所中學遇到很多好老師。當時有許多老師是從中國大陸去的，他們眞的誨人不倦，很了不起，很動人，而生活都比較清苦。他們對我們的教育是完全投入的，而且重視中文的傳統，我獲益很大。教國文的李雅韻老師，是北京人，在北京接受教育，也是我們的導師。她是一位作家，在報紙、雜誌上寫文章。那時候學生很崇拜老師，她當然是我心中很了不起的老師。她除了教我們課文以外，每個星期的幾個小時，還教我們文學源流，從《詩經》開始，一直講下來，到唐詩、宋詞，教我們基本的知識，不很深，卻很重要。她教時，還舉一些有名的例子，讓我對中國古典文學有根本的認識，像李後主的詞，那時我才第一次念李後主的詞，就是那一闋〈虞美人〉：「春花秋月何時了，往事知多少？」現在想起來，因爲歷史的原因，當時有一大批老師從大陸到台灣去，這種歷史背景和感懷，對老師的感受必然很深，所以她教李後主、李清照的詞，好像特別有所感觸。

上作文課時，老師看了我的作品，很喜歡，跟我說：「你爲什麼不寫寫文章，像我一樣去投稿？」得到她的鼓勵，我就寫了一篇散文投雜誌去，第一篇就登了，我覺得自己是作家了，當時才十五、六歲，很得意，老師說：「你就寫下去吧，寫到二十多歲，你也是個作家了。」她這麼說，我也覺得大概就是了。中學時候的老師對我的鼓勵很大，也對我日後的寫作生涯有很積極而重要的作用，他們讓我對寫作充滿信心。我想：有一天我要當上作家。

念高中時，一些國文老師對我也相當偏愛。念高一時，競爭很厲害，我們是全校最好的一班，功課競爭很厲害，而國文是非常重要的一部分。陳老師給我的國文分數是八十分，很不得了，其他同學最好的不過六十幾分。國文分數特別高，我在高一時，名列前茅。無論要我怎樣背書，都不以爲苦，我覺得老師很欣賞我，對國文便也特別重視，視念國文爲一種樂趣。現在我們不著重背書，其實不對。背書是老法子，但同學在中學時，記憶力好，背幾篇好的古文、詩詞，對寫作是很有用的。中國文字很有美感，也重視美感，重視音樂性、節奏感。像宋詞便抑揚頓挫，鏗鏘有聲，如果我們能多背幾篇，掌握文字的美和音樂節奏感，對寫作很有幫助。我們不都要去當作家，可是背誦一些詩詞，了解文字的美，它跟大自然的配合情形，卻很有益處。我剛才說文學是一種美的教育，一種情感教育，這是非常重要的。我們現在重視科技，用電腦，用文字的機會以後恐怕是愈來愈少。我覺得漢字還是我們民族的根，我們的思想感情跟漢字的聯繫很大，是不可忽視的。

在座很多是中學的同學，在這階段，你們會對人生、感情、倫理等產生許多疑問，文學也許不能都給你們找出答案，可是閱讀文學作品像小說後，可能會有所啓發。法國《解放報》問世界上的一些作家，爲什麼寫作？我被問時，當時用英文脫口而說：我希望把人類心靈中無言的痛楚轉化成文字。我認爲，有很多事情，像痛苦、困境等，一般人可能說不出來，或者說得不好，但作爲文學家，比一般人高明的地方，就是用文字把人的內心感受寫出來，而且是寫得好。我們看了文學作品後，往往會產生一種同情，這個很重要。沒有人是完美的，完美只是一種理想。文學作品就是寫人向完美的路途上去掙扎，在掙扎的過程中，失敗的多，成功的少，但至少是往這一方面走。我想文學是寫這一個過程，寫一個掙扎，讓我們看了以後，感到這種困境，產生同情。

我從小就喜歡文學，所以走到創作路上來。中學碰上幾個老師的鼓勵，到了大學又遇到了一個好老師，就是夏濟安先生。他辦了一本雜誌，鼓勵創作，要我投稿。我的大一國文老師葉慶炳先生，替文學雜誌邀稿，後來讓我們寫小說當作文，我就寫了三篇上去，老師看了以後發回，一句評語也沒有。當時我想：老師定是不喜歡我的作品了。後來我去找夏濟安先生，他挑了〈金大奶奶〉發表到雜誌上去。這次對我的鼓勵很大。多年以後，我問葉先生：

當時你為什麼不鼓勵我寫小說？他說：做作家需要一些挫折，我要給你一點挫折感，今天你不是成為一個作家了嗎？葉老師眞的有意思，一個很好的老師，他就是這樣鼓勵我。我很幸運遇到這些老師，他們對我的幫助都很大。

我也有一些好同學。在台大念二年級時，我跟一班同學辦了一本叫《現代文學》的雜誌。我覺得同學該有自己寫作的雜誌，所以提議了。當時我們念大二，能力有限，但是有一股青年的雄心。那時，台大校長是傅斯年，是「五四」時期的健將，在北大當學生時辦了一本叫《新潮》的雜誌，很有名。既然傅校長辦雜誌，我們也來辦，也來個「五四」運動。其實，我們不知天高地厚。我們沒有名氣，沒拿稿費，什麼都沒有，只管寫。雜誌第一期的文章不夠，我就用兩個筆名寫兩篇，一篇叫〈玉卿嫂〉，另一篇叫〈月夢〉。同班學生李歐梵，是哈佛大學的名教授，今天正在香港訪問。另外一位很有名的作家，也在香港，叫戴天。我們三人那時常常投稿。班上還有幾個同學：像王文興、歐陽子、陳若曦，嶺南大學教授劉紹銘——他比我高兩班，還有葉維廉教授，我們的學長，替我們寫了一首詩。當時外文系的寫作風氣很盛。除以上的人外，還有余光中先生，是我們的龍頭大哥，也是外文系第一位名作家。那時余先生已經很有名，雜誌的第一期，他投了一篇詩。

那時沒有錢辦雜誌，我們跑去印刷廠做校對。廠長對我說印數太少，只有一千多本，就放在那裡等吧！一等便等了一個下午，沒有把我們的雜誌上機印。我對他說：今天你要是不印的話，我就不走。他拿我沒辦法，最後只好印了。我坐在那裡邊印邊校對，就這樣把雜誌弄出來。那時勁大得很，常要稿，我幾乎每期都寫，我的《台北人》，除一篇外，都是在《現代文學》刊登的。我現在說說怎樣寫《台北人》。

我寫《台北人》，第一篇是〈永遠的尹雪艷〉。我寫這篇時，已到了美國，在愛奧華（港譯愛荷華）大學的愛奧華作家工作室念書，那是美國唯一可以用寫作當碩士論文的地方。寫小說可寫出一個學位來，實在太好了。在美國的兩年對我有很大的意義，我可以一邊念書一邊寫作。那時我的英文不夠好，需要先把中文寫好，再翻譯成英文，頗爲費時。不過，我就這樣維持雜誌的稿源。一九六六年，快念完課程。我喜歡到校園中的愛奧華河畔，那裡有供野餐用的椅子，那時大約是春天，冰已經融了，地方很美，我開始寫〈永遠的尹雪艷〉。

在小說前面，我用了一首詩作爲題詞，那就是唐朝詩人劉禹錫的〈烏衣巷〉。詩是這樣的：「朱雀橋邊野草花，烏衣巷口夕陽斜。舊時王謝堂前燕，飛入尋常百姓家。」這首詩是從前念的，把它當做題詞是有原因的。劉禹錫是中唐人，唐朝的國勢已經衰落了，他嘗過許多滄桑，經過南京這個千年古都，有很多感觸，便寫了這首詩。西晉原來建都於洛陽，五胡亂華，國都淪陷，政府東渡到南京建都，是爲東晉，當時輔助東晉的有許多大家族。詩裡的王謝是指王導、謝安兩個大家族，他們都東渡。那時東渡的人很多，可說是中華民族的一次大遷徙。詩中充滿歷史的滄桑。劉禹錫懷念金陵，並借古說今，對唐朝的衰微有所感觸。我寫《台北人》時，也有這想法。借西晉遷都金陵的歷史，比喻國民政府渡海到台灣。我用這首詩作題詞，已替這本書定了個調子。那時年紀輕，大約二十五、六歲，但已經有意無意地想寫這個主題，跟劉詩暗合。講到這裡，想補充一點：小時候曾到南京，在那裡住了一段短時間，對金陵有印象。我到過明陵、中山陵、雨花台等地方。童年的記憶很清楚，南京這地方對我來說有很大的意義。它是國民政府的首都，我拿這首詩做引子，可能跟小時候的記憶很有關係。我就用這首詩定了一個調子，然後開始寫下去。

我寫第一篇時，是一九六五年，然後就由一九六六年寫到一九七一年完成，共五年光景。後來，文評家說這本書的基調有點悲觀，這跟我那時的心情很有關係。我在美國，對中國的歷史更關懷起來，非常感興趣。找書看時，很注意中國、台灣歷史的發展，常反省我們近代史的發展。那時，正值文化大革命，雖然身在美國，但香港、美國報導文革的消息也很多。在電視上看到紅衛兵把廟宇、雕塑打壞的鏡頭，大吃一驚，覺得這對中國是一個很大的破壞。當時寫作的心情，既充滿了國民政府興亡歷史，又遇上文化大革命，就這樣一個個故事寫下去，到最後一章才想起了這個基調，可能跟〈烏衣巷〉這首詩有相當關係。不過，第一篇的調子跟其他幾篇不太一樣，〈永遠的尹雪艷〉寫的是上海一個高級交際花的故事，她是永遠不老的一位美人。這篇有一點諷刺的調子。我小時候在上海住，上海是個花花世界，那種繁榮對我很有吸引力，尹雪艷在某方面代表了上海某種階層的人。世上沒有東西是永遠的，尤其是人，不能永遠。小說的第一句卻說尹雪艷永遠不老，分明違反了生物定律。可是，我剛去了上海，回想當年所寫的，名字實在取對了，尹雪艷眞是永遠的，現在的上海又繁榮起來了。我跟一些上海人聊天，他們對當年的繁榮情況非常驕傲，尹雪艷的確是永遠不老的，她代表了一種永恆的東西。在上海南京路上看得有點眼花撩亂，我想尹雪艷又回來了，取這個名字很有意思。有很多事情，當時是想不到的。

《台北人》裡面的人物，大都是中、老年人。中、老年人大都有很沉重的回憶。我當時很年輕，在那個時候寫我現在的心境，好像預言一樣。尤其是〈冬夜〉那一篇，寫的是一位老教授。現在的我，就是個「冬夜」。我寫〈冬夜〉時，大約三十歲，這樣一篇一篇寫下來。在寫《台北人》的過程中，對自己的文化有一種悼念的感受。寫小說時，身在美國，常常反思中國文化。從十九世紀後期開始，中國傳統文化衰落下來，我常思考：原因在哪裡。這是一個很大的題目，我感受很深。我學的雖然是西洋文學，西方文學當然非常偉大，他們的傳統也了不起，但同時對自己國家的傳統有一種檢討、反省。寫作對我來說也是一種自我的發現（self－discovery）。

我小時在香港生活，接受的是英文教育，長大後學的雖然是西方文學，熱愛西方一些文化，但骨子裡好像有中國文化的根，深生在裡面。愈寫愈發現，自己在用字時，感到更要回歸自己的傳統。我從西方文學獲益很多，學了很多技巧和思想。可是，在運用時，由於受到中國古典詩詞的薰陶和感染，以至於古文文字上的應用，使我在筆下有意無意地表露出來。寫作對我來說是一種自我檢視，這包括了對文化的檢討。我們的古文明曾是這樣的輝煌，在二十世紀，如果我們要拉長來看，這個文明的發展可能是一個低點。我那時的心情都反映到作品裡去。這個世紀，我們有太多的動亂，文學受到太多的政治干擾，我們走的並非是一條平順的路，所以我寫作時，覺得是一種對自己的檢討。

我寫小說是以人物爲主的，每一篇都是。我寫的常是人的困境，因爲人有限制，所以人生有很多無常感。在這種無常的變動中，人怎樣保持自己的一份尊嚴？在我小說裡，這是一個很重要的題目：他們過去的一些輝煌事情、一些感情，能夠保有的一些東西。正如張隆溪教授說的，文學教人同情。我寫人物時，跟他們站在同一根線上。他們的困境，我想我也有。我不是站在一個比人高的位置上去批判人。我想，人的最後裁判，不是由人來做，只有神——一個更高的主宰，才能對人作出最後的判決。我們作家的職責，是要寫出人的困境，人的苦處。文學對我來說，並非說教，也不只是一種藝術。如果文學能夠讓讀者引起共鳴、引起同情，文學家已經達到目的。

本來，人生是很複雜的，要找到唯一的答案，是不大可能的。我寫的那些人物，他們在道德上可能都有錯失，行爲方面可能也有缺失，但是我寫這些人時，基本上是處在同一個水平面、同一種處境來了解。因此，寫作，一方面是心理的，另一方面是表現作家的思考，對人生的看法和認識。同學們，你們不一定要成爲職業作家，但寫作很有意思，寫自己也好，不寫自己也好，總可以寫一些感想。我想你們會感覺到寫作時，心中有很多意料不到的想法，可能很有啓發作用，我就是這個樣子。我愈是寫，愈對自己的認識和看法更清楚。寫《台北人》寫了很久，它可以說是我生命中，尤其是那幾年——六五到七一年的重要結晶。

六〇年代，中國大陸發生很大的變動，它記述了我那時的看法，它是我生命中的紀念。後來我也寫長篇小說，現在也寫散文，各式各樣的。我寫過一些電影劇本，一個舞台劇，各方面都嘗試過，每一方面都給我一些經驗。

我特別提出一點，在《台北人》中，有一篇叫〈遊園驚夢〉，講一個唱崑曲的名伶一生的事跡。我寫這篇小說最苦，至少寫了五遍，所以印象深刻。為什麼我寫得這樣苦？就是找不到合適的技巧及形式。《台北人》可以說給我在技巧和結構上一個試驗的機會。我覺得寫一篇小說，題材選好了，人物也選好了，一定有一個最好的表現方法。我們看一些名家的小說，覺得作者寫得非常好，你自己想想，換一個方法寫會不會比他寫得更好？如果他的作品是經典之作，寫得非常好、非常完美，你怎樣也不能勝過這個方式，這個作家很可能已經選到表現這小說最合適的方法，選到最合適的語調和結構。

在座諸位如果有看過〈遊園驚夢〉的話，知道這小說中有很多回憶。那些回憶不同於普通的回憶，因為小說中的名伶是從前在南京一個唱崑曲非常有名的歌女，叫藍田玉。她因為想出名，後來嫁給了一個年紀比她大四十歲的將軍，入了豪門當夫人。當夫人的同時，有一段時間跟一個年輕的軍官發生了愛情，後來愛情破滅了，這是前一段。其後到了台灣，將軍過世，愛情也破滅了，自己的身分下降了許多。有一天，她去參加一個宴會，看見從前跟她一起唱戲的朋友，她們已經嫁給一些大官，都高高在上，她反而落下來了。她很感觸，想起從前的一切，這是一個簡單的故事。藍田玉想起從前的愛情、從前的地位，內心起伏非常大，尤其是聽到了崑曲，用普通的回憶方式，不足以說明這位遲暮美人心中那種非常強烈的感情。

我寫第一、第二遍也不好，到第三、第四次時，稿子已丟了好幾桶，還是寫不出來。後來我想，傳統的手法不行，而且這篇小說與崑曲有關，崑曲是非常美的音樂，我想用意識流的手法把時空打亂來配合音樂上的重複節奏，效果可能會好得多。於是我試試看，第五次寫，就用了這個方法跟崑曲的節奏合起來，她回憶的時候，跟音樂的節奏用文字合起來。寫後我把小說念出來，知道總算找到了那種情感的強度，當時很高興，但已過了半年。

寫這篇小說非常苦惱，但完稿以後卻非常高興。所以我想，寫作有一點是很重要的，老師夏濟安先生也這樣說過：寫什麼並不重要，重要的是怎麼寫。我想：一些主題和內容，作家各有不同的想法布置，但怎樣去表現一個故事，卻最重要。我寫《台北人》，每一篇嘗試運用不同的方法、語調跟角度來寫，看哪一個最好。所以寫《台北人》對我來說是一個挑戰，用最好的技巧來寫一篇東西。同學可以試試。一般寫小說很重視開頭，可以從頭說起，從尾說起，或從故事的三分之一說起，效果都不一樣，你們可以試試看。我寫《台北人》時，在角度和文字運用方面，感到很大的挑戰。譬如寫〈梁父吟〉，小說裡的人物是革命元老，他們曾參加辛亥革命，他們講的語言跟我們的不同，我要找到合適的、眞實的語言資料。他們是我的父執輩，他們聊天的時候，我在一旁聽，聽他們的語調。〈金大班的最後一夜〉寫一個上海紅舞女。我曾在上海念書，會上海話，寫金大班要懂上海話，不覺得吃力；

但金大班是在舞場打滾的舞女，我沒有這種生活經驗，便要努力揣摩她的性格。可見寫不同的人物時，要嘗試扮演不同的角色。在寫《台北人》過程中，扮作他人是一種寶貴的實驗。

今天晚上我還有文化沙龍的聚會，講話就到這裡爲止。謝謝。

——張嘉雯、黃子容、柯冠茵記錄、鄭滋斌修潤，原載二〇〇〇年三月香港《明報月刊》

故事新說

——我與台大的文學因緣及創作歷程

編按：

一九九九年三月二十六日，白先勇應台大中文系之邀，假台大普通教室一〇一發表演講，並與同學對話。主題是：「故事新說：我與台大的文學因緣及創作歷程」。這原本是爲中文系「現代小說」課程修課同學所做的演講，不料消息公布之後，各界人士反應熱烈，甚至自中南部專程前來聽講者亦不在少數。當晚，不僅教室中人山人海，座無虛席，連走道、講台兩旁及教室外的走廊上都擠滿了聽衆，估計聽講人數約有四、五百人之多。除學生外，台大中文系教授柯慶明、張淑香、郭玉雯、李隆獻、蔡瑜、魏岫明、康韻梅、陳翠英；外文系教授曾麗玲、柯慓穆等多人，亦同時到場聽講。會中，白先生暢談了他當年在台大從事文學活動及日後個人寫作過程中許多不爲人知的趣事，並與同學就大家所關切的各項文學議題，進行熱烈討論。白先生的演講生動風趣，深入淺出，

全場笑聲不斷，聽眾情緒一直十分高昂。與同學的對談，尤其能顯露其人的性情與關懷。會後，熱情的同學們更是蜂擁而上，紛紛請他在《孽子》、《台北人》等小說上簽名，以爲留念。茲由尤靜嫺小姐將演講及與同學的對談記錄整理如下，以饗讀者。

我已經好多年沒回台大了，這幾年曾回來過兩三次，但是都在暑假時，這一次柯慶明教授告訴我，必得在天黑前到台大看杜鵑花，於是我五點鐘就到了，果然是一片花海，完全出乎我意料之外。從前杜鵑花只有今天的一半，花眞的是長大了，三月天的校園很美，我眞的很高興回來。另外，我也沒想到會有那麼多學弟妹來捧場，就像我們的杜鵑花一樣。首先說明一點，本來因梅教授有兩班現代小說的課，所以邀請我來談談創作，沒想到人那麼多，所以只好換間大教室，而這次的題目也是梅教授幫我想的，要我講講我跟台大的文學因緣和創作經驗。

有關創作經驗的分享就稍後留給對小說、散文創作有興趣的同學發問。這次的演講題目，梅教授的「因緣」二字用得很好，的確有時候是不知道的一些因緣領導你走上創作的路。碰到一個老師、一本書或一本雜誌，很可能就打開了一扇門，你不知不覺就跑進去了；一旦跨進去，門就關上，沒有回頭路，所以這扇門很要緊。而我的這扇門大約是在一九五六年，那時我在成大念水利，我那時最大的抱負就是去長江三峽建水壩，因爲我的中學地理老師說，中國民情落後，還沒有一個大水壩，如果三峽水壩能建起來，中國就會富強，於是我決定念水利，不過後來還好沒有念下去。到了水利系以後，微積分沒問題，但我最怕畫工程圖，從前工具不好，畫了一晚上，最後滴下來一滴墨就完了。於是我想難道我要一輩子做這個嗎？當時正好在台南的一家書店看到兩本文學雜誌，上面有很多灰塵，我買了回去，一看是台大外文系夏濟安先生創辦的雜誌，主要是介紹中國古典文學和西方文學，這本雜誌可說是台大中文系和外文系師生的首次合作，除了介紹之外，還有詩、小說和散文的創作，水準都很高，我看了夏先生所寫的一些評論文章，對我的啓發很大。那時我最大的夢想是能在《文學雜誌》上登出我的文章，那時我幻想著可以一邊建水壩，一邊寫文章，不過這樣的話，水庫可能會不牢靠。後來就決定要走文學的路，於是重考。另一方面，我念建中的時候，國文老師就十分鼓勵我投稿，也推薦我去念外文系，因爲當時創作的人大都是外文系出身，後來我也順利考取台大外文系，立志創作、寫作。

我大一的國文老師是葉慶炳先生，有一天他要我們自己創作一篇文章，無論是小說、散文或詩皆可；我心想機會來了，於是別人交一篇，我卻交了三篇，之後文章發回來，葉先生沒有說什麼，大概是他不欣賞。我又把文章拿給夏先生看，他看了半天都不抬頭，看完之後，他決定要把我的稿子登在雜誌上，終於實現我的夢想。後來葉先生告訴我：「我當初沒用你的文章，是要先讓你產生挫敗感，這是寫小說的第一要件！」其實我和夏先生的因緣，早在我念中學時就已經建立。在我中學時趙麗蓮教授辦了一本《學生英語文摘》，在當年是非常重要的英文雜誌。每一期後面都會有夏先生的文章，他分析文學名著或好的英文文章，不僅一字字分析其來龍去脈，也解釋字句的精妙處、氣氛的營造和所能帶給讀者的聯想等。夏先生的這些文章使我獲益良多，其中有一篇使我印象深刻，是海明威的《戰地春夢》。此書開頭就寫樹木枯萎、河床乾涸的景象，一段文字就能把小說的基調寫出來了。夏先生認為小說的開頭十分重要，而這樣的觀念也影響了我日後的寫作；另外，他批評五四以來的白話文學已經充滿了陳腔濫調，太過 sentimental，所以他建議我應該去看冷一點的文章，像毛姆這一類作家的作品，風格比較冷靜客觀。夏先生最厲害的地方是能在三言兩語間，指出我在寫作上的不足，使我頓悟，我十分有幸能夠成為他的關門弟子。夏先生對我的文學風格影響很大，指引我文學的大方針。

大二的時候，常跑到中文系修課，當時臺靜農老師教授文學史，葉嘉瑩老師教授《左傳》、《史記》，鄭騫老師教授詞曲，就我個人而言有很大的影響，對於欣賞中國古典文學之美也有所幫助。介紹同學一本書，是由柯慶明教授所著的《昔往的輝光》，在這本書中，可以看見當時那些老師的風範，而無論外文系或中文系的老師，都在有形或無形中給予我很大的影響。台大的精神傳承自北大，所以在這樣的氛圍下，我內心中也燃起效法五四的希望，所以在大二下學期，我決定也要辦雜誌，但是沒有錢，也沒有名氣，除了勇氣和獻身文學的精神之外，一切外在的援助都不足，因此十分克難，甚至還要自己貼補費用以助出版，雜誌一出來，便遞給老師、同學一本。當時爲了湊足版面，第一期我自己寫了兩篇東西，用了兩個筆名，其中有一篇是〈玉卿嫂〉；裡面還有余光中的詩及王文興的作品。這本雜誌很大的功用是成爲我練習的園地，基本上我大部分的短篇小說都是在這本雜誌上發表的。在當時社會、政治保守，經濟落後的情況下，由於我們的能力尙不足，所以引進了外國批評家對於文學評論的介紹，也引起了當時台灣對於現代主義的興趣。當時辦雜誌的目的以文學爲主，有一個絕對的標準，也因此包含了各種流派的作品。文學可說是精神發展上的淸新空氣，也是我精神上之所託。這本雜誌的走向以介紹西方文學爲主，直到柯慶明任主編，同時兼具中外文學，而回到了當時夏濟安教授辦《文學雜誌》的初衷。在這段時期裡，由於共同辦雜誌而會合了一群志同道合的朋友，共同爲文學努力。

下面還有一些時間，如果大家有什麼問題可以儘量發問。

問：讀白先生《台北人》時，可以感受到您對於文化和歷史的哀悼與反思，另外您認爲作家的終極關懷應該是普遍的人性，請問您針對這兩個主題，應該用什麼方式來呈現？

答：我相信一部文學作品，不單是一位作家建立的作品，可能也是他所屬文化的產物。以《紅樓夢》爲例，如果不是到了乾隆時代，恐怕也寫不出這樣的東西。那時，整個中國文明從極盛即將走向沒落，作家的敏感性，使他感覺到文化上的大反撲，而有創作的靈感。無論是作家、音樂家或畫家等，都會有一種感受；這種感受雖是個人的，但卻會在作品中不自覺的反映出自己的遭遇。當初寫完《台北人》時，可能無法分析寫作時的感受，好多年後回想，當時的確很悲觀。一九六五年開始寫《台北人》，一九七一年完成，這幾年間中國發生文化大革命，我在美國看到很多報導，突然覺得中國文明大概會毀於一旦。《台北人》是寫一群由大陸遷到台灣的移民的故事，但他們本身也有自己的歷史背景，文化上的轉折。當我朦朦朧朧有這樣的一種意念，在寫作時也有意無意地凸顯出來。寫第一篇時，就用了劉禹錫的〈烏衣巷〉，可見我的確是有意呈現這種意念。但是當初在一篇篇寫時，並沒有發現，反而在多年後回憶起，才有這樣的感覺。另外關於人性關懷的問題。我相信各民族間有集體潛意識的存在，我想在我們所看過的作品中，能流傳下來，還能感動觸發讀者的，通常都是處理一些人性基本感受的主題。如《詩經》距今已好幾千年，不論是哪一國風，都是表現人性的感受。雖然各時代的價值觀不同，但基本的人性、共感仍是相同的。除非有一天人性變了，不再需要文學和藝術，否則我相信文學脫離不了人性。

問：前面提到夏先生告訴您寫作的大方向，請問這個大方向是什麼？其次，您覺得要接觸多少中國文學才算適當？

答：夏先生給我的忠告不少，但最要緊的是他很注重文字。文字、對話不好，就寫不好小說。他對於創作的基本功很重視，所以在寫一段敘述時，必須陳述得十分清楚。就小說而言，對話十分重要，如果對話寫得不好，小說就會失色不少。中國小說以對話見長，不像外國小說可以長篇累牘的論證，但中國長篇小說《紅樓夢》、《水滸傳》中幾乎全是對話。對話的功用，不僅可以推動情節、表現個性，也可以製造氣氛；因此，適當的對話十分要緊。要寫長篇小說就要先看中國的經典小說，像《紅樓夢》、《水滸傳》，因為我們用的語言是中國的語言，這些經典作品還是必讀的。

問：您認為一位作家的作品需要「文以載道」嗎？文學的自由就您來看是否有所限制？

答：這個問題自古以來都在討論，我想，要看你對於「道」怎麼解釋。每位作家都有自己所認為的眞理和「道」，如果把「道」當成一般社會的「道」，其實有點危險。今天的道，明天就不是道，這種常變的「道」會有問題。所謂「文以載道」，可能是在探討文學的功用到底在哪兒？我想文學最重要的功用是情感教育，文學教導人與人之間的情感溝通。人性如此複雜，有光明、黑暗、懦弱和堅強，此時文學給予人教育，讓你對於人性有所了解和關懷。文學能不能改變世風？我不知道，因為文學的顚覆性很大，如《水滸傳》、《西廂記》，就有不少人認為是在誨淫誨盜。對於現行的社會道德，大部分的人會去遵守，但一定也有人受不了這種規範。但文學常常是少數，也許以後會變多數也不一定，但文學家常常走在時代的尖端，常覺得在當代他的讀者尚未出世，等到以後，他的讀者才說：「原來他講的是現在的事！」話又說回來，作為一個文學家，我想，文學上最高境界的作用是作為宗教功能，因為人間有許多悲慘的事情，人也具有惡性，而宗教能感化人性，文學也有這種功能。一個大文學家絕對不會教人殺人放火，文學是教人爲善的過程。宗教、政治十分容易，你只要信仰就可以；但文學寫出在向善的過程中多少會有限制、陷阱，對一個好小說而言，「掙扎」始終是好題目。尤其西洋文學對於人性的善惡研究得很深刻，十分不留情。我自己很喜歡的作家杜斯妥也夫斯基，他對於人性的刻劃就十分細膩，覺得人心怎麼會這樣黑暗，對於惡人的包容怎麼那樣廣，文學所要探討的就是這個。

問：您筆下的愛情，如〈玉卿嫂〉，常常是一種透過補償或救贖心態的變形愛情，想請問您對於愛情的眞正看法爲何？

答：的確，小說或多或少都能反映作者的一些觀念，如愛情觀，我可能是傾向寧爲玉碎，不爲瓦全，比較激烈的愛情觀，寫起來比較過癮；但我對愛情並不悲觀。雖然小說中的人物有意無意透露出作者的個性，但他們和我並不是一而二、二而一的關係。一個小說家除了了解自己的感情外，最重要的是了解人類的感情；就是說有個玉卿嫂愛得那麼痛苦，我懂得她，於是我就寫她。

問：您同意將您歸爲懷舊作家嗎？《紅樓夢》對您的影響又是如何？

答：我的確很懷舊，中國文學的特色就是「老」。至於《紅樓夢》對我的影響是在小說技巧的應用上，在《紅樓夢》中已使用了現在所謂的觀點，如書中對於大觀園的敘述，是由一個全知觀點和劉姥姥進大觀園時由她眼中所看到的世界所交叉呈現出的，這藝術成就是相當高也相當進步的，只可惜後來的中國小說便走下坡了。

問：首先請問您的文學經驗和創作的關係。第二是請問創作的機緣和時空背景是否有關係？若您在九〇年代的台大，是否有機會來帶動文學？您對酷兒文學的看法又如何呢？

答：所有的文學都會不自覺把作者經驗融入作品，就我而言，我學習宋詞，背了很多，可能宋詞的音韻之美影響了我，有意無意我就很重視節奏，念起來不好聽，我就覺得不好。而西方文學對我也有影響，我並不忌諱引用，因爲它已經融入我的文字之中。另外第二個問題，今天我到了新總圖，發現一切都已電腦化，因此我想我應該先學學電腦，才能再談。由於整個社會的解放，所以酷兒理論可以成爲顯學，現在的社會裡，沒有事不敢說出口，也使得它的發展更蓬勃。我想，到了將同性戀視爲人性中的一部分時，酷兒文學便可收編至其下。

問：請問文學和現實的關係？

答：首先我們要先知道什麼是「現實」。「小說」的英文是fiction，也就是「虛構」，所以小說第一要件是「假的」，絕對不是現實，「眞的」就是true story，就不是小說，而是新聞報導、歷史……。小說一定是透過作家的眼光、作家的看法而表現出來，所謂「寫實主義」很有問題。文學不寫實，寫實就不是文學了，只要寫得像就行了。但是文學的確能了解一個社會，但反映的是比較深層的部分，而不是表面的現象，它可能是整個社會心靈的反射。好比英國不能沒有莎士比亞，而中國也不能沒有李、杜；他們的東西也是現實，但絕不是新聞記者。

問：根據您的傳記得知，白先生的父親是抗日將軍，那麼您本身會不會因家庭背景而對於日本抱持負面的想法？會不會影響您對於日本文學的涉獵？

答：我想中國人對於日本的情結非常複雜，我個人的看法是：抗日時日本對於中國的損害很大，那時日本對中國的侵略令我耿耿於懷，我覺得日本對於中國文化、人民的傷害不可計數；但是日本的文化對我有一種致命的吸引力，我喜歡日本的音樂、文學和各種精緻的東西。但是我對於日本侵略中國這一部分是不能原諒的。這必須分開來看，歷史是ironic，現在的日本人是無辜的，但當時的軍國主義絕對是錯誤的，我想歷史上必須交代清楚，我想中日之間的愛恨情仇，還得繼續下去。藝術上的美好，我都喜歡，所以我喜歡日本精緻的文化表現，但對於歷史上的侵略，我無法忘記。

問：二十一世紀是語言的世紀，無論是人文科學或社會科學都是很熱門的研究語言，請問，您對語言的基本觀點是什麼？另外，許多小說流行用語言來作實驗，請問您的觀點又是什麼？

答：文學就是語言的藝術。我的學弟王禎和曾說：「文學就是把文字放在最恰當的地方，每個字都放在最恰當的地方，就是文學。」這樣的解釋雖然簡單明瞭，實際上卻非常不容易。有時候語言不是那麼理想，文學雖然是語言的藝術，但它的內涵也十分重要。什麼是最好的語言很難說，我想形式和內容配合得最好的，就是最好的語言。有時候語言很漂亮，內容卻空泛淺薄，只是虛有其表；有時候語言很笨拙，卻和內容配合得很好，就很有味道。所以這不太一定。而現在作家去實驗語言，我想這是必有的現象，現在社會每個人都想有自己的風格，作家也想創造自己的風格，而這種創造通常就會從語言開始。

問：地點對於一個作者而言重要嗎？

答：對於卡夫卡的小說而言，地點並不重要，但對於某些作家而言，地點很重要。對我而言，雖然台北很醜，但是很重要（我是「台北人」嘛！），無論如何創作，最後仍會寫著寫著又寫回台北。可能我在台北生活的十一年是我成長及文學創作上都十分重要的一段時期。

問：先恭喜您的《台北人》獲選爲「經典三十」之首，請問在您心目中，經典書目爲何？另外，請問若您要獨居荒島，您將會選擇怎樣的「荒島書目」與您作伴？

答：經典唯一的標準應該是時間。過了一、兩百年還有人看，還有人會感動才叫經典。這個經典三十可能還不算經典，可能還得再經過長時間的考驗。經典書目隨時可以增加，之前所提到的書都可以算是經典。在我心目中，最偉大的東方小說是《紅樓夢》，看了《紅樓夢》，你就懂得中國的人情世故。例如看著鳳姐對上對下的功力，她絕對適合當行政院長。《紅樓夢》教你如何做人做事，絕對值得細讀。而西方小說亦是，如《卡拉馬助夫兄弟們》，書中呈現了基督的博愛，讀了之後會對人性的缺點較爲寬容。至於「荒島書目」，我個人現在看的是杜甫，年輕時候愛看李白，老了就愛看杜甫，在座的同學們還是先看李白吧！

問：請問經由觀察而得到的印象，是在作家創作時心中就想表現出來的？或是作者只是直覺的寫作，而讀者卻自行得到某些印象？另外作家在創作時，會不會期待給讀者什麼樣的感覺？

答：我想創作，不管文學、繪畫、音樂都一樣，都是潛意識的活動，如果刻意創作大概很難有好作品。作家醞釀到某一程度，自然就會產生作品，而不會考慮讀者的。作家會先想到自己，但寫完之後，會希望能找到知音，如果有讀者能說出你心中所想的，會十分高興。

問：請問您對於「創作能療傷止痛」有何看法？

答：屈原是中國文學中流人逐客的代表，文人在貶官流放後就寫文章，是一種傳統，這也和我們歷史上的戰亂特別多有關。另外，可能人在基本上，一出娘胎就等於流放，所以即使不經戰亂的人，在心靈上也有這種感覺，也許人生本來就有這種感覺。

問：人性的終極關懷還得關懷生死的問題，《台北人》中生死掙扎、今昔對照是很多人討論的問題，請問經過這麼漫長的時間，您對生死又有什麼看法？

答：生死是每個人都會經歷的事情，寫《台北人》的時候，並不自覺會將現在的想法寫出來，所以當時寫的是老人的心境，可是我現在卻對生命充滿了好奇，我想我大概返老還童了。

問：就新聞記者而言，寫東西心中要有讀者，文字必須老嫗能解，那麼您在寫作時，心中有沒有特定的讀者群，或者說讀者愈多愈好？

答：報導必須明白清楚且客觀。就我而言，並沒有想到是否要爲特定讀者群創作，我希望自己的作品每一篇都有不一樣的風格，所以在創作時並沒有想那麼多。

——尤靜嫻記錄，原載二〇〇一年七月《中外文學》第三十卷第二期

中國需要一次新的五四運動

——與小說家白先勇談中國文化的危機與出路

丁果

丁：巴金說，作家是靠作品說話，但是，現在不該寫的劣質小說充斥於世，而大家喜歡的小說家偏偏又惜墨如金。像您白先勇先生，自《孽子》以後，幾乎沒有作品問世。而您以前的小說，部部都是「精品」。爲什麼寫得那麼少？

白：寫作對我來說是一件很痛苦的事情，我寫得很慢，是典型的「慢筆」，絕不是快筆，寫作計畫是有，但筆很「拙」。

寫父親白崇禧

丁：退休後應可多寫一些吧？

白：希望如此。最主要精力是寫我父親（白崇禧）的傳記。

丁：國內曾經出版了程思遠先生的《白崇禧傳》，他過去是您父親的秘書，您認為程先生的《白崇禧傳》如何？

白：我覺得基本上史實方面是靠得住的，滿正確的，因為程先生跟我父親在一起許多年，對我父親一生很清楚。至於觀點方面則另當別論。

丁：從軍政方面描述白崇禧事蹟的文章書籍已不計其數，您寫父親，會不會對他不太為人知的家庭或其他方面更多著墨？

白：書正在寫，我不能透露太多。一些人或許以為我只關注文學，其實不然。我對中國現代史是很感興趣的。

丁：白崇禧先生到台灣後就不是十分快樂，而您自己也在台灣生活了很長時間。您覺得台灣變化大麼？

白：台灣變化極大，包括社會、政治和文化各個方面。令我印象最深刻的是台灣「百無禁忌」、「百家爭鳴」的景象，這與解禁前的情況截然不同。

丁：以前台灣文學界有激烈的「鄉土文學」之爭，如今本土化已成主流，您覺得本土化趨勢對台灣文學是利多還是弊多？

白：我覺得台灣真的蛻變成了民主社會。沒有一個人或者一個流派可以影響全體作家。台灣作家已經十分個性化，各寫各的，各講各的，風格迥異，可說沒有一定的流派。

在台灣誰也不聽誰

丁：余光中和洛夫都提到，現在開文學研討會，不會講閩南話的作家很受氣，本土化似乎有點「矯枉過正、走火入魔」的情景，這對繁榮台灣的文學創作並不十分有利。

白：我認爲開會與創作畢竟不是一回事，本土化對中文寫作威脅不是很大，況且很多作家從來都不參加開會，自己寫自己的。開會只是幾個聲音大的人要講話而已。一個普通埋頭寫作的作家根本不去聽，也不去在意別人講什麼。一個眞正有獨立思想的作家，外頭吵翻天了對他也無甚影響。聽別人講什麼再去寫的作家，就不是很好的作家了。

丁：以前的作家，像白先勇您，都是從國家、歷史、民族的大格局中寫家庭、個人的命運，看起來很過癮。但現在台灣的文學，一碰到政治，就有「泛政治化」的情緒，像李昂的《北港香爐人人插》，政治的象徵性或者政治鬥爭的含沙射影十分強烈，您如何看待這個問題？

白：我還是認爲台灣作家五花八門，其中有一、二個作家喜歡寫政治性小說，這是他們的風格，不能以此概括整個台灣作家群都有如此傾向，在台灣文學多元化發展過程中，什麼可能性都會出現，什麼「異色」作家都會有，現在是一個誰也不聽誰、誰也不怕誰的時代。更有意思的是，現在台灣社會是講話的人很多，聽話的人很少。大家一起講，誰也不聽誰。

丁：正像武漢作家池莉所說，現在大陸十分風行您的小說、余光中先生的散文、洛夫先生的新詩等等，您對大陸的這種閱讀現象是怎麼看的？

集體的文化意識

白：台灣文學和大陸文學有幾點不盡相同，第一是文字。兩岸相隔幾十年，文字用法和風格都已十分迥異；第二是題材、感性不一樣。還有一點是，我、余光中、洛夫等人，好像都是現代派、先鋒派，但骨子和潛意識裡還是有傳統文學的東西起作用，因此，我們的作品和大陸讀者一遭遇，既提供了新鮮感，又有心靈深處一碰就通的共鳴，大概這就是原因。我有一個想法，無論是兩岸的中國人，還是東南亞或者北美的華人，都有一種集體的中華民族文化意識，就是容格所說的集體的文化潛意識。大陸雖然發生了文革浩劫，但這種集體意識仍在。無論是小說還是其他藝術形式，只要在感情上觸動了這根弦，就會引起共鳴。

這對台灣也是一樣。大陸崑曲團到台灣演出，許多台灣觀衆都是第一次接觸，但引起的轟動出人意料。尤其是年輕知識分子，對崑曲這一古老精緻的藝術劇種普遍有一種「驚艷」的感受。

丁：依您所說，即使是台灣的年輕人，他們心中也有一種講不清、道不白的對中國傳統文化之根的糾纏與戀情。

白：一定有的。我想，今天的美國人到了希臘，看到西方文化的源頭，也會有某種內心的感動。文化的偉大，不僅僅是表面講的那麼膚淺、理性。

心靈自由最重要

丁：您在演講中已經提到，中國五四新文學運動其實是在海外發其端的，胡適、魯迅、冰心、巴金等作家，都是在海外寫下了轟動文壇、引發文化新潮的傑作。但是，這些大師們基本上都是在海外客居，然後人與文章都回到本土發揮威力。但現在不少著名中國作家是長期定居海外，已在他鄉「落葉生根」。這兩類作家的區別何在？

白：五四時期中國的情況與現在不同。魯迅他們出國的目的就是尋求救國的途徑，然後是帶著使命感從海外回歸。而現在作家移居海外，是有各種因素造成，他們常常走著一條孤獨的創作道路。終生定居海外並非壞事，二十世紀最有影響力的世界級作家，不少人是被放逐或自我放逐一輩子，在異國他鄉寫出曠世之作。對作家而言，心靈自由最爲重要。

丁：劉再復說，他剛移居海外，常有被迫流放的壓抑感；但後來就上升到自我放逐家園的精神狀態，由此心靈得到釋放。您是否認同這種說法？

白：我不講對與錯，因爲每個人的具體處境不一樣。有的人一定要回到故鄉才文思泉湧；有的人非要與故地有距離感，才能把那兒的生活經驗訴諸文字。因此，給作家定流派、套模式是值得商榷的。以魯迅爲例，他把紹興房子賣掉後再沒回去過，跑到北京去寫紹興，寫得很好。沈從文在北京不一定能寫好北京，但他寫湘西就很棒。

丁：對海外華人來說，常常有處在中西文化邊緣的困惑感與懸空感，而他們又需要有文化上安身立命的保證。因此，我在這兩年提出「第三種文化」的思路，期待華人知識分子在中西文化的融合上走出一條新路。

白：這就再要提到五四運動。其實，沒有西方文化衝激，就不可能有新文學運動。換句話說，中西文化已在歷史中結下不解之緣，不可能再截然割裂。世界上已經沒有「純文化」，中國文化本來就不純。但話又要說回來，中國畢竟有自己的一條文化系統，這就是文化的根，比如唐詩宋詞。中國人如果沒有這個根基，就不可能很好地吸收西方文化，吸收了也無法融會貫通。

需要新五四運動

丁：天安門學生運動興起的時候，學生對「民主」的概念把握得不甚清楚，對政治操作上的

「妥協」藝術也不甚了解。這一代學生有勇氣有理想，然而對中國傳統文化則沒有基礎，吸收西方的東西就流於皮毛和膚淺，這是一個好例子。

白：我覺得海內外中國人最需要的，是在二〇一九年即五四運動一百周年前，有一個中國文化的復興。這個文藝復興必須是重新發掘中國幾千年文化傳統的精髓，然後接續上現代世界的新文化，在此基礎上完成中國文化重建或重構的工作。換句話說，我們需要一場新的五四運動。

丁：我覺得中國知識分子對如何反省傳統尚沒有形成共識。

白：是的。余光中說先要對五四運動降半旗。其實，新的五四運動起來的時候並不是反傳統，而是探討如何去正確地反省傳統。鴉片戰爭以來，中國人給「古今中外」四個字搞得暈頭轉向，一個世紀過去了，大家對現代化有答案了嗎？講得尖刻一些，即是中國仍在學習人家的一點皮毛。克林頓這次去中國大講民主，八十年前五四運動的第一個口號不也是民主嗎？

丁：我在電視評論節目中說，從形式上看，本世紀初是八國聯軍攻陷北京，火燒圓明園，徹底地暴露了滿清王朝的腐敗；而到了世紀末，克林頓這個世界唯一超強美國的領袖踏著紅地氈進入北京，要跟中國建立戰略夥伴關係，這就象徵從軍事到外交，中國已經強大起來。但是從文化角度來看，仍然是一片混亂，積重難返。

白：舊的文化傳統被打倒了，新的文化形態又沒建立起來，大家都無所適從。所以說，中國現在最大的危機就是文化危機，大陸有，台灣也有。中國知識分子摸索了一百年文化重建的道路，仍然是「白茫茫一片」。

丁：依您看，新文化運動的路具體該怎麼走？

兩類知識分子的交集

白：這是一個大問題，一言難盡。但我剛才說過，必不可少的一環是重新審視傳統文化，尋找一條讓輝煌的古文化在當今急劇變化的世界潮流中再現輝煌的恰當路徑，光學西方是不夠的。一個猶太人（指馬克思）就把我們這個有幾千年傳統的民族牽著鼻子走了幾十年冤枉路，付出了沉重的代價。這不是笑話嗎？實際上他們這套在西方都沒行通。

丁：中國大陸文化危機很深重，那您對中國大陸知識分子的期待是什麼？

白：我接觸過一些中國大陸的文化人。有些人在十分清貧困苦的環境下堅持學術研究，體現了「貧賤不能移」的風骨，這就是希望。當然，中國知識分子一定要在培養下一代上做努力，文化是要「薪傳」的。除了研究傳統文化的一群人以外，中國還有一群對西方十分有研究的知識分子。新五四運動需要這兩群知識分子走在一起，而目前這兩群知識分子是各幹各的，沒有很好的交集。

丁：文化建設需要團隊工作，文學創作則應該走個性化道路吧！您覺得中國大陸文學前景如何？

白：那當然。從歷史來看，文學常常會有一個偉大的時代出偉大的作品，這是「英雄造時勢」和「時勢造英雄」互動的結果。天才是突然出現的，有時甚至是莫名其妙出現的，曹雪芹和《紅樓夢》就是明證。中國大陸有那麼多人才，應該會出大作家。只是不要再有文革那種浩劫。文化建設需要幾十年甚至幾百年，但破壞它幾年就成。文革如再多持續幾年，中國眞的要回到「洪荒時代」。德國也是一個例子，這個出過歌德、貝多芬、康德的文化，一夕之間就被希特勒破壞殆盡，日爾曼民族就變成野蠻民族，這是十分可怕的。

丁：所以人們說，二十世紀法西斯主義和共產主義的兩大思潮，給人類文明帶來沉重災難，也留下深刻教訓。

白：由此可見，在二十世紀現代科技的助力下，極權主義者一聲令下，其波及就無遠弗屆。同時，現代資訊發展也打破了極權者鎖國閉關、封殺資訊的可能性。這就需要知識分子有獨立的思考，有獨立的聲音，打破歷史風化和集體遺忘的藩籬。

丁：是的，我們對百年歷史的滄桑還沒有好好總結，就有人提出要解構那段歷史了。看來，我們還得好好下功夫把二十世紀的歷史梳理一下。期待您的《白崇禧傳》能夠成爲重寫中國現代史的一環。

——原載一九九八年八月一日《明報》（加西版）

學習對美的尊重
──在巴黎與白先勇一席談

張素貞

搶來的訪談時間

去年十月十八日，梅新和我一早約了對門的白先勇離開下榻的 Adagio 旅館，三人放棄尋常橫跨廣場去餐廳用早點，而另外覓了一家餐飲店，匆匆坐定，就開始閒談起相當嚴肅的話題。

白先勇就要搭機回美國了，我們好不容易搶到寶貴的機會。這次受法國法蘭西研究院之邀來訪巴黎的我國作家，分批陸續到達巴黎，我們和白先勇有三天半的時間相見，卻是抽不出完整的一、二小時來好好聽他談話。我們參觀了好幾座與法蘭西研究院相關或附屬的博物館；十五日參觀還未正式對外開放的別墅建築：雅克瑪·安特烈（Jacquemart Andre）博物館；十六日參觀了香蒂邑（Chantilly）博物館；午後去法蘭西研究院拜訪，參觀院圖書館及研究院附屬的有名的馬氏（Mazarine）圖書館；十七日參觀奧賽（d'Orsay）美術館，午後五點白先勇應邀在鳳凰書店與讀者對話，一行人陪同去參加。夜裡大家做主人宴請法蘭西研究院院長隆德夫斯基，他親口承應：以後中、法文化交流，他願意當榮譽主席。這麼多的「正式」活動，當然還有「休閒」的活動，而白先勇多次脫隊去拜訪朋友，對這麼密集的節目，對這麼可愛的朋友，實在不忍心再「壓榨」他，於是眞的就把訪談拖到臨別的當天上午。他是很有涵養的人，匆匆邊吃邊談，急忙要回旅館等候來送行的朋友，不僅三份起士沒動，連一壺牛奶也沒喝。

鳳凰書店　白先勇答客問

在香蒂邑博物館參觀後，大家在美麗而廣闊的林園瀏覽，一度和白先勇同行，我們聊的就是現代小說。我告訴他：他的小說去年文化大學有位研究生陳碧月做過碩士論文，題目是：《白先勇小說中的人物刻劃》。我們談到師大二十幾年前研究生論文都用典雅的文言文寫成，談到目前的新文藝課程，談到我的《現代小說選讀》課程，他也同意應該嘗試兼顧現代小說史的介紹與名家傑作的賞析。十七日下午五點在鳳凰書店的座談會，書店的女老闆熟習中文，她也是巧用時機。白先勇的長篇小說《孽子》（*Garçon de crital*）剛出版法譯本不久，是由法國有名的極具規模的大出版社弗拉馬利翁（Flammarion）出版，由法國鑽研明清小說的漢學家雷威安（André Lévy）精譯。雷威安譯筆流利而又傳神。白先勇的《孽子》得到大出版社的垂青，又獲得知名的大翻譯家盡力，確實是一大機緣。鳳凰書店趁白先勇應法蘭西研究院之邀，到巴黎參加法蘭西學院成立兩百周年慶祝活動的機會，就掌握新書出版的名目，把作者請來和讀者面談。白先勇在當代中國小說家中算是數一數二的箇中翹楚，有了這樣的頗受歡迎的新書出版，讓極負盛名的作家與讀者面談，非常有「賣點」，從文化交流來說，又是非常有意義的事。若是不遠千里請來作家，勢必大費周章，如今白先勇就在巴黎，多好的機緣。女老闆知道隨行還有許多詩人、學者、藝術家，於是她邀約了所有的一行人。果然，書店的二樓擠滿了中、法的讀者，有些人只好站著，有些人則席地而坐。讀者的問題從白先勇的《孽子》、短篇小說，問到白先勇的創作計畫；後來也「橫掃」在座的詩人鄭愁予、零雨、詩人兼副刊主編的梅新、畫家兼古代文物研究專家的楚戈。白先勇在對應讀者提問的時候，是坦誠、謙和而又親切的。他還不忘找機會讓讀者把問題轉向在座的其他人，我就被他指定代爲解說了「先有短篇，後有《孽子》」以及《孽子》主題多重與深化的問題。同時我也注意到，讀者遠在法國，也跟目前在台灣的許多人一樣，關心台灣文學與本土化的問題。

《孽子》中沒有描寫性愛，是因爲沒有這個需要，在鳳凰書店，白先勇答覆讀者的談話，可以挑出幾個重點來說。衆所周知，《孽子》是以一群同性戀者爲刻劃對象的，在自由問答的發問中，有人問及：《孽子》中幾乎沒有任何性愛的描寫，是否出於作者的忌諱？

讀者的言外之意是：同性戀原就是忌諱的題材，處理原本就不易，作者寫作的時候一定顧忌很多。

白先勇說《孽子》中之所以沒有描寫性愛的場面，是因爲小說中沒有這個需要。一九六〇年，白先勇和幾位同學好友創辦了《現代文學》，創刊第一期裡他發表了兩篇小說：〈月夢〉及〈玉卿嫂〉。〈玉卿嫂〉因爲拍成電影，又有法文的翻譯本，大家比較熟悉，由於故事發展的需要，性愛的描寫就沒有省略；〈月夢〉也寫到了同性戀，因爲情節的需要，也有性愛的描繪。當時白先勇還是個大三的學生，就已經不避忌；再過二十幾年寫《孽子》更不需忌諱了。所以《孽子》中不描寫性愛，並不是禁忌的問題。

《孽子》於一九八三年在台北發行初版，根據謝家孝〈黑暗王國的神話〉及袁則難在《新書月刊》的一篇白先勇訪問記，我們可以理解，這篇小說的醞釀過程極爲曲折艱辛，小說的主題絕非單一，不僅是要探討人與人之間的關係，也試圖肯定父子之倫的關係。在鳳凰書店，我特別強調小說中的傅崇山一角的創造，就是要藉這個角色做爲引渡者，也做爲父系代表人來肯定孽子的存在價值。如果拿《台北人》中的〈滿天裡亮晶晶的星星〉來加以對照，其中有許多人物都可以看到原型與修飾的痕跡。其實我們可以把〈滿天裡亮晶晶的星星〉看做是《孽子》的雛形，白先勇在〈滿天裡亮晶晶的星星〉中，覺得沒有充分表達的一些意涵，在《孽子》這個長篇裡試著做了。《孽子》可以說是〈滿天裡亮晶晶的星星〉的補成作品，它的題旨深化了。它具有許多讓人品味不已的質素，它有了多重的主題。所以，我建議讀者們閱讀《孽子》的時候，能採取更寬闊的視野，試著推敲多重的意涵，收穫可能會更多。

廣州中山大學王晉民教授在《白先勇傳》裡，曾和白先勇談過許多關於《孽子》的寫作特色，白先勇承認：重新選取同性戀的題材，乍看好像開倒車，但是「這跟我從前寫的同性戀作品不一樣，從前我寫的同性戀都是比較象徵性的，如〈青春〉、〈月夢〉、〈滿天裡亮晶晶的星星〉，都比較浪漫，象徵性較重，而《孽子》跟社會現實卻聯繫得比較緊。」其實《孽子》寫的也是人性，也是現實社會。更重要的，它的取材比《台北人》廣泛許多，普及於下層社會；主角的年齡層也降低，以青少年爲主。而《孽子》還是白先勇「第一次寫到家庭關係，寫人倫人性方面」，「我主要寫父子關係」。人倫則包含了同性戀的人倫，組織家園，追求和諧的人際關係等等。我想，以上的這些作者自話，可以幫助讀者更深入地理解《孽子》。

讀者又問：《龍應台評小說》，曾經針對《孽子》的敘述語言提出質疑，認爲像小說人物阿青那樣的層次，不該有那麼文雅的敘述語調，不知白先生對這個評論有些什麼看法？

白先勇很謙和地稱許：龍應台的觀察很敏銳。但他接著解說，小說家的敘述語調並不一定要有固定的格式，小說家可以運用自己的語言來詮釋小說人物。以我個人的體會，大概白先勇一則承認叙述語調可以與人物密切結合，成爲人物的內心獨白，切合人物的文化背景及知識水準，這是有限叙述觀點的極致；一則他也不放棄全知的筆法，讓作者有更多發揮的餘地。

讀者詢問：白先生是學外文的，英文的造詣很高，您的小說是不是都用中文寫成？有沒有用英文寫成的？你參與自己小說《台北人》的英譯工作，有沒有遭遇到什麼困難？有沒有什麼有趣的事？

白先勇說，他的作品大都是用中文寫成的，只有〈香港·一九六〇〉一篇是先寫英文，再回譯爲中文。《台北人》的英譯確實很辛苦，自己參與，才深刻了解翻譯眞是一門大學問。照理說翻譯自己的作品應該很順手才對，事實上仍然不簡單。首先中、英文的差異性就不能不顧及，中文的語調、節奏，都不是用英文很容易拿捏得精準的。像〈永遠的尹雪艷〉裡，尹雪艷佩戴一朵血紅的鬱金香，在中文裡很有意思，但英文一翻tulip，整個味道就不對了。還好小說是他自己寫的，他就來個再創作，改成camellia，英文讀來像個樣子了。不過，要是回頭，中文就用英文的意思，說「尹雪艷佩戴一朵血紅的茶花」，那又完了。這些人物刻劃之外的服飾配件，是細節，卻也是很費心思的。

關於翻譯的種種，白先勇還有很多可以挖掘的話題，留待後文再加詳述。也有讀者詢問法國的文學作品對作家是否有過重要的影響？在台灣小說界，台大學院派作家群，就是以白先勇爲首的《現代文學》作家群，他們受歐美文學的薰陶，進而影響他們的創作，自然不在話下。但似乎縮小範圍單談法國文學作品的影響性，倒是巴黎的中、法讀者密邇相關的話題。答案是肯定的。白先勇特別提到：福樓拜的《包法利夫人》有關內心獨白、場景描繪的技巧，巴爾札克小說中的景物描寫都對他的小說寫作起過觀摩的作用。他又補充：巴爾札克對於家具的細部描摹，是他了解法國家具的最好憑藉。有些讀者關心白先勇目前的寫作計畫，作家透露：他正在著手撰寫父親白崇禧將軍的事蹟。巴黎的讀者水準不低，他們繼續追問：您撰寫白崇禧將軍的事蹟，會不會採取小說的模式？白先勇的父母親白、馬兩家都是大家族，歷經中國的大變動，確實是很好的長篇巨著的小說題材。白先勇很簡單地說：他要寫的是自己所了解的父親，那是比較偏重紀實的傳記了。也許先寫成傳記，未來有機緣，由於一些新近發現的紀事背景引發，讀者還可以讀到白先勇創新的小說吧？

學習法國人對傳統的維護，對美的尊重

我們在巴黎對白先勇的訪談，主要是關於翻譯方面的問題。話題有兩層：在中、法文化交流的大前提下，一則因多日來在巴黎的參觀、拜會，大家都有些感觸，從十七日夜宴上，法蘭西研究院院長隆德夫斯基自願參與中、法文化交流的具體工作談起，談出一大套翻譯法國文學作品的構想。一則關於白先勇個人的創作，謙虛的他不很願意再重複談過的話題；但是對於延續細說個人作品英譯關鍵性的新鮮趣事，他倒是興致很高。

白先勇說：「從中、法文化交流來說，先從翻譯做起，只要先做，就不得了了，是長遠的工作，也是影響深遠的工作。梅新提到的：隆德夫斯基對中、法文化交流也很熱心，他願意做榮譽主席，多麼難得的機會。誰能比得上他崇高的學術地位？德高望重，一言九鼎。我們能讓老先生樂於參與我們的文化交流工作，這是很好的機緣。

「這是我第二次到法國來，每次來，都深深感受到法國的美。這種美，不是其他國家可以比美的。譬如北京也是古都，卻不一定；歐洲其他國家也未必有法國給人的這種感受。法國人一向在思想上是前進領先的，像文學思潮啦、前衛藝術啦，都是法國人帶頭的。基本上，法國人很敢於創新，他們喜歡新潮，但是最重要的，他們對傳統並不破壞，並不拒絕。他們對傳統的喜愛、尊重，引以爲傲，很令人感動的。他們維護傳統，保存傳統，而又從傳統中去創新，不斷在培植創造，這一點非常了不起。反觀我們中國人對待傳統，不是破壞，就是僵化了。試看他們的文學、藝術、哲學，乃至於科技、軍事，各行各類，他們都走在前面的；可是看看他們對傳統建築的維修、保護，對傳統的保持，還有，對美的尊重，這太重要了。法國人對文學、藝術，對事事物物的美感，經過法國大革命的浩劫，卻並沒有破壞掉。法國人的自信從來沒有喪失過，不像我們中國人。我們即使很美的東西，都不敢自信。法國即使現在大帝國沒落了，法國人對自己文化的自信仍然很強，甚至過分自大了些。他敢於說：這就是最好的，他的創造是最好的，所以他不需要去模仿人家。當然他也吸收別人的東西，譬如科技，是世界性的。美國、英國都會影響他，但是他可以依然保持信心，有他自己的獨特風格。就這一點來說，我們中國人就大不如人。我們中國人困擾了一百多年，就是中、外、古、今扯個不清。究竟對古文化怎麼對待？今文化怎麼接受？怎麼適應古今文化的配合？外國來的新文化怎麼去吸收？中國文化怎麼保存？都沒有定見，搞了個暈頭轉向，到現在也還搞不清楚。大陸的文化大革命把文化的命都革掉了，台灣目前也是一團亂。這一點，我們應該好好虛心地去向法國人學習的。

「我們看巴黎很美，傳統建築物的保存是其中的一個因素。但有一項很象徵性的意義值得探尋，他們的老建築是不准拆的，但是不能改變的只是那個架構，裡面的裝備等等可以全部翻新。傳統是不能連根拔起的，像北京的城門，說不要了，就整個打掉，弄得面目全非。在舊的架構之下，是可以翻新的。人家並不拒絕抽水馬桶，裝備當然要現代化，他們並不抱殘守缺，但是他們尊重傳統。他們對傳統那麼驕傲，他們對傳統之愛護，愛護得鉅細不遺。愛護傳統之餘，如何把傳統延續創新？這是大大的學問。我常想：中國人之所以對自己的傳統那麼仇視，原因在哪裡呢？在二十世紀，全世界沒有一個民族像中國人這樣仇視自己的文化，說來令人痛心。即使納粹、東歐、俄國破壞文化，也是有的，但是不像中國人，心中充滿了恨，從思想上根本恨自己的東西，完全瞧不起，完全失去自信，而要全部連根拔起。非常美的東西，對那麼美的藝術，完全不能認識，不能欣賞。中國人過去有一套美學，不管是建築庭園、顏色的搭配，都曾有非常美的美學，現在都被抹殺了。現在中國到處那麼醜，就是因爲只知道東邊抓一點，西邊抓一點，湊成一個大拼盤，不敢創造自己的風格，自己失去信心。問題是：你沒有傳統，你怎麼能創新？」

梅新重複、肯定白先勇的小結論：沒有傳統，就不能創新。

中國現在很需要一個文藝復興——從翻譯法國書籍開始

白先勇繼續說：人類不可能從茹毛飲血一下子就跳到了文明。美國在講新、求新，他背後還是有歐洲豐富、悠長的文化背景的；並不是光有印地安文化，就創造了美國文化。新大陸在兩百年以前，還有幾千年的歐洲歷史文化，才成就了現在的美國。當然美國的文化可能粗糙一點，但是絕對不能說美國只有兩百年，沒有文化。但是文化很可能被消滅的。在歐洲的中世紀，蠻人入侵，也曾經有過文化的劫難，如果不是他們的教堂保存，差點西方文化就斷掉了。我們來了這麼多天，看人家博物館的收藏，我有很大的感想，受到很大的教育。兩位大概也注意到了：參觀他們的古蹟、博物館，他們解說時常提到：法國大革命的時候怎麼樣，以後又怎麼樣。以往我對法國大革命粗淺的認識，以爲革命之後實行共和政體，在恐怖之後是好大的革新，是很大的轉變。現在看他們好像是在翻案，在就法國大革命對文化的大破壞重新估價。我們參觀法蘭西研究院，他們說大革命的時候，那個橢圓形的新院士受勳的大廳被當做穀倉，整個法蘭西研究院被改做刑房、監牢，那跟中國的文化大革命眞沒什麼兩樣。所有貴族的收藏品不曉得毀壞多少。我現在非常保守，非常反動地講：暴民的政治很可怕的。它對文化仇視，認爲是少數特權階級特殊保有的東西，應該毀掉。我不敢想像，故宮的收藏品如果到了文革紅衛兵的手裡，那不就完全毀掉了？文化的保存要費多大的勁，而毀滅只要一夜之間，而我們中國人毀滅性特大。法國人對大革命摧毀文化，說起來是猶有餘痛。我們參觀香蒂邑，他們解說：革命之後想盡辦法，怎樣慢慢又找回來哪些哪些家具。他們買回來，表示他們有心在做，我們的文物卻都不見了。文化的傳統，絕對不可以太輕率就放掉。中國的舊傳統是有些僵化了，我的看法：中國海峽兩岸現在很需要一個文藝復興。藉文藝復興，對我們的傳統重新估價，看看怎麼樣對傳統加以傳承。這是大問題，百年來的中國人忽視了傳承傳統的原則。一下子學歐洲人，一下子學美國人、學俄國人、學日本，愈學愈離譜，成了四不像，主要因素，就在於完全沒有了自己的東西。

說到保存文物，私人可以做一些。在法國、在美國，有些有錢人具有文化教養，他們花一輩子的心力收藏文物，最後又把珍貴的收藏品捐獻給國家；我很懷疑中國的有錢人有多少人做這種工作，恐怕很少。所以民間的力量很有限，可能還是要靠政府的力量。我們這一次來，目的在文化交流，我有個感想：台灣幾十年來受日本文化、美國文化的影響，並非這些文化不好，也有很好的部分，但總是有些偏頗的地方。別忘了，西方文化遙遠的根源，還是在歐洲；而歐洲文化，又以法國獨領風騷。在五四運動前後，法國的文學、藝術曾經給中國帶來很大影響，知識分子對法國、對歐洲很仰慕的，結果到了台灣以後，就中斷了。美國的文化隨著第七艦隊的護航一股腦地掩蓋過來，歐洲文化的影響，只剩大陸時期留存的一點點。可以說是一面倒向美國文化。我覺得現在談文藝復興，要讓我們對外來文化的吸收有個平衡的寬廣的層面考量，歐洲文化對台灣的影響很重要。無論哪方面，歐洲文化都會對我們有幫助。我自己學文學，就說從文學、人文方面的翻譯做起吧！影響會很大，也會很深遠的。不必花很多的錢，比蓋一座科學院來說，只要小小比例的經費，就可以做多少事？論人才，我們也有，許多留法的人士，像馬森、金恆杰、劉光能，他們都有意願、很想做事的。像馬森，很早以前就和熊秉明編過一份《歐洲雜誌》……。

梅新禁不住打岔，說：這份雜誌只出那麼幾期，對文化、文學的影響之深厚，就已經不能估算。

白先勇說：對呀！現在談文化交流，可以做的，不管哪個機構來策畫、推動，既然中、法作家突破外交困境，已經開始交流，又有法蘭西研究院院長隆德夫斯基熱心推廣，我們可以從翻譯法國書籍開始。當然還可以有其他很多很多的交流，但是要是從深遠的根基做起，還是在書籍的翻譯。我們策畫也要考慮周詳，好好成立一個中法翻譯委員會，好好找一些行家，不是內行，不要插手。讓這些行家精選一些影響法國文化深遠的書籍，一些經典。也許較古的書籍翻譯不容易，至少十七、十八、十九世紀的小說、戲劇、詩，以及哲學、文史的讀物，選個一百本。其實要是能夠做世界經典的介紹更好，不過可以從法國的經典做起。退一步說，即使不能選一百本，只要精選五十本，然後讓這些專家們慢慢地、仔細地去翻譯，也很有用。爲了尊重專業，要給付較高的酬勞，花個幾十萬新台幣，三年五年，讓專家從容完成。完成後要經過委員會審稿，盡可能要求完美。把這些書次序編列號碼，一本接一本，陸續推出來。靠公家的資金做長遠的文化投資。這種書平價推廣，兩、三百塊錢，學生都買得起。像美國就有一些club系列出書，一段時間出一本，陸續寄給讀者，印得非常漂亮，賣得也不貴，十幾塊、二十塊美金一本，也很受歡迎。我就訂了，現在多少年了，還沒有出完，都是全世界的文學經典，印刷得好漂亮。我說：這是需要長遠規劃的，而且是各項人力的總配合。

梅新說：我們要想法子組織翻譯委員會，有法國文學的，還有其他國家文學，譬如日本文學的。

白先勇說：還是一國一國來，同時推動，不得了，一口氣幾百本都需要專家去做，恐怕要糾扯不清。還是一套一套做，五年、十年，出個兩、三百本，影響就大了。台灣目前出得起這筆經費的，主要的要有人推動，文建會或編譯館可以承擔這個任務。政府要先有這種遠見，媒體可以適時發揮作用，看看開個籌組中法翻譯委員會的座談會，把精通法文的學者專家都請來，馬森、金恆杰、劉光能，還有尹玲，精簡的人選，先讓他們談談看。文建會主委鄭淑敏應該也有興趣，她會法文的。還要想辦法找一些贊助人，譬如說《民生報》的王效蘭，就是很好的人選，可以做名譽執行人，至少可以借助她的媒體鼓吹。

梅新說：除了法翻中，我們還要做一些中翻法的工作。

白先勇平靜、沉穩地笑著說：慢慢來。中翻法，非得找法國人不可。中國人法文再純熟，還是差一截，把中文作品翻成法文，可能味道就不對。像幫我翻《孽子》的雷威安就是很好的人選。他是法國首席漢學家，鑽研明清小說，翻譯過《金瓶梅》、《水滸傳》、《西遊記》、《聊齋志異》，他那《金瓶梅》翻譯出版的時候，法國人為之大瘋狂；相對的，《紅樓夢》多精彩，中國學者的法文譯本就沒受到重視，可見翻譯人選很重要。雷威安本來都翻譯古典小說，翻譯《孽子》是第一本現代小說。這個人非常好。他翻譯我的《孽子》，是快筆，一年都不到，而且譯筆非常出色。

談話到這裡，白先勇惦記著朋友要來，提議回旅館一邊等候，一邊再聊。

《孽子》法文翻譯的機緣

想到白先勇撰寫《孽子》，前後多次修改，花了好幾年工夫，雷威安固然是退休了，全心專力去翻譯，但那麼厚的篇幅，花不到一年工夫完成，還是佳評不斷的好譯筆，確實不簡單。我們建議他再接著談談《孽子》法譯的細節。

白先勇說：雷威安這個人很有意思。你知道他翻譯我的小說多認真嗎？我在台北碰到他，他要我帶他到我在《孽子》裡面寫過的地方去看一看。西門町、新公園、龍江街的貧戶區等等地方真去看過。

我說：雷威安一定很喜歡這篇小說，所以肯翻，還肯花工夫做這麼細部的理解。然後我問他：能不能說說看，《孽子》的法文翻譯，究竟是什麼樣的機緣？

白先勇說：這要從貝羅貝（Alain Peyraube）先生說起。貝羅貝是法國國家科學院的研究員，也是東亞語言研究所的所長。是他找我。他到加州大學去當訪問教授，找到了我，他說要介紹台灣的作品到法國來，提到了這本《孽子》要是翻譯成法文，可能會受到注意。他說找了雷威安教授，說是明清小說的專家，翻譯過《金瓶梅》、《水滸》、《西遊》、《聊齋》，當《金瓶梅》法譯出版時，曾造成大轟動。大概也是雷威安成功地翻譯過《金瓶梅》，所以他和貝羅貝會選中《孽子》。這個時候，法國的一個最大的出版社弗拉馬利翁正好要出版一套外國的文學書籍，於是就支持這個計畫。後來貝羅貝和雷威安，以及弗拉馬利翁出版社的編輯到台灣來，大家見了面，在座的還有李昂、黃凡。也就是這樣，雷威安要求我陪著到處去看看小說中的實際場景，很仔細地加以了解。

梅新問：好像聽說有個什麼大學把《孽子》當做教本了，是嗎？

白先勇說：好像是東方語言學院，不太確定。也不是當教本，而是考試要考這個東西，而且好像也不是《孽子》，而是《台北人》的樣子，反正考我的小說就是了。我的小說翻譯爲法文開始是〈玉卿嫂〉，是南部一個出版社，由一位法國人跟中國人合譯的。另外還有幾篇短篇也翻成了法文。

梅新問：關於你的《孽子》，法文譯本出版的時候，法國的反應很熱烈，報紙風評很不錯，你知道主要是哪些報紙嗎？

白先勇說：那是《世界報》，這邊最大的報紙，每個禮拜都有整個版的書評。還有《解放報》也報導過，國內《聯合報》也有報導。

我記得很清楚，當年〈玉卿嫂〉法譯出版，聯副也有專文介紹，我還剪下來列入教學檔案，講課講到白先勇的小說，附帶都要提及的。

這個時候，劉光能進來了。他才剛到巴黎，白先勇卻要飛紐約了，趕上來見個面。白先勇談話中，細數國內法國經典的翻譯人才，就提到了他。他知道白先勇的《孽子》法譯本「風評相當好」。他還補充了一件事：當時雷威安、貝羅貝等人到台灣來，和白先勇見面，是當時主持文建會的郭爲藩先生邀請的。原來郭先生也是有心人，也早做了中法文化交流的工作。

《台北人》的英譯

我們把話題移轉到白先勇在鳳凰書店提過的《台北人》英譯的事，翻譯過程中經過些什麼步驟？遭遇到一些什麼困難？請他再詳細談一談。

白先勇說：原來我自己並沒想到自己去翻譯《台北人》。起初是美國印地安那大學要出版《台北人》，要把它翻譯成英文，他們找了些教授、講師，也有學生，一個人負責一篇，分工合作，同時來翻譯。我一看不行，這樣做整個不對，所以我就接下來自己做，一做整整做了五年。

我找了幾個朋友，英文很好的，一起來做。最重要的，我這個小組有個成員——高克毅先生，喬志高先生，這個人英文是一流的，那比美國人的英文還要道地。他做我們的編審，我跟朋友斟酌又斟酌，翻好了，就寄給他；他就修改，寄回來；我們再改，再寄去讓他過目。這中間來來往往，我覺得很有意思，也挺好玩的。一字一句去推敲該怎麼翻。《台北人》也眞的很不好翻，我們盡了很大的力量。

我想：《台北人》用字典雅、精潔，又充滿象徵性，確實很難詮釋，何況翻譯成外國文字？白先勇謙和溫文，從「盡了很大的力量」一語，可以理解幾個好友認眞譯改過程的辛苦。我問：是不是比較大的困難點，就在於東西方文化各有不同的修辭特色？

他說：我是覺得文學作品的語言非常神妙。拿寫小說來講，詩更不必說，語言的節奏、味道，對話語氣的輕重、長短、迂緩急促，還有描寫東西，那種言外之意，最難；要把它翻成其他的語文，眞是很難拿捏得恰到好處。所以我的朋友翻譯《台北人》，一個詞、一個句子常常是翻出五、六個方式來，然後一樣樣念出來，讓我選；我聽著聽著，欸就是這個翻法。你看看，多累人。爲什麼要列出那麼多的選擇題呢？意思翻對了，但還有語氣也要對，高興、悲哀、平和、高昂，是不一樣的。有時候中文的語尾虛字表達的味道都不同，差一點就差很多。

我問：喬志高先生修改你們的譯文，主要是針對哪些地方？

白先勇說：喬志高先生出了一本關於如何運用美國俗語的字典。美國的俗語很不好懂，在美國住上二、三十年也不見得能懂。喬志高先生是專家，他給我們衡量、審查的重點，就是要讓小說讀起來是最通順、最流暢，完全合乎美國英文的語調，但是又要跟我的小說原文的味道相合。就說小說人物的名字吧！中國名字很美的，除了音，還有取義，很有味道，一翻成英文，就只剩聲音，完全失去意義。我們很有意思，花了很多時間去翻譯人物的名字，如果音、義能夠合在一起的，就最理想，如果不能兼顧，寧可翻義，不要翻音。像〈金大班的最後一夜〉，女主角叫做金兆麗，翻出來，拼音，一點意思也沒有。她是個舞女，上海的舞女洋派作風的，喬志高先生就用了法國名字：Jolie，眞是再貼合不過了。發音本身就很接近「兆麗」，又是「漂亮美麗」的意思，也合乎主角的洋味兒，Jolie金，多好，也適合一個舞女的名字，喬志高先生找到這個字不簡單。翻譯是學問，不是說意思翻出來就算了，文字用得雅就夠了，那樣還不夠，味道一定要翻出來才行。又像「尹雪艷」，我當初取這個名字的時候，就考慮到：她是冰雪美人，叫「雪艷」，好極了。而她姓什麼？如果姓王，王雪艷，那就糟糕了；姓李，李雪艷，木子李也不對味。讓她姓尹，這個字那麼一彎下來，一勾，我覺得很美，合乎我心裡的要求。這名字翻成英文拼音，也是完全失去味道，後來我就用了Snow Beauty，雪美人，再附帶標明中文的名字拼音，這就是寧願用意譯的例子。我覺得翻譯《台北人》，還眞是囉嗦啊！

另外，翻譯〈思舊賦〉，就碰到兩個老傭人——順恩嫂跟羅伯娘，她們來自傳統家庭，說話就特別，普通的英文好像很難傳達她們的語調。跟我合作的那位猶太籍女士是個音樂博士，在紐約長大，中文也很不錯。她福至心靈，就想到這麼多翻譯方式都不妥貼，乾脆大膽採用美國南方英文。美國南方英文就是《飄》裡頭使用的，也就是電影《亂世佳人》裡頭胖胖的黑嬤嬤用的那種英文的味道，眞有意思，一採用南方英文翻起來，這就對了。翻譯小說，難的就在這語調的掌握。什麼樣的人說什麼樣的話，各色人等，說話味道都不一樣。要掌握住人物說話的味道，翻譯是大學問哪！

說到囉嗦，白先勇的口氣，充滿了人間世「牽纏」的無奈，是那種不盡是嫌厭的愛惜。本來翻譯自己的作品，再怎麼「囉嗦」、折騰，想必內心還是欣慰不已的。一般人談翻譯，要求「信、達、雅」，看情形必須再加上中國人抽象的「神韻」的條件了。學者們研究白先勇的〈永遠的尹雪艷〉，「冰雪美人」的象徵意思都掌握到了，對於「尹」這個姓，有人解爲「隱」，卻料不到作者竟是從字形的美感去推敲的，這是一大發現。談到老女傭人對話，採用美國南方英文，確實是中西融通，妙不可言。尤其羅伯娘的說話口吻，這麼一來就有精神了。

我問：那麼倒過來的情形呢？你們對喬志高先生的修正改動，是不是也會有些意見？關鍵在哪裡？

白先勇說：是，我們也有堅持己見的時候。有時候高先生的稿子送回來了，我們看了，覺得我們還是要堅持，要原來的翻譯；高先生很好，他也並不拿長輩的架子壓我們，我們說，我們講理由，想法子說服他。就再修改，再請他看過，再定稿。所以《台北人》就這麼多人這樣子翻譯了五年。

白先勇從他自己翻譯自己作品的經驗，話題帶回到中、法文化交流的翻譯上，說：所以嘛，翻譯急不得的，慢慢來。如果只是就表層的意思翻出來，那很快，但不夠，你必須慢慢去斟酌原來的意思，要能傳達不同的文化背景之後的韻味。法國有很多文化背景之後的東西，你必須設法去了解，把它傳達出來。所以很不簡單。當初傅雷等人做得很不錯，像「楓丹白露」的翻譯名詞。好美喲！眞想得好。這就是學問。得花心思，下工夫才做得到的。

梅新說：小說都這麼難翻譯，詩呢？眞難，這種翻譯人才的培養也是大事。除了翻譯進來，也要中翻法，像借重法國這些國家級的漢學家的翻譯，把中國的作品介紹出去。

白先勇說：這批人才花那麼多年，鑽營一個領域，也應該讓他們好好發揮。也許不一定只在翻譯方面，一大批留法學生還可以在其他方面產生一些影響力。我覺得台灣人漢堡吃太多了，美國文化一面倒的影響，要調整。最近好像講究名牌開始，有點歐洲品味了，不過再深刻一點的，就看不出來。

梅新說：也許從通俗文化開始，再慢慢走上精緻文化，也是一條路。通俗文化先進來也不是壞事，可是，不能永遠停留在通俗文化的層次。

白先勇說：我覺得當年美國新聞處做了一件好事，一大套翻譯，到現在還是那一套翻得最好。張愛玲、林以亮等都是很稱職的。當時就是美國新聞處出錢，找了名家，讓他們慢慢翻譯。我們現在如果想做，也是要慢慢來，以十年爲期，就可以有效果。如果公家來做，書本定價低些，大學生買得起。一大套世界經典讀下來，該有的知識差不多就具備了。我自己對法國文學的認識，不也就是看傅雷他們的翻譯開始的?當時看的就是《約翰克利斯多夫》一類的書。

——原載一九九六年一月五—七日《中央日報》

從聖芭芭拉到舊金山

——加州訪白先勇

何華

一

一九八七年我在上海復旦大學讀書，作的學士論文是關於白先勇小說集《台北人》。那年四月，正好是白先勇闊別大陸三十九年後第一次回上海訪問，在復旦做客座教授。他對我的論文提了不少修改意見，並帶我去看了他小時候在上海生活過的地方。在路上，他一一告訴我，淮海路以前叫霞飛路，衡山路以前叫貝當路，福州路以前叫四馬路……反正在他的心目中只有「以前」。一天在和平飯店喝咖啡，老年爵士樂隊正在演奏比莉．郝麗黛（Billie Holiday）那首〈緞衣仕女〉，音樂是哀怨的，可又是絢麗的。醉生夢死中包含著不屈不撓。那晚，白先勇很開心，像是找到了丟失的東西。他說：「上海，就應該是這個調調。」

今年一月，我來到了美國聖芭芭拉，又一次見到了白先勇。

聖芭芭拉位於洛杉磯北面，是南加州最受歡迎的海濱度假勝地。地中海風格的建築，是聖芭芭拉的一大特色。白先勇一九六五年從愛荷華大學寫作班拿到碩士學位後，來到聖芭芭拉分校，教授中國語言文學，在此一住就是三十多年。一九九七年，加州大學聖芭芭拉分校特別建立了白先勇檔案，這一年白先勇正好六十歲。這個檔案的建立，是獻給白先勇六十歲生日的最好禮物。美國大學圖書館爲一個用中文寫作的東方作家開闢一個特別收藏區，這當然是個難得的榮譽。我相信這裡是白先勇研究資料最全的地方，收有白先勇作品的各種版本及譯本，白先勇研究專著及單篇論文，各種報紙、雜誌的專訪文章和新聞報導，根據白先勇小說改編的舞台劇和電影的影像資料。白先勇也將他所有的手稿全部捐獻給了圖書館。

二

白家座落在聖芭芭拉的隱谷（Hidden Valley），從外表看是一棟普通的平房，由於聖芭芭拉風景優美、氣候宜人，很多政壇要人、商界大亨、影視明星紛紛在此購屋度假，和這些豪宅相比，白寓反倒顯示出一種素雅之美，一種東方式的內斂。白先勇喜好中國傳統文化，房裡掛滿了名家書畫，有錢南園、黃秋士、吳照、左宗棠、徐悲鴻等人的眞蹟。他尤其喜歡客廳裡左宗棠的那副對聯：「應費醍醐千斛水，灑作蒼茫大宇涼。」這一墨寶跟著白先勇幾十年了，隨著歲月增加，對它的理解也與日俱增。白先勇是「紅迷」，至今床頭仍放著《紅樓夢》。他說：「我常常在這副對聯前，想到《紅樓夢》裡『白茫茫一片大地眞乾淨』的境界。人生到頭來，不過是一場空，中國佛教講來講去就是一個字——『空』。」

記得，我到聖芭芭拉的那天，白先勇收到台灣《聯合報》的傳眞，他的小說集《台北人》當選「台灣文學經典」三十本書之首。看到這份傳眞，很自然地我就問白先勇：「一部文學經典究竟有什麼價值和功用？」白先勇倒是答得直言不諱：「要說文學經典沒用，眞是一點用也沒有，也不能救國救民。杜甫的〈秋興八首〉救不了大唐的衰退，福克納那些小說也挽救不了美國南方的沒落，他的《聲音與憤怒》與美國當代科技的興盛毫無關係。要說文學經典有用，可以說，它是一個民族心靈的投射、一個根源。如果中華民族沒有屈原、杜甫、曹雪芹，我們這個民族將多麼蒼白；如果沒有福克納的小說，美國的精神文化就缺了一個大角；英國若少了莎士比亞，簡直不可思議。當然現在普通美國人，不會去看福克納的小說，只有大學裡才拿來作研究；杜斯妥也夫斯基的《卡拉馬助夫兄弟們》，一般俄國人也讀不下去，儘管這本書在知識分子中影響深遠。中國的文學經典與西方的還不太一樣，《紅樓夢》、《三國演義》、《水滸傳》、《西遊記》是雅俗共賞、深入民間的。中國文學經典的好處是『內行看門道、外行看熱鬧』。外行人看《紅樓夢》是寶玉、黛玉、寶釵的三角戀愛，大家族的吃喝玩樂。內行人則看人生的酸甜苦辣，看書中的佛道思想。中國文學高就高在這裡。」

白先勇認爲：「文學經典的功用，主要是情感教育，有了文學的教育，一個民族、一個人的感情要成熟得多，看過、看通、看透《紅樓夢》的人，的確要比沒有看過《紅樓夢》的人高出一截。文學很重要的一點就是教育人要有同情之心、悲憫之情。懂得原來書中人的困境、痛苦，我也有，我也要經過。突然間，會興起衆生平等的感受，其實這也就是宗教情感，有了宗教情感，文學才會達到最高境界。還有一點，文學教人懂得欣賞美。如何看夕陽，如何看月亮，如何看花開花落、潮來潮往。什麼是『淚眼問花花不語』，什麼是『一江春水向東流』，教人如何用詩人的『眼睛』去看大千世界。」

三

因爲是第一次去美國，對「浪漫港都」舊金山自然特別嚮往。白先勇一眼就看出了我的「心思」，爽快地說：「好，帶你去舊金山看看，那是美國西岸的文化重鎮，附近有柏克萊（Berkeley）、史丹佛（Stanford）兩所美國頂尖名牌大學，我的那篇〈遊園驚夢〉還是在柏克萊寫的呢！你應該去感受一下那裡的文化氛圍。」

舊金山是座美麗的城市，還有「美國詩角」之稱。四〇年代末、五〇年代初，羅伯特·鄧肯（Robert Duncan）和肯尼斯·雷克斯洛思（Kenneth Rexroth）等發起了「舊金山文藝復興詩歌運動」，這爲後來「垮掉一代」（Beat Generation）文學的誕生奠定了基礎。一九五五年，艾倫·金斯堡（Allen Ginsberg）在舊金山一間畫廊朗誦他的長詩《嚎叫》，震驚全美，「垮掉一代」從此風靡世界，舊金山也成了「垮掉一代的大本營」。

白先勇雖為小說家，可他對美國「垮掉詩派」也極有興趣，在舊金山，我們一起去了大名鼎鼎的城市之光書店（City Lights Bookstore），書店位於哥倫布大道二百六十一號，一九五二年，由詩人費林杰提開設，它的隔壁就是維蘇威咖啡屋（Vesuvio Cafe），兩者在五、六〇年代都是垮掉族詩人的聚會點。垮掉詩派的作品往往需要大聲誦讀才能產生震撼人心的效果，故舊金山有不少畫廊、書店、酒吧、飯店成了這些詩人的「布道場」，城市之光書店和維蘇威咖啡屋是最有名的兩家。白先勇每次來舊金山，都要到這家書店消磨半日，他說：「外面的世界一天一個變化，而這間書店總是老樣子，通往地下室的那段狹窄木梯，走在上面會發出輕輕的鼓點聲，讓人肅然起敬。洞中方七日，世上已千年。相對於現代科技的日新月異，文學藝術在本質上，幾千年來並無多大變化。」

走出城市之光書店，向右拐就是維蘇威咖啡屋，裡面客人多為中老年知識分子，想必有不少是當年的垮掉族和嬉痞族（Hippie），如今倒是一派學者風範。實際上，從七〇年代開始，不少垮掉派詩人也紛紛轉舵，走進大學殿堂，成為學院派一分子。那天在維蘇威，我們點了愛爾蘭咖啡，白先勇突然冒出一句：「眞希望去一次都柏林。」或許愛爾蘭咖啡使他想起愛爾蘭小說大師詹姆斯·喬伊斯及他的《都柏林人》。不少人都說，《台北人》和《都柏林人》在精神本質上是一致的，都是一首民族文化的輓歌。這次在聖芭芭拉圖書館還看到一篇碩士論文，比較《台北人》和《都柏林人》。愛爾蘭民歌也是白先勇所喜愛的，尤其是那首〈Danny Boy〉，他家裡收有多種版本這首歌的CD。愛爾蘭有它獨特的文化傳統，文學、音樂更是充滿鄉愁和悲情，白先勇從中一定找到了共鳴點。白先勇自己承認，歸根到柢他是個浪漫派作家；衆所周知，喬伊斯是西方現代派的鼻祖。我想問：就文學的本質而言，現代派、浪漫派或其他什麼流派究竟有沒有區別？

四

我把美國之行的壓軸戲放在了參觀加州大學柏克萊校區。柏克萊是西岸最有名的大學，一向以激進和革命著稱，尤其在六、七〇年代支持民權運動和反越戰運動中，扮演了舉足輕重的角色。白先勇對這間名校有一份特殊的感情，一九六六年，他的摯友王國祥在此讀博士學位，那年夏天，他從聖芭芭拉來柏克萊度假，完成了他的代表作〈遊園驚夢〉。一九八〇年他又在柏克萊東方語言文學系客座一學期。所以，這座大學城給他留下了難忘的記憶。我們是星期天去柏克萊的，校園裡十分安靜，有一種冬日的冷清。這樣的天氣，是會讓人心澄如鏡的。故地重遊，白先勇很快就找到了東方學院大樓，二樓的圖書館星期天照舊開放，不少東方面孔正在埋頭苦讀。白先勇告訴我，寫小說〈遊園驚夢〉時，他在這裡還借了不少參考書，如：湯顯祖的《牡丹亭》。

不過，校園外的電報街（Telegraph Avenue）倒是熱鬧非凡，儼然成了商業觀光區，街頭小販在此兜售各種手工藝品、紮染衣服、文具及電腦配件。眼前的景觀使白先勇大爲感嘆，他說：「以前，這條街上書店林立，三五步就是一間。」現在，我們走完整條電報街，也不過看到寥寥可數的幾家書店。不過，這條街上的市井閒情令人難忘。

離開柏克萊，正是黃昏時分，遠遠望去，校園裡的鐘塔（Sather Tower）已被夕陽染成了金色。我不知道，白先勇是以什麼樣的心情看這一片夕陽的。

——原載一九九九年新加坡《聯合早報》

文學的悲憫與溫情

——訪白先勇

周伯軍

九九歲末的暖冬天氣裡，台灣作家白先勇應上海文藝出版社之邀，有了一次滬上之行。從一九七九年北京《當代》創刊號首次刊載〈永遠的尹雪艷〉，到此次自選集《寂寞的十七歲》、《台北人》、《孽子》由上海文藝社出版，他的作品已廣爲大陸讀者熟知和喜愛。我算得上是他作品的愛好者，興趣催促著我「磨」得了一個專訪機會。

採訪話題是從白先勇的早期小說〈玉卿嫂〉等開始的。「在您的早期小說中，兒童視角以及兒童視角觀照下的性心理描寫，是兩個比較突出的特點。這與茨威格的某些小說有相似處，不知有否受到過他的影響？」白先勇笑了，「這個問題很有意思，我很少提到茨威格，但他確是我非常喜歡的一位作家。尤其是他的《一個陌生女子的來信》，不知反覆看過多少遍。但這裡更有著佛洛伊德的啓發：他讓我明白，不管人的外表有多體面或多落魄，他們內心的掙扎都是一樣的，每個人都有著內心的痛楚。佛洛伊德不僅以科學透視了人類心理，他更喚起人們同情內心，喚起對人心的敬畏和悲憫。」他的健談，往往給我許多「額外」的收穫。

白先勇是六〇年代台灣現代派小說的重要一員，他以自己的創作實力，被譽爲「六〇年代現代派的旗手」，轉眼三十多年過去，如今他又是如何評價現代主義文學運動呢？白先勇顯得很誠懇，他說：「六〇年代的現代主義文學運動不僅在台灣文學史上，在中國當代文學史上也是一個很重要的文學現象。它可說是一次 Mini（小型）的五四文學運動。它對於文學的意義首先在於藝術的自覺，儘管它也同時包含了現代人對內心困惑的省察等內容，但最重要的是，它使作家認識到文學是一門藝術。」他介紹說，前些時在有關台灣現代文學十大經典的評選中，除張愛玲等外，竟有七名作家都是當年現代主義文學運動的成員。「這個現象我想不是偶然的」。

白先勇對現代主義運動的評價，也可以見出他的文學觀：藝術表現當是衡量文學作品的最高標準。反觀其小說創作，無論是在視角的選擇、對話的安排、場景的轉換，還是在開篇和結局上，都足見用心。白先勇告訴我，這得益於他所受的新批評訓練，「我曾師從夏濟安先生學習英美文學，新批評注重文本分析和作品細讀的方法，對我影響至深。在幾乎是逐字逐句的文本分析中，我得以體味和學習到文學大師們獨具匠心的地方。」他由此談及他最看重的《紅樓夢》，「那裡邊的一句話、一道菜，都不是隨便說說、隨便寫寫的，都有著前前後後的關聯。」他的言語中流露出由衷的嘆服。

有意思的是，身為現代派「旗手」的白先勇，最傾心的西方作家卻是十九世紀俄國現實主義作家契訶夫、杜斯妥也夫斯基。問及緣由，他侃侃而談：「契訶夫創造了一種新的短篇小說形式，他不注重於講故事，往往從一個小的片段、小的情景，烘托出一種氣氛，這氣氛裡幾乎包容了人世間的萬有。這很像中國畫，往往一枝梅，已包容一樹；一角山，已包容全山。」他還特別佩服契訶夫小說的結構，「往往是一個看似平淡的開頭，不著痕跡，卻已鋪下了小說發展的所有線脈。還有，他的小說充滿了對人的溫情和寬恕。對於小說的人物，他從沒有苛責，最多只有一點點的嘲諷。」白先勇的這番話，也十分貼切地對應著我對他一些作品的閱讀印象。譬如〈遊園驚夢〉，所寫不過是錢太太和票友們的一次聚會，它的底色裡卻渲染著往昔的榮華和今日的落寞，觥籌交錯時的喧嘩和賓客散盡時的蒼涼。金大班的「最後一夜」中（〈金大班的最後一夜〉）也摺摺疊疊地蘊含了舞女大班的身世辛酸。這大概可以視作他寫作的某種追求吧？

白先勇說，杜斯妥也夫斯基對他的影響是對人的內心的挖掘。「杜斯妥也夫斯基是一位最進入人的內心的作家，在他的筆下，人心的罪惡、痛苦、無望展露得纖毫畢現。他的作品讀來有一種讓人近乎絕望的可怕。但可怕之後卻給人啟示：人心是那樣的不完滿，人們該如何善待脆弱的人心呢？」白先勇以為，文學的最高境界必然指向某種宗教情懷。因為能夠批判人的內心的，只能是更高的存在。那麼，文學對於人心，除了悲憫，還有什麼呢？「如果要我選擇兩部最偉大的作品，一部該是《紅樓夢》，一部該是《卡拉馬助夫兄弟們》。」他挺認眞地說，「它們分別代表了佛教文化和基督教文化的最高境界。」

想起了白先勇曾說，「我寫作，因爲我希望將人類心靈中無言的痛楚轉變成文字。」這大約是可以作爲解讀他所有文字的鑰匙。我望著談興正濃的白先勇，此時，他的臉上充滿了和善的笑意。

——原載一九九九年十二月上海《文匯報》「讀書周報」

一個小說家要懂得人性的孤獨

——專訪白先勇

謝其濬

問：你怎麼看故鄉對你的影響？

答：桂林（白先勇在桂林住到五、六歲）在歷史上一直是屬於流放的地帶，雖然落後，但是相對來說，很樸實，有一些很基本的東西，我所謂的烈性，特別是男女之間的烈性。像〈花橋榮記〉裡那種對感情的執著，或是〈玉卿嫂〉裡那種西南邊陲女性敢愛敢恨的性情。所以我想，桂林的山水，和廣西人的個性，應該影響我不少，我後來發現自己也有那種廣西人的蠻勁。

在病中體驗孤獨

問：童年時你生了一場大病？

答：對。一遷到重慶，我就被發現有肺病，立刻被隔離，大約有四、五年的時間，我本來是個很外向的人，很愛熱鬧，可是一下子就被孤立起來，好像是被囚禁。

問：大陸學者劉俊先生說，你小說裡常有一種被壓抑的孤獨感，他認爲這是在你生病那段時間形成的。

答：其實我覺得，寫小說不見得是寫自己，我要寫的是一種人類的感覺（human feeling），當然如果你自己經歷過，寫起來一定會比較深刻，但是你絕對不會只寫自己，因爲這樣，你的文學世界會變得很小。所以我說，一個小說家要懂的是人性的孤獨，這是我嘗試在寫的，我試著在懂得人的孤獨、沒辦法讓人了解。我想，如果小時候我很健康，跟很多同年紀的小孩子在一起玩，我可能沒有機會沉澱下來想很多問題。生這場病，的確讓我提早體驗到孤獨，不過這種孤獨感，人的一生遲早會碰到的。

問：像你一生中，經歷過很多地方，像是一個生命的旅客，你常常感覺孤獨嗎？

答：孤獨的感覺當然會一直都在。我記得一九八二年，我在國父紀念館做《遊園驚夢》，那眞的是盛況空前，演了滿滿的十場。最後那場演完，要拆台的時候，我進去看一看，我覺得一個人在那裡的時候，我覺得最孤獨，好像是一場熱鬧、一場繁華，一下子就沒有了。

問：很像《紅樓夢》的味道。

答：所以《紅樓夢》會這麼偉大，因爲這本書很早就碰觸到這種人類孤獨命運的主題了。

上海的風花雪月

問：你提到過上海的變化極大，變化在哪裡？

答：應該說，又變回它原來繁華大都市的樣子了。

問：那上海人呢？

答：上海人就是那個樣子，他們被共產主義壓了幾十年，非常不服氣、不以爲然，我想上海人內心裡對於北京那一套社會主義，嗤之以鼻，他們覺得他們原來那套才是眞的。基本上，即使嘴上不講，上海人把別人都看成鄉下人。上海骨子裡本來就是跟資本主義一拍即合。

問：你本來在上海的住所，好像變成了餐廳？

答：叫作越友餐廳，我還去吃過，菜不錯，而且便宜。

新台北人的風貌

問：你走過這麼多地方，桂林、重慶、南京、上海、台北，你覺得哪一個地方是眞正的故鄉？

答：故鄉？這很難說。要說我從小長大的地方，應該是桂林，但我在台北住得比較久，情感上、心理上，台北又是另一個故鄉。我在這裡很心安，因爲這裡有朋友、親戚，而且我的青少年時代和大學時代，都是在台北過的。我回美國還會有時差，要一個星期才會恢復，回台北就完全沒有這個問題。

問：那你對台北的變化有什麼樣的觀察？

答：現在可以說是新台北了，就物質建設來說，台北現在等於是一座新城，台北人可以說是相當喜新厭舊，不過基本上，現在整個台灣都在向前跑，不往回看，也不要歷史，一邊在拋開歷史，一邊在創造歷史。

問：所以你覺得現在的台北人是傾向不要有歷史，不要有傳統？

答：可能對他們而言，這是個負擔，但是他們不要這個負擔，把包袱都丟掉，感覺比較輕鬆，現在的年輕人走起路來都很輕的樣子。

問：像你在《台北人》中，對中國的歷史和傳統文化表現出相當深厚的感情，不過這十幾年來，台灣整個環境有了很大的變化。就以台北爲例，你覺得二十一世紀的台北該怎麼走下去？

答：我感覺台北這些年來一直在試著建設一個傳統，但是感覺好像很艱難的樣子。現在的台北人很急急忙忙，變來變去。

問：所以台北人是很急於尋找自己的身分，你覺得我們找得到自己的identity（身分）嗎？

答：在尋找自己的身分上，台北一直有這個問題。不過台北人是有些共同的特徵，像是優越感，這種莫名其妙的虛榮心，覺得別人都是鄉下人，這一點倒是跟上海人很像。

問：你很強調美這個元素，現在的台北人懂得「美」嗎？

答：台北人已經經過很多外國文化的洗禮，是開始慢慢在尋找什麼是「美」，甚至開始返回傳統。

就像是前一陣子我在台北聽崑曲，我發現其實有很多年輕的觀衆，平均年齡三十幾歲。台灣本土也有很多很美的東西，比方說台灣的流行老歌，像是我最近打開電視，都會聽到好多老歌，〈舊情綿綿〉啦、〈碎心花〉啦、〈孤戀花〉啦，都是很感情眞切的東西。

問：你對台北的未來很樂觀。

答：我非樂觀不可啊！

在海外尋找中國的根

問：你是什麼時候決定在美國定居？

答：我是一九六三年到美國，從一九六五年開始教書，所以我在美國待了三十幾年了。

問：我記得你以前寫了很多留學生小說，講台灣留學生面臨東西文化的衝突，你爲什麼選擇在美國待那麼長的時間？

答：因爲我一直在美國教書，所以就待了下來。我在美國那麼多年，對於美國人的優點，我很清楚，也很佩服他們，他們有這樣的成就，自然有他們厲害的地方。但是他們過分強調科技文明，還有他們的通俗文化，是我比較不喜歡的地方，所以生活在美國，對我來說，就更需要有中國文化的根，讓我在那個風雨飄搖的地方，可以更從容地生活下去。

問：你退休後都過著什麼樣的生活？

答：我現在喜歡種花，像園藝這些，基本上聖芭芭拉是座很寂靜的小城，我的生活算是很簡單。

問：就一個小說家的觀察，你對大陸發展是樂觀還是悲觀？

答：很難講，除非他們能最後拋開意識形態的包袱，當然不是馬上拋開，是慢慢消失，沒有了意識形態，就可以自由發展，中國人的創造力是很可觀的，這麼長的古文明，看看這次的兵馬俑。那是讓人無法忽視的。不過這個問題眞的是很複雜。

問：你的小說常常在討論歸宿，所以你怎麼看中國人的歸宿問題？

答：我想，歸宿是一個文化上的問題，從二十世紀以來，西方文明興盛之後，中國人好像都變得很飄泊，所以所謂找到歸宿，最後是回到文化上的歸宿，你是不是對自己的文化有所認同。

像台灣現在也在尋找文化上的根，我想，什麼時候我們找到文化上的根，什麼時候我們就有眞正的心靈歸宿。

關懷愛滋

問：你這些年非常關懷愛滋議題，爲什麼？

答：我想，愛滋病是近代人類的一個大災難，從八〇年代起，像洛杉磯、舊金山一帶，就有很嚴重的愛滋問題，許多年輕的生命就這樣消失。八〇年代中期，這個疾病開始竄流到台灣，但是媒體的報導，常常模糊焦點，造成愛滋病患的雙重歧視。所以我希望讓台灣人了解，愛滋病其實只是一種疾病，和別的疾病是一樣的。

問：談到健康這個議題，你好像一直有在練氣功？

答：大概在一九九三到九四年之間，我有暈眩症，也就是中耳失去平衡，西醫治療都沒效，後來我在聖芭芭拉遇上一個年輕的氣功師，就開始練氣功，我的暈眩症就慢慢消失了。

問：你現在還每天練嗎？

答：每天晚上睡覺前，大概會練上三十到四十五分鐘，我也把練氣功當成一種運動。

問：你覺得練氣功最重要的秘訣是什麼？

答：練氣功其實很簡單，就是要有恆心。我練了七、八年，精神眞的有變得比較好。

用小說探索人生

問：看崑曲好像是你生命中很重要的一部分？爲什麼？

答：我想崑曲是非常成熟精緻的一門藝術，融合了詩歌、舞蹈、音樂，非常非常動人。像前一陣子上海崑劇團來台灣演《長生殿》，我有好些作家朋友也去看了，結果都被感動得流淚。

問：你建議可以從哪些角度來認識崑曲？

答：我想崑曲和其他傳統戲曲不太一樣的是，崑曲的音樂大量使用管樂，所以聽起來特別好聽，崑曲的舞蹈身段也是非常漂亮的。我不覺得崑曲「曲高和寡」。

問：談到戲劇，我知道你非常喜歡寫《欲望街車》的田納西・威廉斯，爲什麼？

答：基本上，我非常喜歡美國南方作家的東西，像田納西・威廉斯和福克納，他們在刻劃人性上都很有一套，比方像《欲望街車》、《玻璃動物園》這些作品。

問：你會不會覺得你和田納西・威廉斯很像？因爲你們都非常擅長寫女人，也和姐姐的關係非常親密。

答：我想這部分的遭遇是相似的，我姐姐很不幸地也有精神分裂症。

問：我想替很多白先勇小說迷問的是，你現在還創作小說嗎？

答：我一直都在寫，但是寫得不多。小說對我來說，還是非常個人的一件事，一種很personal的探索和表現，所以我喜歡寫小說，那是我對人生的探索和表現。

——本文原載二〇〇一年三月《遠見》雜誌第一七七期

眉眼盈盈處

——二十一世紀上海、香港、台北承擔融合中西文化的重要任務

編按：

自一九九八年九月以來，香港城市大學張隆溪教授定期主辦文化沙龍，邀請香港學界、文化界的朋友一起談論大家關心、感興趣的文化話題。沙龍聚會每次定出一個講題，邀請一人主講，並與各參與者自由討論。一月二十日晚的沙龍聚會，張教授邀請白先勇先生做主講人，聚會約從八點半開始，到十一點結束。各嘉賓圍繞著「二十一世紀上海、香港、台北承擔融合中西文化的重要任務」暢所欲言，從白先生及各方精彩的言論中，雖可見這三個城市各有缺點，但又體察到它們的潛質與魅力，不禁教人聯想起宋王觀的詞句：「眼是水波橫，山是眉峰聚，欲問行人哪邊去，眉眼盈盈處。」——故本刊特別選載是次沙龍的演講內容，以饗讀者。

白先勇：說眞的，這次有點來去匆匆，而且在城大剛作了個演講（按：白先生當天下午在城大作了「我的創作經驗」演講），這一次我剛好走過幾個城市，北京、上海、台北，現在到香港，這個行程剛好碰到千禧年，我有一點感想。我在《明報月刊》上曾提到這三個城市：上海、香港、台北，我說，二十一世紀，這三個城市擔任中國文化復興的任務，是非常重要的（按：詳見一九九九年五月號〈世紀末的文化觀察〉）。這一次我去了北京，更加深了這個感覺。上次我談這三個城市有點語焉不詳，現在可以作些補充。

上海老早就是個開放的城市，三、四〇年代它就把歐洲和美國的文化吸收過來，並且跟中國文化結合，融進自己的骨子裡去，就中西文化的結合而言，上海可以說是個典範。從十九世紀開始，最大的問題就是中西文化的結合，兩者口徑對不起來，就走了岔路。上海融合中西文化，洋為己用，弄得比較好，這是上海的傳統。我小時候在上海，那是一九四六年，那時候上海根本不像中國的一個省份，它是另外一個世界。我印象中的上海眞的像個東方巴黎，它繁華、洋派，洋派中又羼有中國的東西，他們老早就會用西方的東西。到了四九年以後，上海沒落下去了。八七年我去上海，大吃一驚，飛機下來後漆黑一片，沒有路燈、街燈，上海像個大破落戶。我到老家看看，那些精緻的東西統統不見了。三、四〇年代起的歐式建築，添一點上海人那時搞的中國建築，滿好看的，近幾十年來加上去的，則完全不搭調。這幾十年來上海受了滿大的破壞。那時候，八七年，我就預言，我說給上海一個機會，讓它翻身，它一定很快就翻過來，因爲它原本有這個架構，這一回我再回到上海，它又轉變了，雖然並沒有完全恢復從前的樣子，不過正朝著這個方向走。

這次我去了上海圖書館、上海博物館，眞的很驚訝，上海把東西方文化結合得很好。它的經濟，以後一定更加繁榮，能帶動起長江一帶的發展，並且主導文化。

我也到北京去，北京的西化很不搭調。在上海放一棟現代建築不礙眼，在北京，他們放一棟李嘉誠大樓在那裡，好像孤單單的，跟周圍的環境都不搭調。北京該如何改變，該如何走向現代化，我也不曉得。世界貿易組織來了，歐風美雨擋也擋不住，上海有個根基，它的西化表現得比較和諧。二十世紀，中西文化結合不成功，走了岔路，現在從頭來過，上海可以做得比較快。對於洋化和西化，上海很願意如此，它不覺得那是強迫的，他們講英文自然得很，心理上對外來文化不拒抗，沒有自大、自卑等奇奇怪怪的想法。

上海對中國各地的影響有好有壞。壞的影響是大家亂學，像南京，它千年古都的尊嚴與格局根本不必去動它，他們把樹砍光了，隨便開路。南京的現代化該怎麼弄呢？我也不曉得。

北京故宮本來應該是最像樣的，可是也比不上上海博物館。上海博物館是上海人自己設計的。他們把古代跟現代結合起來，西洋的科技結合到博物館裡的古物中去，他們懂得用西方的科技與文化，場館裡的座位、燈光設計非常理想。我們的古文化經過現代的包裝，是不是可以發現另外一種美？——上海博物館給我這種感受。北京故宮裡黑漆漆的，裡面的文物彷彿是一片死文化。

香港有上百年跟西方結合的經驗，回歸以後，在文化上能扮演愈來愈重要的地位，它也是最開放的華人地區。今天我跟喇沙書院的老師、校長談起來，他們覺得現在英文教育受到了一些影響。我覺得，不管是不是殖民地，百年來，全中國沒有比香港這個地方培養出更好的英語人才，這是一筆不得了的財富。面對全球化這個趨勢，香港將扮演一個更重要的角色，香港這個地方擅長英語的人才能及時吸收外來文化。若二十一世紀沒有更大的政治變動，中西文化將有更大、更深入的撞擊，香港面對這個撞擊有它自己的根基。

回歸以後，知識分子對香港文化的定位開始做長期、深遠的考慮。從前，我覺得香港人沒有長遠的計畫，可是回歸以後，有了不一樣的思考。香港的影響在中國各地是到處可見的，廣州好像是香港的文化殖民地，什麼都學香港；上海的卡拉OK也唱廣東歌。

台北也是窗口朝外的另一站。它沒有經過「五四」運動、文化大革命等連根拔起、打倒傳統的激烈衝激——沒有經過這些衝激而走向現代化，台灣是一個例子。台灣相當尊敬傳統文化——雖然有時候流於口號式的——它同時也接受西方文化、現代化，其中有成功的，有不成功的，整個說來是滿成功的。我的結論是，中西文化如何融合、接觸，是過去一百年來多少學者討論不休的問題，二十世紀走了岔路，二十一世紀要重新出發，而這三個城市，對中西文化的結合，我以為是滿重要的，會影響整個中國大陸。我把這個看法提出來，跟大家討論，尤其是這裡剛好有這麼多香港的學者。

張隆溪：白先生說的中西文化如何結合的問題，是中國近代歷史上重要的問題。潘先生你們《明報月刊》曾專門做過雙城記——上海、香港——的比較，大概由你來發言最好。

潘耀明：像白先生講的，上海對外來文化的融合比較快。香港社會的洋化勝於傳統文化，像一些傳統節日顯得氣氛淡薄。我最近編《澳門歷史一刻》這本書，發現在澳門，傳統中國文化跟拉丁文化是共存的，兼收並蓄。澳門同時留下了許多清末民初的中國式建築和拉丁式的建築。香港並不注重文化古蹟的保存，在香港，英國和中國這兩種文化都不夠有特色。

黃維樑：白先生講的三個城市的確各有特色，但是，我覺得北京始終是個文化中心，說不定它的商業也會發展得很快，所以我覺得把北京漏掉很可惜。關於中西文化的交會、融合，或者說全球化也好，我覺得這是必然的現象。二十世紀已是這樣子，二十一世紀將繼續下去。香港是一個典型的例子。雖然英國人留下來的東西好像並不顯著，可是英國人留下的典章制度，它的精神，香港人的確是感覺到的。

中西文化交會、結合、互相影響，是人類文化發展的必然趨勢。也許二十一世紀，東方文化可以發揮更大的力量。二十世紀是受西方文化壓倒性的影響的。二十世紀中國文化並沒有發出什麼聲音，現在希望我們可以有比較突出的表現。一方面跟西方文化交流融合，一方面跟西方文化爭個長短。

錢文忠：白先生講的我很同意，作爲上海人，我也覺得上海發展得很快。但是，上海博物館、圖書館、大劇院之所以有今天的面貌，背後有三個故事，我想白先生不一定了解。

第一個是，博物館底下最漂亮的大堂，曾有人提議租給跨國公司作宴會的場所；第二個是，傳說上海高層領導討論過是不是把街頭小戲，比如像獨腳戲、上海的滑稽戲、滬劇都放進大劇院裡，好在最後否決了；至於上海的圖書館看起來美輪美奐、很現代化，但裡面的書經過搬遷後還不如不搬，因爲從用的角度來講，受了限制。比如說十五年前的日文圖書一律不上架，連目錄都沒有搬過來。所以上海發展的時候經過很多曲折，付出很大代價。這個代價今天不一定看得出，但將來一定會顯示出來。

我從老一輩的照片和回憶裡了解到，上海過去很流行的紳士打扮，倒不一定是穿西裝的，而是穿筆挺的西裝褲，穿一雙鋥亮的皮鞋，外面穿一件長袍，這是上海紳士典型的打扮。相比之下，北京就不一樣。一直到我在北大讀書、教書的時候，還是上面西裝，底下布鞋。這就是白先生所說的，上海一直有個很奇怪的模式，它隨時可以汲取很多東西，把它融合進來，但上海也會失去很多東西，這在將來可能會顯出惡果。

至於上海跟香港，我在香港只待了很短時間，沒有資格做兩個城市的比較。但是我剛到香港的時候，有個事情覺得很奇怪，那就是香港的路名。上海把外國路名翻譯得很美，比如霞飛路，那是法國將軍霞飛的名字。香港翻譯得很惡劣，比如說窩打老道、奶路臣街，這反映了上海接受外國文明跟香港有區別。但是香港有一個很健康的心態，它不拒絕接受外來的東西，完全開放，但是抱有可愛的調侃，跟外來東西調侃，比如稱「鬼佬」，上海則沒有這情形。

我在北京待了這麼多年，白先生講的有道理。李嘉誠這座大樓過去是東安市場，就是文人流連的地方，那裡可以買到許多外文舊書，今天當然買不到了。北京或許只能是個被遺忘的地方。北京這個地方要麼像義和團剪電線、殺洋人，對外來文化始終沒有一個健康心態。如果回顧晚清到民國、到文革時期，北京要麼崇洋，要麼刺洋，兩種態度非常明顯。一直到八〇年代我在北京念書，以及前不久中國駐南斯拉夫大大使館被炸，北京對外都是非常兩極化的，它隨時可以接受外來的一切，也可以隨時排斥外國的東西，不帶留戀地摧毀。北京可能只有在遺忘中才有生命。我是年輕人，很小就看白先生的書，長大後讀歷史，很欽佩白先生輝煌的家族，作爲晚輩來說，我沒有去過台灣，我對中國文化很悲哀，沒有白先生那麼樂觀。上海博物館雖然那麼好，但據說它連續收進假貨，若老一輩還在的話，這是很難想像的；故宮博物館就不用講了，連珍妃的黃金印都被盜走了。

在西方文化壓倒性的影響下，中國文化可能變成上海人西裝褲、西裝背心外面的長袍，中國文化再也不是貼身的襯衣，而是一件長袍。這件長袍在未來是不是還能存在，是不是在長袍外邊再加上法國人的風衣，誰也說不準。上海、北京的年輕人當中，對傳統文化的隔膜，經過大陸四九年以來的滄桑變化，近年以來外國文化的影響，根本沒有平靜的心態。基本上，北京的衰亡是肯定的；上海的成功是不是眞實的東西，或僅僅是幻象，也很難講。我沒有去過台北，對台灣一點也不了解，從一些沒有見過的老輩留下的書中，看到他們好像把希望寄託在台灣。

張隆溪：錢文忠是年輕的一輩，可是你的論調比白先勇先生更悲觀。

白先勇：我想，我沒法悲觀，我們已等了一個世紀，等著復興。文革對中國文化的摧殘，還未能做眞正的評估，我明白你悲觀的理由，這個傷痕不是一下子可以蓋過去的。可最終我總希望有個復興的機會，我看到上海有點恢復了，覺得很興奮。

剛才你講到年輕人對傳統文化的隔膜、無知，這心態是滿教人擔心的。他們向外來文化學習已來不及了，根本不回頭看自己的傳統。講到這裡我還有點知其不可爲而爲之。我到處推廣崑曲，小時候我看過一次梅蘭芳的崑曲表演，對崑曲之美有很深刻的印象。我眞正接觸崑曲是一九八七年到上海的時候，上崑（上海崑劇團）演《長生殿》，我看了非常感動。我們這麼美的藝術，文革以後，居然還在舞台上活生生地表演，我從那時候就非常熱愛崑曲。崑曲結合了中國的詩、舞、歌、劇，包含了許多傳統文化的元素和美學，現在還有那麼強的生命力，我就下決心要把它介紹到別的地方去，那時候我就有這個「悲願」。後來我有機會就請上崑的朋友到台灣表演。

現在崑曲在台灣有很大的影響力，它的觀衆大都是二十歲到四十歲的知識分子、大學生和大學教授，崑曲彷彿是他們安身立命的地方，讓他們得到文化、精神上的淨化和洗禮。這次張繼青到台灣唱《牡丹亭》裡的〈尋夢〉，整個劇院裡觀衆的呼吸好像都停止了，到了如此入迷的地步，由此我感到台灣的年輕人正回過頭來看看自己的傳統文化，雖然這個回顧不是很全面的。

多年前，我把上崑請去台灣演《牡丹亭》，在國家劇院裡一連表演四天，那是台灣第一次大規模的崑曲演出，那時候百分之八十的觀衆都沒看過崑曲，我很擔心到時只有小貓兩三隻，或者觀衆看一半就走了。哪曉得四天的票，一千四百多個位子，都賣得精光。看完後大家的反應空前熱烈，拍手鼓掌長達二十分鐘。年輕人看到中國傳統文化在現代舞台上表演出它的美，明朝時候的愛情故事已描寫得如此動人，愛得死去活來，原來西方的羅密歐與茱麗葉，我們早就有了。從那時候我就這麼想，給年輕人一個機會，讓傳統文化帶給他們震撼，讓年輕人對傳統文化有一種認識，一種了解和接受。

張隆溪：剛才白先生講的時候我想到了一點，覺得很有趣，比如說潘先生也覺得上海非常好；台北，也覺得不錯；對香港則比較保留。錢文忠從國內來，對上海看得更深一點，對上海也有所保留。知識分子對本地文化總是說得刻薄一點，採取批判態度，這是很可貴的。

另外，我也想到第二點，這是因爲我下個月要到美國去，開一個關於未來美國大學發展的會議，討論人文學科的教育問題。大陸前陣子有人文精神失落的討論，他們認爲以前是政治的高壓，現在則是商業的高壓。商業的高壓在香港也很明顯，尤其是人文學科的知識分子，覺得這不是個好時候。也許孔子在他那個時候是很倒楣的，而現在說孔子是文化大師，可是當時誰也瞧不起他，「知其不可而爲之」是別人罵他的話，這恰好是對知識分子很好的描述。

我在香港一年，對香港有很強烈的感受。香港好的地方是英國人留下的典章制度，包括法治精神等等；它的商業發展，金融中心的地位都是無話可說的；它的基本建設做得很好，像公共交通在世界上來說也是一流的。可是在文化方面，是極不平衡的，即使香港是這麼富裕的地方，有這麼好的人才。說香港是文化沙漠是太刻薄了，不過它的文化是不成比例的。在這種地方，恰好需要「知其不可而為之」的精神，如果我們這麼多人抱怨香港沒有文化，這個抱怨就是使香港有文化的起點。

黃維樑：剛才說香港的街道名稱，像窩打老道，諧音「我打老竇」，是非常粗俗的。但也有非常文雅的，像九龍城的延文禮士道、歌和老街，這都是從英語翻譯過來的。我用這兩個例子說明香港文化東西交會，有很壞的地方，也有很好的地方。人類本來就是很複雜的，何況是中西文化交會的地方。

我最近收到新亞書院出版的一本書，是有關香港書畫社的資料的，幾十年來，香港有幾百個書畫社。如果說香港沒有文化，我是第一個反對的。一九八五年四月號的《明報月刊》，刊出余英時先生的一篇文章（該文後來收入余先生的集子《文化關懷與中國情懷》），余先生說香港根本沒有文化，哪有文化危機可說，我馬上寫文章反駁。

一九七九年，香港市政局舉行文學節，白先勇先生那時候來香港，跟劉以鬯、余光中等人一起參與；更早以前，茅盾、蕭紅都在香港寫出不少東西，許地山在香港六年；早在十九世紀中期，王韜辦《循環日報》，他寫遊記、社評、詩歌、小說，有個中大同事王晉光教授說他是香港作家的鼻祖。他的特徵，成為後來金庸、羅孚的雛形。另一方面，我對中國文化一點也不悲觀。中國文化有非常強的生命力，野火燒不盡，春風吹又生。崑曲那麼精緻的藝術，哪怕十年、二十年的文化大革命，它仍留下來了——詩詞書畫也留下來了。不會因為一個領袖的倒行逆施就受到徹底破壞，中國文化幾千年的歷史，是不可能摧毀的。

馬家輝：我比較感興趣的是回到白老師提到的中西文化的撞擊，白老師說二十一世紀是重新出發的時候，那麼上海、台北、香港這三個城市，哪個扮演比較積極的角色？基本上我只去過上海兩天、北京一天，對這兩個地方完全不曉得。可是我在香港出生，在台北住過一陣子，我想比較這兩個地方。

文化的變動與改造有一個中介作用，這個中介，狹義來說，是一群知識分子；比較廣義的來說，是一個公民社會（civil society）。假如從這兩個中介來看，香港被台北遠遠地超過了。從前台灣還沒有解嚴的時候，香港比較開放，有言論自由，可是香港錯過了很重要的機會——民主制度的推廣，這個制度跟公民社會的發展有關，中英談判過程中香港早已落後了，台灣反而前進了。開放以後，台灣言論自由更厲害，像台獨什麼都可以講，從典章制度來說，台灣已超越了香港。而就廣義的中介——公民社會來說，台灣也超過了香港。香港什麼雜誌媒介都可以流進來，不過去真正用它們的人很少，發揮使用的空間也很狹窄，台灣就全不一樣，像女性主義，有什麼左翼、中翼、右翼、保守、環保等女性主義，每個方面都有很嚴肅的辯論，在社群裡加以推動。

台北的典章制度雖然還有點混亂，可是言論自由、民主化已大大開放，超越香港，在爭取民主、解嚴的過程裡面，整個公民社會都參與了，加上大學入學率、通訊網（network）的普遍率等數據的比較，我以爲在二十一世紀裡重新出發——我先把北京、上海都放在括號裡面——台灣可以承擔積極的責任，讓中西文化的撞合朝理想的方向發展。

白先勇：我想隔了距離，從外面看某個地方，總是覺得美好一點。

——原載二〇〇〇年五月香港《明報月刊》

與崑曲結緣

——白先勇vs.蔡正仁

白先勇：我跟蔡正仁先生有戲緣，一九八七年，在差不多過了三十九年之後，我又重回上海，心情那個激動勾起很多兒時的記憶。但收穫最大而且影響我深遠的，就是看到了上海崑劇團（以下簡稱上崑）他們第一次排演的《長生殿》，兩個小時又四十五分鐘的劇本，那是比較完整的一個晚上可以演完的本子，我看的時候正好他們演最後一場。

蔡正仁：對，首次公演的最後一場。

白先勇：很巧，剛好我聽到就去看了，因爲我從小就喜歡崑曲，但是在外面看崑曲的機會不多，那次是很難得很難得的機會看到上崑的《長生殿》。幾乎三小時的精彩演出，戲曲效果對我的衝擊是不可衡量的。一演完，我站起來拍手拍了十幾分鐘，人都走掉了，我還在拍，那晚我非常非常激動，那是第一次看蔡先生的唐明皇，太好了，有驚為天人之感，華文漪跟他兩人相配，把大唐盛事、天寶興衰統統在舞台上演出來了，那種感覺實在是一輩子難忘。那是一九八七年的春天，五月我記得很清楚，我要走了，過兩天就要離開上海。

蔡正仁：那個時候，他本不想公開他的上海之行，就是看了這個戲，他一定要跟我們見見面，這下就公開了。

白先勇：我還意猶未盡，到後台去請教，跟蔡先生他們一夥，編劇、導演，還有些演員，跟他們談這個戲，還和你們照相。

蔡正仁：我印象很深，他到我們團裡一坐下來，就先把〈長恨歌〉的幾句詩念出來了，我一聽，噢喲，是知音來了，感覺距離一下子就近了。打這次起，成了好朋友。他跟《長生殿》、跟上崑有緣。我有時覺得世界上的事情眞是很有意思，如果他當時不知道這個消息，也許我們認識要推遲很多年，如果他晚一天聽到消息，我們演出結束，那他也看不到。

白先勇：而且我還特別愛好，如果看了，就走了，也就沒有什麼了。我這個人是熱愛藝術，各種門類的表演、繪畫、音樂、文學，藝術層面達到某種境界時都讓我感動，那種感動，是美的感動。崑曲美，它是結合音樂、舞蹈、文學、戲劇這四種形式，合在一起合得天衣無縫。那樣完整的一種藝術形式，我要講一句，不要說中國的戲曲中少有，世界上，也少有。接下去講就很有意思了，這個緣扯得深了。後來跟他們談完了，我興猶未盡，臨時起意，說我做個小東，請大家吃飯，煮酒論詩，再繼續下去。在上海，那時候找個飯館不簡單的。

蔡正仁：我們那個紹興路離開襄陽路的喬家柵很近，除了那兒，當時也沒有幾個吃飯的好地方。可是一到那兒，我傻掉了，全都客滿。哎呀，我想今天這麼一個好機會，找不到吃飯的地方，這是很遺憾的。我靈機一動，想到了汾陽路的「越友酒家」，是上海越劇院辦的，他們的經理認識我們，我馬上一個電話過去，問能不能給弄一桌，他說沒問題。我很高興，可是我又很擔心，因爲這個地方，我們都知道，是白先生小時候住的地方。

白先勇：是我的老家。

蔡正仁：號稱「白公館」，當時我一聽，想會不會……

白先勇：這太好了，也不是有意的。

蔡正仁：眞是很有意思，我是有點擔心，怕他觸景生情。

白先勇：我心裡想笑啦，這下好玩啦，三十九年沒有回來，第一次回來請客請到自己家裡面去，我眞的很高興，但是我也不知道他們知不知道，我也不講。

蔡正仁：他以爲我們不知道。

白先勇：好玩得很，心裡有數，眞是高興極了。就在一個小廳裡，我小時候在那裡玩的，三十九年之後再請客請到那裡，請的又是戲劇界的人，這人生眞是太戲劇化了。我寫了篇小說叫〈遊園驚夢〉，這下可眞是遊園驚夢了。

●

白先勇：三年前，台灣新象文教基金會，民間專門推展表演藝術的一個團體，主持人叫樊曼儂，她對崑曲有特別的愛好，經常不惜工本，邀請大陸的演出團體到台灣演出，樊曼儂女士有台灣的「崑曲之母」之稱。三年前，上崑、浙崑、湘崑（湖南）、北崑、蘇崑（蘇州），五大崑班都被邀請了去台灣，演了十四天，盛況空前，可以說，在某方面這也是一個崑曲比賽。幾代的名角，統統上場，每個人都把壓箱子的功夫拿出來了。蔡正仁先生就把他最拿手的傢伙扛出來了，就是《長生殿》裡的一折「迎像·哭像」。因爲有很多名角，蔡先生這次是「卯上」了，那一次演出，哎呀，我是跳起來拍手的；我們的評分，那天是蔡先生的「迎像·哭像」拿了冠軍。這齣戲是崑曲中考你功夫的，做功、唱功，一個人半個多小時的獨腳戲，要把歷史滄桑，唐明皇退位後那個老皇的心境：悔、羞、蒼涼、自責，這種複雜的心境統統演出來，演得觀衆如癡如醉。那是他的老師俞振飛先生的傳家之寶。

蔡正仁：這個戲是《長生殿》後半部當中非常精彩的一折，主要是描寫唐明皇逃到成都以後，因爲楊貴妃死掉了，他心裡一直思念她，就讓人把楊貴妃雕成像，跟她生前一模一樣，把她供在廟裡，這個戲叫「迎像·哭像」，是唐明皇看見楊貴妃的像以後觸景生情，聲淚俱下，然後就回憶。這個戲整個是一個演員連唱十三支曲牌，要唱半個多小時，而且沒有休息時間，一段唱下來，念一句白，再連著唱下去，崑劇不像京劇有過門。我記得我剛學好這個戲演出時，簡直連換氣都來不及。崑劇由於成套曲牌，到最後的尾聲常常是最高腔放在最後，這就給演員創造了一個很大的難題，你沒有深厚的基本功，唱到最後你會聲嘶力竭，人家對你的好感美感，你這一聲嘶力竭就全都沒有了。因此要求演員始終以飽滿的情緒，要使聲音愈唱愈好，這個就難了。你整個的嗓音，通過幾段唱詞把感情淋漓盡致地揮發出來，這是非常重要的。

白先勇：靠表演，靠一舉手、一投足，要把感情表達出來，獨腳戲一樣表演。

蔡正仁：每次這個「哭像」演完，我都要花很長的時間才能緩過來。唐明皇當時這種心情我是很投入地去體會，到最後，他說到什麼程度：我寧可和你一起死，我死了以後還可以到陰曹地府和你配成雙，如今我獨自一人在這兒，雖然沒有什麼毛病，可是我活在這個世上又有什麼意義。這個皇帝唱出這種心情……

白先勇：後來看到楊貴妃的那個雕像迎進去了——一下子，大家都掉淚了，哈——因爲說眞話呢，看的人都有些水準呢，大家都有自己的隱痛創傷，各懷心事，統統給你勾起來了。我的很多文學界朋友，像施叔青、李昂，都是有名的女作家，還有朱天文，看完了以後跑過來，「哎，」我說，「你們幹什麼，眼睛都紅紅的。」這些女強人跟我說，「哎呀，太感動了，眼淚都掉下來了」。我記得演出終場時，許倬雲先生，很有名的歷史學家，也喜歡崑曲，他就拉著我的手說：「這個『哭像』演得太好了，表演藝術到這種境界，我是非常非常感動。」好多人感動。海外還有一位朋友說，看了《長生殿》，才知道什麼叫作「餘音繞梁三日不去」，哈哈哈！《長生殿》這個戲是傳奇本子裡的瑰寶，我覺得它是繼承〈長恨歌〉的傳統，這個大傳統從唐詩、元曲一直到清傳奇，這一路下來，一脈相傳，文學上已經不得了了；還在戲劇的結構方面，「以兒女之情，寄興亡之感」，歷史滄桑染上愛情的失落，兩個合起來，所以第一它題目就大。當然，你從歷史的角度來看，會批判唐玄宗晚年怎麼聲色誤國，與楊玉環之間的愛情並不純粹，這是對的。但是文學跟歷史是兩回事，我覺得文學家比歷史學家對人要寄予比較寬容的同情。歷史是枝春秋之筆，是非、對錯，都是客觀的，但人生是更複雜的，人生真正的處境非常複雜，那是文學家的事。《長生殿》洪昇的關切還是在李楊之間的情，我覺得最精彩的下半部，是在楊貴妃死了以後，唐明皇對她的悼念，對整個江山已經衰落以後的一種感念。這後面是愈寫愈好，愈寫愈滄桑。到「迎像·哭像」又是在蔡正仁先生身上演出來了。他在那兒，抖抖袖子，抖抖鬍子，就把唐明皇一生的滄桑辛酸統統演出來了，他一出來念的兩句詞：「蜀江水碧蜀山青，贏得朝朝暮暮情」，氣氛就來了，那是唱作俱佳。我這一生看過不少好戲，那天晚上卻給我很大很大的感動，那是一種美學上的享受，難怪我那麼多朋友都「泫然下淚」。還有一位企業家的太太，是國文系畢業的，她看過《長生殿》本子，對李楊的愛情持批判態度，說不道德；而且，這位女士很堅強，她說她很少哭，但沒想到，看這「哭像」，居然感動得落淚。這裡有個標準，歷史的批判與藝術的感動，她說寧取藝術上的感動。那就是蔡正仁演得好，這個戲演得不好，對她來說就不能看，所以表演藝術就在這個地方了，詞很好，演得不好，差一點功夫，這個戲不能看。

蔡正仁：沒什麼好看。

白先勇：不能看的，你說一個老頭子在台上自艾自怨，唱半個小時，怎麼得了呢！那天晚上，他的一舉一動都是戲，那已經垂垂老去的老皇的心情，最後的感慨。那個時候恐怕有六七十了吧！

蔡正仁：將近八十，因爲他跟楊貴妃的時候已經六十多了嘛。

白先勇：你看，老皇，把花白的鬍子抖起來，「唉——」嘆口氣，你那兩下眞好，袖子抖一抽，「唉呀」，一切盡在不言中，起駕回宮。那麼一折，是唱服了。

●

白先勇：我就跟樊曼儂女士商量，演一折不過癮，那個兩個多小時的《長生殿》在台灣也演過，也不過癮，那折子戲都濃縮了嘛！要把它排出來，排長一點。因爲台灣的觀衆現在很有水準。我有一句話，後來常被引用的，我說：「大陸有一流的演員，台灣有一流的觀衆。」

蔡正仁：我補充他一句，我一直有這個看法：不是說觀衆是靠演員培養出來的，恰恰相反，我認爲演員是靠觀衆培養出來的。觀衆是水，演員是魚，一條好魚，沒有高水質的水存活不了，要麼死亡，要麼適應汙濁的水，自己也變成汙濁的魚。我們上海崑曲團去了台灣四次，四次去都是大型的演出活動，第一次是去演《長生殿》，在台灣最大的劇院……

白先勇：不是在那裡，是在國父紀念館。

蔡正仁：有兩千多、將近三千個座位。一看那個劇場我就傻掉了，太大了。崑曲從來沒有在這麼大的地方演過，我非常擔心演不下去。觀衆離開太遠，根據我的經驗，這麼大的劇場，肯定觀衆就很吵，氣氛就不好。還沒上台之前，在後台我還以爲下面沒有觀衆，因爲鴉雀無聲的。觀衆還沒來？可是一出去看，下面坐滿了，黑壓壓的一片，這個給我的印象非常深。在台北演出，你不要擔心有什麼ＢＰ機、手機的聲音，絕對是沒有的。觀衆欣賞藝術的這種氣氛，對演員的壓力反而增大，我覺得在台灣演出絕對是要把你所有的能耐全都發揮出來，不可能藏一點。

白先勇：那時候有一些台灣觀衆飛到上海來看他們的預演。到了台灣以後，怎麼蔡正仁就不一樣了。台灣的觀衆要求高，你要是唱得不足、不夠，他會不滿。而且還有點痲煩，你們愈唱，台灣那些觀衆胃口愈來愈大，下一次你還要「卯上」，現在這樣的表演已經不足，你下次再來，我要你更好。

蔡正仁：這就是高水準的觀衆促使演員不能隨隨便便，如果你經常在這樣的觀衆面前演出，那各方面的水準就會提高。

白先勇：是這樣子的。因爲崑曲在台灣已經確立了一個信念：這是一種非常精美高雅的藝術，來欣賞就得好好的聽、好好的看。台灣的崑曲觀衆有幾個特性，第一是年輕觀衆多，這很奇怪，不像京劇。平均年齡是二十到四五十歲這個年齡層最多，反而是六七十歲的人不多，這表示很有希望，大學生、研究生、年輕知識分子、老師、教授，許多許多人喜歡崑曲。

蔡正仁：所以我說句實話，我們有很多戲在這兒已經久不演了，原因很簡單，就是知音不多，《長生殿》上下兩本，如果不是到台灣的話，我們就不可能排。這倒不是說這兒沒有好的觀衆，有好的觀衆，但是整個氣場不像台北那麼集中，給我留下那麼深刻的印象。

白先勇：我想台灣的觀衆，年輕的中年的知識分子，我們已經受過很多洗禮了，許多西方一流的藝術都到過台灣，都去看過了，芭蕾、交響樂什麼的，當然世界級的東西都很好，也提升了觀衆的層次，但我們總覺得有種不滿足——我們自己的文化在哪裡？自己那麼精緻的表演藝術在哪裡？崑曲到台灣第一次眞正演出是一九九二年的《牡丹亭》，是我策畫的，把華文漪從美國請回台灣，還有史潔華，也是上崑的，從紐約請回去，再跟台灣當地的演員合起來演的。那是第一次台灣觀眾眞正看到三小時的崑劇，是上崑演過的那個本子。那個時候，國家劇院有一千四百個位子，我宣傳了很久，說崑曲怎麼美怎麼美，提了七上八下的心，擔心得不得了，心想我講得那麼好，對華文漪的藝術我是絕對有信心的，但整個演出效果，觀眾的心我就不知道了。台灣觀眾沒看過這麼大型隆重的崑曲表演，只是聽了我的話，我說好，他們來看。等於押寶一樣，我的整個信譽押在上面。國家劇院連演四天，四天的票賣得精光，我進去看，大部分是年輕人，百分之九十的人是第一次看。看完以後，年輕人站起來拍手拍十幾分鐘不肯走，我看見他們臉上的激動，我曉得了，他們發現了中國自己的文化的美，這種感動不是三言兩語講得淸的。後來很多年輕人跟我講：白老師，你說的崑曲是眞美啊。

蔡正仁：其實嚴格講白先生並不是從小就看崑曲的。

白先勇：不是的不是的。

蔡正仁：白先生小時候是崑曲很衰落的時期，那時是京劇的世界。

白先勇：沒有崑曲，崑曲幾乎絕了。

蔡正仁：快要奄奄一息了。我們是被第一批「傳」字輩培養起來的。

白先勇：不錯，我覺得最大的功德是把「傳」字輩老先生找了回來，訓練蔡正仁先生他們那一批。他們是國寶啊，是要供起來，要愛惜他們的。但是我們還是有個很大很大的誤解，崑曲到今天之所以推展不開，就是這個問題，認爲崑曲是曲高和寡，只是給少數知識分子看的，一般人看不懂，大謬不然。不錯，可能在明清時代，在崑曲沒落的時候，是這樣；像《牡丹亭》、《長生殿》，詞意很深的，所以你要會背、會唱，你才懂。但別忘了，爲什麼崑曲在二十世紀末、二十一世紀又會在台灣那麼興起來？我以爲很重要的是，現代舞台給了這個傳統老劇種新的生命。爲什麼？有字幕啊，你沒有藉口，說我看不懂。中學的時候〈長恨歌〉大家都看過、背過，你能夠看懂〈長恨歌〉，就應該看懂《長生殿》；第二，現代的舞台，它的燈光音響和整個舞台設計，讓你感覺這個崑曲有了新的生命。

蔡正仁：接近現代的觀衆，他感覺到了視覺上的美。

白先勇：我在紐約也看過《牡丹亭》，現代的舞台，音響、燈光、翻成英文法文的字幕，外國人坐幾個鐘頭不走。最近我碰到一個翻譯我的小說的法國漢學家，叫雷威安，翻譯《孽子》的，他告訴我，他把《牡丹亭》翻成法文了，看了之後受感動，翻成法文了。聽說《長生殿》在大陸有英文本子了，不知是楊憲益還是誰翻的。所以我就跟樊曼儂女士講，《牡丹亭》可以整本演，《長生殿》那五十齣重新編過，演四天、五天、六天，每天三小時，全本演出來。這麼重要的一段歷史，而且我們有演員呢，上崑他們有底子啊。

蔡正仁：我要補充白先生說的，崑曲這個劇種，雖然目前我們劇團不多，從事崑曲的人也不是很多，加起來也不過五六百人，但是這個劇種的藝術價值、文學價值，應該說在中國是最高的。

白先勇：沒錯！

蔡正仁：這是海內外公認的，也是我們的戲曲史、文學史上早就公認的，中國戲曲的最高峰是崑曲。可能因此就產生一個問題，人家說：啊呀，崑曲是曲高和寡。確實，它有曲高和寡的一面。但反過來講，崑曲也有很通俗的一面。

白先勇：很通俗，這個大家知道。崑曲的小丑很重要的，像你們那個《思凡》、《下山》；還有重要的一點，崑曲愛情戲特別多，《牡丹亭》、《玉簪記》、《占花魁》，愛情戲很多觀眾要看。崑曲有很多面，它很複雜很豐富的。你那個《販馬記》很通俗吧。

蔡正仁：通俗通俗。

白先勇：講夫妻閨房情趣，很細膩，看中國人愛老婆疼老婆。

蔡正仁：我小時候聽我們老師說，說崑曲中的小花臉，二花臉（白臉），或者大花臉，其中只要兩個花臉碰在台上，要把觀眾笑得肚皮疼。

白先勇：崑曲的丑角要緊，非常逗趣的，一點不沉悶，觀眾眞是誤解。我一直要破除這個迷信，說崑曲曲高和寡，我說崑曲曲高而和衆。在台灣演，有時候，整個戲院會滿的，觀衆看得熱烈極了。

蔡正仁：我覺得需要時間，就像你培養一流演員一樣；需要不斷努力，才會慢慢出現一流觀衆，不是那麼容易的。我記得剛剛改革開放，大學裡頭，同學中互問說，你喜歡什麼，說我喜歡唱歌跳舞，趾高氣揚的，一問到哪位說，我喜歡京劇，或者說喜歡崑曲，大家都笑，而且他也不好意思說，感覺到他是老骨董、老落後、小保守。但是現在這個氣氛都沒有了，那就是一種進步。前十年好像喜歡傳統民族的東西很丟臉的，我當時很不理解，可就是那麼回事。

白先勇：西方人還不知道我們有那麼成熟的戲劇，《牡丹亭》眞讓他們嚇一跳，他們不知道我們在四五百年前已經有這麼成熟、這樣精緻的表演藝術，可以一連演十幾個鐘頭的大戲，還不曉得，最近才發覺。所以，這個衝擊很大。

蔡正仁：特別是現在我們面臨加入世界貿易組織，這意味著眞正的開放，非常深層次的開放，這就給我們每個中國人提出了一個新課題，就是我們既然開放了，就要顯示我們民族所特有的東西。你外面的大量進來，我也要大量的出去。

白先勇：出去就選自己最好的出去，不要去學人家，學人家你學得再好都是次要的。當然你可以學西洋音樂、學西洋歌劇，可是你先天受限，你的身量沒有他那麼胖那麼大，你唱得再好，他們聽起來都是二三流的。從小生活的環境氣候不一樣，文化不同，你這個體驗不對，內心不對。

蔡正仁：我把白先生的話衍生開來，我們作爲中國人，能夠把崑曲一直保存到現在，我認爲這個事實本身就非常了不起，要保存下去，發揚光大。

白先勇：樊曼儂，台灣的崑曲之母，她本身是學西樂的，她是台灣的第一長笛，前不久在這裡的大劇院還表演過，她是什麼西洋的東西都看過了，我們看的也不少了。憑良心說，不是西洋的東西不好，人家好是人家的，他們芭蕾舞跳得好，《天鵝湖》好，那是他們的，他們的《阿伊達》、《杜蘭朵》唱得好，那是他們的，我們自己的呢？

蔡正仁：我們可以花三千萬排一個《阿伊達》，我們爲什麼就不可以花幾百萬排《長生殿》，把這個排出來，我認爲它的意義要遠遠超過《阿伊達》。

白先勇：我是覺得你排得再好的《阿伊達》，你在哪裡去排，你排不過人家的。

蔡正仁：場面很大，而且主演都是外面來的。

白先勇：等於借場地給人家演。唱義大利文，「啊——」，你哪裡懂，你一句也聽不懂。《杜蘭朵》北京那個戲我在台北看電視了，那個中國公主嚇我一跳，血盆大口，一個近鏡頭過來，誰去爲她死啊。歌劇啊，只能聽，它沒有舞的。我去看一個《蝴蝶夫人》，普契尼的悲劇，唱到最後蝴蝶夫人要自殺了，那個女演員蹲不下去，半天蹲不下去，啊呀，我替她著急，一點悲劇感都沒有。我寧願回去買最好的CD聽，不要看，破壞我的審美。歌劇聲音是美透了，但是沒有舞，芭蕾，舞美透了，但沒聲音，有時候你不知道她跳什麼，我們崑曲有歌又有舞，還有文學。歌劇的文學沒什麼的，唱詞很一般。

蔡正仁：我現在感覺到一個民族要興旺，如果對自己民族的東西不屑一顧，那麼這個民族興旺有什麼意義呢？

白先勇：興不起來的。我有次跟朋友談起，覺得我們這個民族最大的問題，是這麼多年來，從十九世紀鴉片戰爭以來，中國遭列強入侵，我們最大的傷痕，是我們對民族的信心失去了。失去民族信心最重要的一點表現，是我們的美學，不懂得什麼叫好、什麼叫美、什麼叫醜，這個最糟糕。

蔡正仁：對，你已經把這個問題說到一個非常重要的領域裡。

白先勇：你看我們傳統戲曲裡面的衣服，顏色設計得多美啊，我們怎麼不會去欣賞。現在歐美時興的又是灰的黑的，一點顏色也沒有。中國顏色很美的，我們的美學判斷丟掉了，糟了！所有的問題都出來了。

蔡正仁：我有個感覺，自己是幹了四十多年的崑曲，我眞的是深深體會到：有些藝術你一接觸它非常好，可是時間一多，就覺得也沒什麼，漸漸把它淡化了。崑曲很奇怪，沒有接觸以前，覺得好像很高深，但你一旦跨入門以後，就會覺得愈來愈美，簡直其樂無窮。而且，你看我唱了四十多年崑曲，可是我一聽到《牡丹亭》的〈驚夢〉、〈尋夢〉……

白先勇：那一段我聽到心都碎掉。

蔡正仁：它的旋律那麼美，你難以想像它美到什麼程度。我每次聽了以後，都要感嘆一番，我們的老祖宗在幾百年前就有了那麼好的曲子，這種藝術是會愈來愈使人著迷，而且愈來愈覺得裡面有廣闊的天地，覺得永遠學不完，這種藝術眞是不太多的。

白先勇：我要講一句話，在國際上，中國表演藝術站得住腳的只有崑曲，不是關起門來做皇帝自己說好，要拿去跟別人比的。

蔡正仁：這個我跟您有同感，我到德國、美國去，他們不知道有崑曲，一旦知道有崑曲，外國人絕對是感到很驚訝：怎麼有這麼精緻的藝術，而且他們能接受。兩年前我在德國慕尼黑，演了《遊園驚夢》、《斷橋》，還演了一個獨腳戲《拾畫叫畫》。當時我非常擔心，德國人怎麼知道我一個人在唱什麼，他們不要我們打字幕，說：你這樣一打字幕，我究竟是看字幕還是看你。他只要一個人，出來把劇情介紹一下，講三五分鐘，之後，我就上去一個人唱《拾畫叫畫》，又唱又作。很奇怪，凡是國內有效果的，下面全有。

白先勇：德國的行家多，相通的啦，藝術到某個地方是相通的。

蔡正仁：而我們現在青年中比較普遍存在著一種浮躁心情，很少有人能很耐心地靜下來觀賞一門藝術，或是來鑽研一門功課，他現在學功課也是比較重實用意義的。

白先勇：都能理解，這有一個時間過程。現在是慢慢賺錢，然後幹麼呢？要欣賞藝術，要有蔡正仁：精神上的追求。我想要有個過程，台灣要不是樊曼儂，我們幾個人大喊大叫，也不見得怎樣。我相信大陸也有有心人，大家合起心來，有這個力量。還有政府也要扶植，你看他們外國的芭蕾也好、歌劇也好，都有基金，因爲這種高層次的藝術，絕對不能企望它去賺錢，或者是企望它去賺錢來養活自己，不可能的。

現在從政府的角度來講，他們也是比較支持的，特別是上海，咱們崑劇團的經費是絕對保證的，這一點應該說是已經做到了。問題是除了這個，這個很重要，還不夠。比如說，你怎樣讓更多的人來欣賞這門藝術，怎樣把這門藝術提高推廣，我講的提高還有地位的提高。

白先勇：比如說，要在大劇院，在什麼音樂節、藝術節的時候，演全本的崑曲。

蔡正仁：最關鍵重要的演出活動，就要有崑曲來參與。在日本，如果我把你請到劇場去看能劇，那你就是貴賓。

白先勇：是這樣子，看能劇要穿著禮服的。

蔡正仁：那麼對外國人來講，我今天到中國來看崑曲，是主人給我們最高的一種待遇。

白先勇：對了，我贊成這個，崑曲應該是在國宴的時候唱的，因爲它代表最高的藝術境界、藝術成就。

——原載二〇〇一年六月上海《藝術世界》

白先勇與余秋雨論《遊園驚夢》、文化、美學

白先勇生平接受過無數次的訪問，但是在民國八十一年十月六日卻破題第一遭訪談了也是第一次抵台開會，甫卸任的上海戲劇學院院長余秋雨；以下是他們二位的對話。

拉緊文化的纜繩

白：我今天所要訪問的余秋雨教授是當今中國著名的文學理論家、美學家、也是戲劇學家。他所著的幾本書在中國的學術界、文化界及知識界已產生深厚廣大的影響。我們非常高興余秋雨教授能到台灣來訪問，這一次余先生到台灣是因爲《牡丹亭》的演出及參加

「湯顯祖與崑曲研討會」而來。

我和余先生結的是崑曲之緣。第一次和余先生見面是一九八七年在上海看華文漪演出《長生殿》，第二次見面在廣州，我自己的《遊園驚夢》在廣州上演，余先生是我們舞台劇的文學顧問，這跟崑曲也有關係，第三次又在台北的國家劇院看華文漪演出《牡丹亭》。我想現在就從這裡開始訪談。

以余先生博大精湛的學問，而就我所能理解的幾個角度，請余先生發表一些言論給我們台灣的文化界、知識界有所教化。

我提出的第一個問題，依據我多年來與余先生書信交往，及從他的著作中發現，這個問題也是余先生很關切的一個主題。這是一百多年來中國知識分子所歷經過的困惑與難題。這就是中國傳統和現代傳承這兩個因素如何結合起來?而在近代中國，傳統文化似乎特別舉步維艱，我們現在就由這次演出的《牡丹亭》講起。這個已經有四百年歷史的戲，呈現在二十世紀末的現代舞台，要現代的觀眾來接受，這個艱辛的傳承造成的原因，以及您看了這個戲的感受和想法，請您從這個大主題講起。

余：好的。從崑戲講起當然很好，但在這之前我想講幾句有關於白先生。是這樣的，這是和崑劇的雅致有關的一個題目。

人們要了解一個人種、一個民族、一個地域，表面看上去有好多好多因素，但是篩檢到最後剩下的就是文化因素。譬如說，在我和白先生這三次見面交往之前；或者更可以換句話說，在這更早之前大陸人民了解大陸以外的世界，白先勇先生無疑是個很重要的渠道。而他所提供的是什麼呢？他提供的是藝術化了的人生方式。這比任何地域資料、政治資料和其他許許多多的資料更要完整更要深入。這使大陸人了解外面的人是怎樣過日子，怎樣思考，怎樣掉入自己情感的。這也可以倒過來說明我們現在來確認人之所以爲人的時候，最重要的是拉住一根文化的纜繩，如果文化的纜繩拉不住的話，我們個人的自我體認和整個群體的體認就很艱難了。從這個意義上說，我想像崑劇這樣的藝術就是我們幾百年來直到今天甚至今後，中國人要自我確認的時候，所要拉住的精神纜繩當中很重要的一條。當然不是說全部都要拉住這一條，但這一條肯定是非常重要的一條。因爲這一條精神纜繩牽連到我們民族曾經有過的輝煌，曾經有過的高度。可是到了現代以後我們不能強迫今天現代的文化完全停留在已經有過的輝煌上面，如果停滯在過去，那就沒有新陳代謝無法往前走了，大概任何人都不會持這樣的保守態度。但是目前出現更多的情況是斬斷了傳統的現代。我不清楚台灣現在的情況是怎樣？而在大陸的文化界則往往有各執兩極端的情形；要麼是斬斷了傳統的現代，另一種則是用非常單純以極其悲哀的觀點覺得一切光榮燦爛都已淪喪而毫無希望，肯定最輝煌的時代是「過去」。

我覺得面對歷史這麼悠久的遺產和古代的文化，基本的心態應以多元的方式來保存它。所謂多元的方式有一種是原封不動的保存，我們是需要原封不動的保存一些東西，但是一成不變的保存在我們現代社會裡的存活率不大，那可以只是極少數，就好像博物館櫥窗式的保存。

而第二種保存就像我們的《牡丹亭》一樣，經過適當的改變和整理，使它給現代觀衆具備了充分的可接受性。

第三種則是利用它裡邊的「美」來建造一些新一點的藝術格局，而這形式可能比《牡丹亭》更新一點。在我來這裡以前，我給上崑（上海崑劇團）作了一次專門講座；我認爲這種創新的可能性還是有，就是要求現代創作者對於當時中國古典的某一些故事及文化背景的理解，而不只是完全抄襲湯顯祖的傳奇本子。所以這個新劇本的創造者要有一些必備的條件，也必須要有相當程度的古典文學素養，以及對中國古代社會的通盤了解。最後一種的保存就更奇特了。就類似白先勇寫〈遊園驚夢〉這樣，把原來的面貌以塊面的方式介入到一個現代作品。這種感覺像什麼呢？就好像現代的酒店裡突然擺設一堂明代的紅木家具，而這個酒店最吸引人最值得驕傲的也就是這一堂紅木家具，其他的擺設與這一堂家具相比就黯然失色。所有建築家許許多多的啓發與構思都是從這裡引發出來的。我想白先生寫的〈遊園驚夢〉就像這個比方，它是一篇非常道地的現代小說這是一點也不錯的，你很難說它是一篇古代小說。它的靈感，它的來源，它的出發點，它的背景都和《遊園驚夢》有關，都和對古典文化的感受有關。這種存活方式只有大家才能成功，能將古代和現代交融成一體，這不是一般人能做到的。現代的戲劇、電影及藝術作品當中往往出現一種古典美的斷片，這個古典美的斷片處於一種特殊的地位，凸顯這個古典斷片而使之極其美，讓現代的一般青年觀衆能完全接受。看上去只是順便品嘗到古典美的最後一道饗宴，由於這種方式的引進使年輕的一代也慢慢的可以欣賞到古典藝術的全貌，這是非常重要的一著。但是這個藝術作品並非僅是手段或渡橋，它本身即是個完整體。我相信作爲一個有非常悠久歷史的民族之現代作家，他要完全擺脫文化負載或文化背景那是不可能的。如果說我們要拉回我們最深的情感最後的精神，那麼我們民族情感及精神的來源是不可能斬斷的，我們有我們自己民族的遺傳、背景和許許多多的「根」。如果全盤斬斷它那就會變成很造作，而只成了一種假象，不去連根斬斷才是眞實的。所謂生命的組合就是這樣，無法改變。

剛才白先生講到的問題，看上去只是個藝術問題，但實際上也就像是我們這樣的一群人生活在現代，而要怎樣去處理生命方式的問題。總的來說，生活在現代而不是個現代人那是很可悲，但是斬斷了自己生命根源的現代人那種可悲不比前者小。傳統文化的呈現方式可以多種多樣；這一個人現代成分可以多一點，那一個人古典成分可以多一些。這成分可以完全不一樣，但是古典與現代這兩者可以同時並存的。最恰當的比例應該怎麼樣，是無法硬開方子的，因爲不同的生命形態可以有不同的組合。

情死情生話還魂

白：對的，我要再請問您一個問題，我們再回到這次上演的《牡丹亭》來講。依據我的體驗，從古至今的文學作品、戲劇作品、藝術作品能夠歷久彌新不因時光流逝而褪色的即是其中的愛情，也就是所謂的「情」。古人表現纏綿愛情的心曲可從唐詩、宋詞、傳奇或小說中充分體現，現代人表現愛情以台灣來說就是流行歌，雖然淺顯通俗但也是包涵「情」。

這次我看了《牡丹亭》有一個很重要的感受，剛才有一些朋友告訴我，他們是文化水平相當高的青年，包括有繪畫界、音樂界、文學界，他們在看《牡丹亭》時居然感動的掉淚，這個現象我非常感興趣。《牡丹亭》是個非常古典眞正中國式愛得死去活來最後還魂成眷屬的愛情故事。今天晚上的觀衆突然間發現原來中國有這麼優美表現感情的方式。華文漪（飾杜麗娘）的眼神、舞蹈、身段、唱詞和高蕙蘭（飾柳夢梅）的癡情、憨厚、專注的表演感動了今天晚上國家劇院的觀衆；他們發現了中國人在古代表現愛情上原來是那麼美、那麼浪漫動人。請您說說這些現象在舞台上是怎麼解釋？

余：我想是這樣的，在文藝作品當中情感表現方式有非常深也有非常淺的各種各樣，而湯顯祖非常巧妙的用了「至情」這個元素，這也表明它的情感和一般的表現方法不一樣。這不一樣在哪呢？一般創作者把情感僅僅作為是一種表現的手段；或者只是講個故事當中有一些情感，而湯顯祖的《牡丹亭》則恰相反，一切都爲著「情」爲目的來考量，情是目的性的，不單是手段也不單是方法。而大部分的創作表現情的方式都只是方法或手段而已。《牡丹亭》把「情」作爲目的性的終極，爲了這個「情」，一切情節都可以圍著它轉，哪怕怪誕，哪怕不近情理，由於它是「至情」任何觀衆可以忘卻它的怪誕及不近情理而接受「至情」本身。這個「至情」就內容方面是人類共通的，也就是屬於我們現在常講的終極關懷的範疇，而人活在世界上某種精神上的最高安慰，也就是這個「至情」。

剛才我們講到傳統民族性及現代性的問題，我想古今中外眞正的傑作雖然它們面貌不一，但它們最重要的命題肯定是相通的，否則就很難成爲傑作。而且這相通共相肯定是永恆的，所以古希臘的東西數千年後還是能震撼我們，莎士比亞也能讓我們震撼。現代的作品也不能例外，只要有人類在，這一層次的震撼會永遠流傳下去。而《牡丹亭》中某些震撼也屬於這個成分，也就是人類共通最珍貴的一部分。這種情感至高無上的狀況可以生、可以死、可以扭轉一切，所以這個情感已經不是一般的情感；它是帶有巨大目標性和深沉哲理內涵的，能統觀人爲什麼要活在世界上這個基本命題。

這種至情再加上中國傳統古典美的表現方式，使得《牡丹亭》出現了非常特殊的美。我們不能簡單的把《牡丹亭》看成過了時的表現情感之方法。它與《梁祝》式的愛情是截然不同的，固然《梁祝》這個故事也不錯，梁山伯祝英台爲了愛也遇到一些波折，最後山伯爲愛殉情。但這與《牡丹亭》一比較就是不同的兩回事。從來沒有一個作者像湯顯祖一樣，幾乎是以一個哲學家的眼光來面對人類終極性的情感安慰，這也就是「至情」。所以它能更久遠的震撼我們的心靈，我倒認爲最震撼我們的地方已經和民族性沒有關係了，只要是人類他們的情感必有互通之處，這也正是引發震顫之竅竇。

白：您講到這裡我馬上要接下去。前幾年《牡丹亭》到法國公演，讓法國人看了如癡如迷，到了英國，英國人看了也如癡如醉。我想這就像西方的《羅蜜歐與朱麗葉》，《牡丹亭》就是中國的羅蜜歐與朱麗葉，但我們的故事卻讓她還魂，不像羅蜜歐與朱麗葉就從此死掉了，《牡丹亭》讓觀衆更高興更滿足。講到這裡我要插一句，余先生是研究觀衆心理的專家，他寫了一本專書，對觀衆的反應沒有人比余先生研究更透徹了。您覺得今晚觀衆的反應是否就是他們被撥動了心底深處的那根弦？

余：我想大部分觀衆在看戲時，對「至情」部分只能有潛意識的震撼，也就是說這根心弦平常是很少被彈撥的，每個人心靈深處都有這根弦，哪怕是沒有文化的老農民甚或村夫愚婦，他們都藏有這根心弦，一旦像碰到這種至情的作品時，他們那根久已沉寂的心弦就被彈撥了。剛才白先生說到《牡丹亭》和《羅蜜歐與朱麗葉》的關係；我想到這是湯顯祖蓄意的唱了一闋熱情洋溢的凱歌，在當時的明代「理學」瀰漫著整個社會，而他卻不顧一切的提出了與當時傳統規範對峙的「情」，「情」與「理」在當時是堅實對壘的。

他以「情」統觀一切，認爲宇宙人類最高層次就是「情」，有了「情」就一往而深，生者可以死，死者可以生。

當然我們誰都不會相信這個故事是眞的，但是誰都會被這個不是眞實故事當中的至情所感動，所以這個情就比那些合情合理故事中的情更震撼人心，湯顯祖故意用荒誕的手法來驗證「情」的不可抗拒性。

白：這麼說「至情」是《牡丹亭》的內涵，但是崑劇很重要的一點是以「美」來引導「情」。如果沒有美就進入不了情裡邊，「情」也就變成可笑而孤立了。而崑劇如何成功的把「美」與「情」融合爲一？就正如觀衆今晚是先被華文漪的舞蹈、眼神、唱腔吸引住，然後慢慢的投入進去，這是否是以「美」的外在形式與「情」的內涵相互調合？

余：先以外在的美引內部的情，這是具有普遍性又有民族性的特點，就普遍性來說「情」一定要有「美」來做爲它的外表。

白：哈……哈，我們也不喜歡醜陋的愛情。

余：因爲這是人類對健康美的狀態的嚮往，它的內在與外在一定具有某種統一性；除了極少數作品曾用側面或反面的方式來表達特別例外，一般來說總是有美麗的外表，就像社會當中人和人的愛可能一開始還是從外在「美」的吸引。而藝術首先也是以感性的美來震撼人心的。這一點對東方的中國藝術來說更是如此。它首先以感性的美來震撼人，而全面精神的美最終還是要沉澱到外部狀態當中。

所以崑曲從扮相、唱腔以文人種種的水磨功夫雕琢到最精緻的狀態，把情感美的一方面變成感性形態的呈現。所以我們今晚看這台戲的時候雖然稍有遺憾，但是整體的美是不可抗拒的。

那麼由「美」的引導進入到「情」，是不是美引進入了情之後就把美丟了呢？那當然是不能把「美」抛棄的，到了最後情與美緊緊的攏合在一起，這即是有「情」的美而非僅外表的「美」，也正是人們最樂意接受的。這二者的藝術組合帶有很大的民族特色，西方的作品在這方面要求沒有我們嚴格。

白：對，沒有那麼細緻，沒扣得那麼準。就像西方的歌劇只能聽不能看，芭蕾只能看沒得聽。中國崑劇形式的要求已經達到最完整的地步。我再加一句，您的論文提到崑曲是中國戲曲學的最高範型，據我個人看傳統戲劇的經驗，從來沒有其他劇種的愛情故事能讓我這麼感動。像《牡丹亭》這麼讓我感動的，我從未在別的劇種中有過相同的經驗。是不是崑劇的形式已美到極致的地步而把愛情揉到化境？崑劇的內涵與形式已經達到這一點？

余：我想有幾個原因讓您這麼感動。除了形式與內涵高度結合外，更因爲您是高層文化人，而湯顯祖是他那個時代最高水平的文化人，他能用當時中國最高的文化方式豎立這種情感與美的過程，這是特別能使後代的高層文化人眞正感動。我相信這個故事如果給文化層次較低的觀衆看，那感動的程度一定遠不如您，這是肯定的。因爲情感與美的昇華是和文化品味有關係的，所以無論是情感也好或美也好，它的昇華過程有等級的不同。在一個普通社會裡它是有等級的不同，否則的話，文明與不文明就沒有差異了。崑劇在當時是最高的文明，這個最高文明直到今天也和我們還有相通之處，所以不僅白先生還有高層文化人看了都會被感動。這眞要感謝湯顯祖啦！

開到荼蘼花事了

白：您對崑曲的肯定，確定它能撥動人們靈魂深處的心弦。您著的《中國戲劇文化史述》一書中，您舉了《牡丹亭》、《長生殿》、《桃花扇》爲例，您對這三部傳奇評價很高。您是否認爲這三個劇是能代表明末清初最輝煌的作品，也就是中國的傳統已經到了非常成熟的階段，可以說是快要到唱「天鵝之歌」的時候了，那種蒼涼的味道特別餘韻繚繞，您是否也有這種感覺？

余：以中國戲劇文化來說，這三部作品是充分成熟的作品，充分成熟也就意味著凋謝的來臨。這幾個劇本可以成爲中國傳統文人的精神代表，如果沒有這幾個戲裡所表現的滄桑感、興亡感、使命感、孤獨感及對情的執著對死生的追求，嚴格意義它很難成爲道道地地中國傳統文化的標的。我認爲這是文化精神的大聚會，它們的地位非常崇高。這也有對比，可能有很多戲劇學家會不同意，我這對比方位不比其他，只能與元雜劇比。元雜劇裡邊也有一些非常漂亮的作品譬如說《西廂記》；也有非常強烈的作品像《趙氏孤兒》、《竇娥冤》等都是非常鬱悶和憤怒的作品，王國維且認爲元雜劇有悲劇在其中。但是眞正能正常反映中國文化形態的，則是跟在元雜劇後面的這幾本傳奇。

白：您這些話我再同意不過了。雖然我看《竇娥冤》不錯，《西廂記》也很美，但是前面舉的那三部傳奇，當我看完後給我的餘韻卻是回味無窮，是其他作品所不能比的。

您這部《中國戲劇文化史述》從戲劇最原始的狀態一直叙述到晚近的話劇，您追索邈遠的戲劇文化蹤影、背景及流變。您提到中國戲劇有兩種表現方式，一種是寫意方式，另一種則是詩化的出現。因爲我們是詩的民族，而崑曲正融入了詩的美。詩化也正是我們民族的特色甚至與繪畫、書法都很有關係，戲劇更是我們民族「美」的表現。您是否能把中國戲劇這兩種的表現方式與西方比較寫實和講究戲劇衝突的手法來做比較？

余：中國的戲劇與西方如希臘或印度相比，它發生得較晚，而晚的重要原因則是中國的詩歌太發達了。詩的時代綿亙太長，詩與戲是相當矛盾的。泰戈爾曾說：「我寫詩的時候不能寫戲，寫戲的時候不能寫詩。」一個人是這樣，整個民族也是這樣。但是詩的民族也有相當大的好處，一旦當它形成戲劇時，詩就做爲戲的靈魂進入到底層。

儘管西方也有比較空靈詩化如莎士比亞的作品等，但還是客觀的描摹寫實與強烈激情洋溢的作品居多。

白：當年在五四新潮時，舊傳統成爲衆矢之的，甚至連梅蘭芳的光芒及四大名旦的聲勢也躲不過傅斯年等的攻擊。這是否意味著一代急迫興起的新思潮有時也會淹沒審美的感性？

余：是的，有時爲了實現一個主觀的目標，爲了攻破幾個堡壘，會把不應該傷害的東西也傷害了，往往對事情尙未了解就先採取攻擊。而且這種攻擊演變成一種時髦，譬如說魯迅把梅蘭芳說成是「梅毒」，我想這是非常明顯的片面。

白：我們這些二十世紀的中國人一直在古、今、中、外之間躊躇，甚至兜圈子。我們從事的藝術創造眞是一件艱巨的工程，在進行過程中又常常有突兀尷尬難與「美」吻合的狀況產生。但是我們又不能棄擲掉「傳統」使「現代」成了無根的遊魂。

您認爲一成不變的恢復傳統是不可能，但怎麼將傳統與現代調融渾成一體，這也是一個很大的課題。以舞台劇來說，現代方式的話劇是不是已經開始了新的方向？

余：是的，新的舞台劇已經開始在著手做了，而且以各種不同的實驗方式進行。總的來說，可歸納二種方法，一種是形態上採用寫意的本質，另一種是從精神上汲入寫意的本質，但這就更難了解，因爲這是更高的層次，這需要對文化有很深厚的修養。在形態上，妝點比較容易，現在已經有很多話劇採用了各式各樣的臉譜、馬甲、還有一些程式化的動作，加入了這些他們認爲這比一般的話劇更有表現力。從精神層次引進的不多，但確實也有劇團在進行。

顫動的手吶喊的心

白：我們再往下進行提問一些大題目。余先生寫了一本書叫《藝術創造工程》，此書在中國大陸出版時造成很大的轟動，我想它能造成如此的轟動有幾個原因。中國大陸一下子出現了一本概括美學與文學理論且具有突破引指性的書，在各理論諸家著作繽紛雜陳之下，《藝術創造工程》一出還是放出了輝光。我們看了此書後更肯定知道文學的本質是該如此。余先生用屬於他自己非常獨特的語碼非常綺美的文字，優雅的將感性與理性結合起來。這雖然是一本理論性的書，但因爲它的文字圓柔不生澀，很容易就讓讀者登入文學的殿堂之中。這是非常不容易的，它的確是引領我們進入美哉殿堂的功臣。

我現在就從這本書提出幾個問題。《藝術創造工程》分四章。第一章叫〈深刻的遇合〉，這是個楔子，我想余先生自己是一位創作家，所以他對從事創作的人有一種深切的同情，因爲他同時也是一位實踐家，能體驗到創作的艱辛和神祕，創作之中是有幾分神祕的。第二章〈意蘊的開掘〉，它講到文學大致可分內容及形式，這一章講的是內容方面。第三章〈形式的凝鑄〉講文學的各種形式怎麼去表現內容。第四章是結論〈宏觀的創造〉。看了這本書後讓我受益很大，很多我自己在創作時沒有想到的東西，余先生都提出來觀照一番，這對我的啓發很大。

我想和余先生談一談書上這些。在〈意蘊的開掘〉這章您提到人生況味這四個字，人生有各種不同的遇合，不同的解釋。在文學中能夠表現「人生況味」的您都給它很高的評價，我希望聽聽您的意見。

余：我看過許多文學藝術作品，它們之所以不好之所以沒救，有一個非常重要的原因是因爲它們離開了藝術的本位，這不一定只是指外在形式。以內容而言，首先它的出發點就錯了。在一部作品中，如果只是講社會學上或軍事學上甚或法律、道德上的問題，就往往使得作品板滯、僵化而流於貧薄，這些都是不對的，它們不能成爲一部好作品。在經驗許多不成功的作品之後作比較，再回頭看古今中外所有成功的作品，它們最動人之處就是寫出人生的況味，品嘗出人生的味道。

再譬如說《紅樓夢》，您可以做多種解釋，您說它是影射歷史也好，您說它提供好多社會學上的東西也是，但是它最打動我們的卻是「人生」這個大主題。所以我相信不管藝術發展到什麼程度，它的中心命題永遠離不開人生。在作品裡如果只是提出了社會學上或政治學上的問題，大多數的觀衆、讀者是無法認同的，唯一有一點能和所有的讀者及觀衆認同的即是「人生」。

世界上有好多東西是可以分工的，有些東西我們可以交給法學家，有些東西可以交給科學家，有些可以交給社會學家，唯獨把「人生」的問題交給我們的作家。當然哲學家也研究人生，但是哲學家研究的人生是對人生的理性概括；而藝術家研究的人生是自己和別人去品味人生。我講「況味」就是指這個意思用品味、品嘗來貼近人生。當時我提出這些觀點好像有些冒險，因為我看的作品還不是那麼多，但是據我看只要是不好的作品、沒救的作品都是在「人生」這個關目上栽筋斗。

再譬如說，作品裡寫一場歷史上有聲有色的大戰，不管哪個勝哪個負，把戰爭描述得多麼激烈也不會是一部好作品，再緊張再有懸念也不會是一部好的藝術作品。只有把打戰這兩方面的將軍作為非常普通的人，而看這一場戰爭在他們人生過程及人生架構當中起了多大的作用？然後看他們在度完這生後留下些什麼跡印？這場戰爭和他的妻子及他的家人之間的關係產生怎樣的周旋、波折？或是在他的人生色彩上增添了什麼？能寫出這些才能算有價值。如果不能進入到這一點，哪怕是從表層看起來寫得非常輝煌，那也不能算是有深度了不起的作品。有非常大量的藝術作品可支持我上面的觀點；這當然不是我自己的寫作經驗，這些都是我的閱讀經驗和觀看經驗。

白：您舉了好多的例子，不光是文學還有電影、戲劇等，我非常同意您的看法。在您的《藝術創造工程》第三章〈形式的凝鑄〉中，您曾提到這幾十年來我們的新文學新文藝很遺憾的往往忽視了意蘊與形式緊密結合的重要性。

余：如果一件文學或藝術作品不能把它要表露出來的東西變成有效的形式時，那麼我覺得它就還沒有資格稱為一件藝術作品。就我了解所及，以白先生的小說為例，您肯定是把這兩件事串聯在一起。當您尚未肯定掌握形式時，那麼你的意念根本無法進入到創造。

「形式」不僅止是指情節或語法；就以您的小說〈永遠的尹雪艷〉爲例。穿著一襲白衣的尹雪艷永遠不老，時間這個殺手不能在她身上留下任何烙痕，「人若有情人亦老」，她因爲「無情」所以不老，因爲她的無情反襯出其他衆多生而「有情」的脆弱，這中間也陪襯出一整段的歷史滄桑。像這樣的作品不可能在沒有「人」這樣的形象中被凝鑄；又舉一個例子來說，我認識許多有名的導演，當他們進入導戲時，腦中首先出現一個場面，然後再分析這個場面如何化解而銜接它的前因及後果。白先生的小說也是這樣的，他不是從意念出發進入創造，而是從一種形式感覺出來。

其實內容方面，尤其是人類的內容有好多是重複的，太陽底下已經少有新鮮事了。有一位法國女作家曾說過：人類到了十八世紀十九世紀初，一切最重要的問題都已經寫光了，很難再創造些什麼更新的題目；我們總是在寫人類永久性的問題，因此非常重要的一點，就是要尋找一個極其美的形式來表現人類永恆性的共相。

白：余先生學貫中西，他對西方的作品也有深刻的研究。

有一個現象在台灣六〇年代發生過，現在八〇年代在大陸又興起，這樣是西方的現代主義他們的文學、戲劇、藝術、音樂作品等對中國文化界發生很大的衝擊；而台灣在六〇年代我們這一輩的人已受過它的洗禮。那時候有人說我們是受到歐風美雨的霑溉而產生崇洋心態，但我卻認爲不是，如果是崇洋那也只有一個很短的時期，我們之所以認同而形成風尚，是因爲現代主義對我們當時的心態有一種很深的契合。在一九八七年我到中國大陸去訪問，我發現我們以前走過的道路如今中國大陸的學界也如癡如狂在履踐。請您就這個問題把您研究所得告訴我們。

余：了解現代派甚至普及現代派對中國大陸是需要的，且是件好事而絕不是一件壞事。我認爲文學也好，藝術也好，最後那些問題都是人類共通的，所以人類在往前走的過程當中，無論文學或藝術只要有新的推進新的表現，任何一個健全的民族都不應該對它們陌生；一個對異邦同行非常重要的步伐完全感到陌生的民族，在現代這種日新月異的環境中是不可能有健全的文學和藝術產生。開闊的胸襟、遼遠的視野是必須的，有了廣角的國際視野後，才能更確定我們自己的文化方位，能全盤了解國際上的脈動才能發揮我們自己的眞正魅力。

就這一點我可以舉個例子，在上海外面長江口上有個崇明島，我曾經去玩過。裡面有好多好多老人一輩子沒有離開過這個島，他們對島上的一草一木、瞭如指掌；另有一批人，則漂洋過海，去到島外的大千世界之中，他們甚至還遍訪許多與家鄉島嶼相彷彿的其他島嶼。那麼試問，這兩種人中，究竟哪一種更能把握和述說小島的眞實情況呢？初一看，是前一種人，他們不是爲之而耗盡終生了嗎？前一種人說的有關這個小島的種種情況，未必有什麼僞詐之處，卻很有可能與島外情況相雷同。他們會說這個島上春華而秋實，夏炎而冬寒。誠然這也可說是眞實，但不是眞實的發現，說了半天，這個小島的眞實情況，還是令人惘然。後一種人則不同了，他們會指給你看只屬於這個小島而不屬於其他地方的一切，對於那些處處皆有的事物，他們也能揭示出在這個小島上的特殊組接方式，人們只能從這樣的述說中發現這個小島，把握住它的眞實。

所以我們了解自己的中國文化也就像這樣，要了解眞正的中國傳統是什麼，必須先要知己知彼，了解最新的國際脈動、國際視野。我曾看過一些完全不了解國際文化的人來談論中國文化，那簡直不知所云、說來說去總是那幾個老辭彙，這幾個老辭彙套在任何一個國家中都是一樣而且是重複的。所以身在廬山是看不見廬山，只有跳出廬山才能橫看成嶺側成峰。這二者是相互矛盾；所以需要具備國際視野，但也不能在國際洪流當中迷失，若迷失了自身的所在，還是會找不到自己文化的根源。

現代主義在中國大陸已經成了很強烈的衝擊源，表面上看起來「古典」已成爲「現代」的敗將；但是我們最終的目的只是要借助外力把原有的視野擴寬。當年在五四新文化否定傳統文化時，這些人口口聲聲說他們是代表國際最新的潮流、最新的文化力量，如傅斯年、胡適之等。當時的氛圍，現代洋派已籠罩全局；新人物採取的是「以華制華」，而我現在卻要用「以洋制洋」，也就是前面所說的知己知彼。眞正了解國際新走向、新思潮後，才能回過頭來以正常的心態來調理古今中外的事物。

大概像白先生就是比較好的例子；他出身在外文系而且常年在美國任教，我相信只有這一類人才能眞正比較像樣的保存中國傳統文化，而不是一些對國際新潮流毫不理解，只是盲目激烈的人能維護古典文化。中國大陸在最近就曾有一些人出了一個傻點子，他們提出要中國二百多個劇團，把明、淸傳奇每個劇目都演一遍；如果眞的演下來，那眞是魚龍混雜、泥沙俱下，觀衆眞是要倒盡胃口，崑曲恐怕就從此滅亡了。當年梅蘭芳聲名正盛時，他周圍就有好多對古典及現代文化思潮皆十分了解的淸客，如齊如山或許氏兄弟，他們確實具有現代文化素養，他們知道哪些戲還能在二十世紀存活，而哪些則不能。所以這才能更相得益彰的造就梅先生。

白：就正如您講的，中國傳統文化已經在五四時被打得一敗塗地，只有照那些沒有突破性的老藥方是不能起沉疴的，而要兼容中西，整個文化才能起死回生。

悲金悼玉紅樓夢

白：我們再回來講《紅樓夢》，您說賈母這個角色她替寶玉選寶釵而不是黛玉，這正是《紅樓夢》這部作品最高明的地方，因爲他寫得合情合理，現實種種的因素，賈母非選寶釵不可，而造成一個必然的悲劇。

余：我想《紅樓夢》是許許多多自然人生的組合，因爲它道出了人生的況味，才會引起我們的共鳴而流連不捨。它確定不是像一般紅學家所說的，僅是影射一段歷史或淸初某個人物；我們都不會太有興趣去關心這是影射什麼朝代，或索引哪些人物。剛才白先生說起的賈母在《紅樓夢》中造成的悲劇決定；但這個決定又如此自然、如此合理、如此不可改動，這個從每個人的生命自然邏輯當中體現到人生的詭異。賈母真正愛寶玉，她疼愛黛玉也不是虛情假意，她出於一系列帶有根本性的考慮，只能讓寶黛分開。賈母對寶黛二人的愛，和寶黛自己要選擇的那一種愛竟是如此不可調合，與寶黛過不去的，只是一種巨大無比的社會必然性，連祖母的脈脈溫情也抗逆不了。我也曾思維過：賈母如果不是做這樣的選擇，而寶黛如果真的成婚，那他們也不會幸福的，無法想像兩個性格如此相同的人可以一起過日子；他們老是在吃醋、猜疑之中，永遠只在維護自己的情感不被人家侵犯，他們二人誰也沒有認真考慮過成婚的問題，更無法想像他們兩人成婚後如何過日子？這些可使人想到人生原本就是陷於一種說不清、道不明的怪異弔詭組合之中。

反思文化行苦旅

白：我再往下介紹我非常喜歡的一本書《文化苦旅》；余先生也是現今中國大陸非常有名的一位散文大家。他的散文無關風花雪月，有一種很獨特的風格，藉山川之靈秀澆胸中之塊壘，轉折之中獨見幽冷。余先生是中國文化的考察者，他親自去過很多文化名城、名山，觀察體驗所得，再經過反省深思寫出這部《文化苦旅》。它的性質說它是散文也可以，說它是對文化的省思也可以，它有多層次的蘊義。看了這本《文化苦旅》使我有近似讀柳宗元的散文、或〈永州八記〉的韻味；它有淡淡的苦澀，借水怨山。幽獨的抑鬱，但苦後轉甘，有倒吃甘蔗的勝韻。書中〈江南小鎮〉、〈上海人〉、〈老屋窗口〉都是我非常喜歡的，這的確是一流的文字、一流的散文，而且正滿溢著我們前面常提起的「人生況味」四個字。這本書對中國文化有深切的苦思，我想聽聽您的感受。

余：這本書開始寫的原因帶有一種偶然性，但是一進入以後自己也覺得很有意思，不能停筆了。

我們對文化的思考光靠理論解決不了問題，文化大多數是感性形態；當然理性形態的如新儒學等也都是很重要的課題。當我們接觸這許多感性形態的文化時，我們會思維古人怎麼生活？現代人怎麼生活？如果只是硬從純理性的形態把握住文化，那將有好多部位無法把握，而這無法掌握的部位也許是我最終感情的地方。所以我就乾脆用散文的方式來表達出我這種感受，而加注在理性感情之外的那些網絡，我覺得對我是更重要的。

而在另一方面，我覺得中國在以前確是一個散文大國；如剛才白先生提到唐宋八大家等，我們散文的傳統非常好，但不知從什麼時候開始，我們的散文變成那麼造作，好像當人們要寫散文時，情感馬上要調理過來；變得那麼矯情，這類的散文已經把我們古代散文的傳統完全斷絕。我在思考文化時，從散文這件事上也產生出某種文化的悲哀；散文明顯的是衰弱了，不是因爲數量少，而是它的素質變壞了。本來散文的力量是很大的，它可做的事情很多，但現在它的載重量那麼小。所以我就開始寫了，想改變一下散文的素質，最初它是登在巴金先生主編的《收穫》雜誌專欄上。登出以後有個很奇特的現象發生，似乎中國的讀者群一下子產生了對過去那類散文的抱怨；而讀者也感覺到有些文化思考是太枯燥、太艱深了。我們其實都活在文化中，爲什麼不表達自己一些感受的東西呢？我這幾篇實驗性的散文讓讀者覺得是一條新路，也就是把文化反思感性化，讓添加的一些藝術提高文化本質。

這本書讀者的熱烈反應並不一定是我的文章好，關鍵是在：社會對這些文化問題也有普遍性的飢渴。其實我們可以由一種感性的狀態、親切的方式，很誠懇很投入的反應文化，不必一講到文化就那麼嚴峻，那麼異己化，好像自己和文化沒有關係。其實每個人都是文化的承載體，文化就承載在我身上，我只是把我的悲哀、我的歡樂、我的憤怒、我的缺陷通過我的感受，解剖我自己的經歷，由中國文化的一角來體會。假如有更多的中國人來作如此的剖析，那麼中國文化的思考將會比現在更好一點，而不會只是停留在高層的理性狀態，顯得高遠而不可親近。

白：《文化苦旅》的確是一本難得的好書，它的文字珠圓玉潤，娓娓動人。其中言情寫景哀樂殊深，掩卷凝思，追尋已遠。毋庸諱言，我們的文化是衰弱了；而這樣的一本書出版，恰撥動了無數中國人久已凝絕的那根心弦。

余：類似這樣的散文，可以表達我在其他著作裡不能吐露的情感，所以我還會一直寫下去。

白：余先生的訪台，讓台灣的文化界見識到一位中國大陸，對戲劇、文學、藝術、文化學養如此深湛的學者；我希望台灣的學界因余先生的到來，引起對文化、藝術深切的討論。謝謝余先生接受我的訪談。

姚白芳記錄整理

第二輯　關懷愛滋

樹猶如此

世紀末最大的挑戰

——愛滋病（AIDS）對人類的襲擊

亞洲的隱憂

一九九四年八月第十屆愛滋病國際會議在日本橫濱舉行，這是第一次在亞洲召開。會上世界衛生組織（World Health Organization－WHO）全球愛滋病小組主任麥可·莫森博士（Dr. Michael Merson）對亞洲國家提出嚴峻警告：「亞洲某些地區，愛滋病毒（HIV）感染的速度已超過世界任何其他地區。除非採取快速行動，這些世界上人口最稠密的國家，愛滋病將氾濫成災。」其他與會專家也同聲警告，亞洲的愛滋病雖然發生較遲，但後來居上，很快將變成愛滋病「震源中心」。接著世界衛生組織發表了觸目驚心的數字：至九四年止，全球愛滋病已發病之人數達四百萬人，九三年一年已有一百五十萬病例。而感染上愛滋病毒（HIV）者，更高達一千七百萬人。世界衛生組織並預測，本世紀末二〇〇〇年，全球感染愛滋病毒的人數將達四千萬人的天文數字。如果近年內醫學界仍未能發明愛滋病根治藥物或疫苗，那麼這四千萬帶原者更會將病毒以連鎖反應幾何級數擴散全球，對全人類健康生命造成重大威脅。如何遏止愛滋病的擴散，將是本世紀末人類首要衛生課題。

會議上專家們提出亞洲國家愛滋病分布的數字，也令人惴惴不安。世界衛生組織宣布，目前亞洲南亞及東南亞有二百五十萬人受到病毒感染，東亞約五萬人。至本世紀末，該人數將上升四倍為一千萬人。僅九三年一年，東南亞國家共出現二十五萬件愛滋病例，與前一年的三萬件比起來，上升百分之八百，速度驚人。泰國及印度已成為重災區。麥可・莫森博士報告：在泰國北部清邁，百分之八的孕婦及百分之二十的新兵都已感染愛滋病毒HIV。印度孟買，百分之三十的妓女是帶原者。每一分鐘，該城有一個人受到感染。亞洲國家人口稠密，醫護防治落後，有的國家毒品及色情行業氾濫，這都是有利於愛滋病蔓延的條件。台灣做為亞洲國家的一員，當然也處於愛滋風暴圈內。台灣人口密度世界領先，許多情況與泰國、印度相似，如色情行業，這亦正是愛滋風暴襲擊的對象。一九九五年八月衛生署公布的數字，台灣愛滋病例達到九百人，感染人數應為發病者的十倍達九千人。可見愛滋病在台灣已在暗中擴散，漸成氣候。如何防止愛滋病在台灣氾濫成災，是目前台灣政府、醫療界、教育界，以及全體社會的當務之急。

病毒學家巴里・休伯教授（Barry Schoub）如此鄭重警告：

自從人類開始，沒有一種疾病像愛滋病AIDS這樣威脅到人類文明。這種疾病對衆多人口所作大規模毀滅的潛能，無以比擬。非洲大陸大城市中，已達三分之一的成年人感染上愛滋病毒HIV，而這些帶原者又輾轉相傳，變成巨大的病媒儲藏庫。沒有其他疾病像愛滋病，一旦受感染，就終其生成爲傳染其他人的病媒。尤有進者，絕大部分，甚至可能所有的受感染者，最後終將發病，幾年之內，全部死亡。

這不是危言聳聽，這是世界愛滋病專家懍於這種疾病巨大的毀滅性而敲響的警鐘。

愛滋病發展簡史——美國模式及非洲模式

愛滋病的發生自一九八一年由美國「疾病監控中心」（Center for Disease Control CDC）首先報導愛滋病例以來，迄今已有十四年歷史。美國與中非國家最先發生，歐洲及拉丁美洲隨即跟進，亞洲較晚，但後來居上。美國愛滋病及非洲愛滋病最初感染的途徑與群體不同，可分爲美國模式及非洲模式。美國愛滋病最先侵襲的對象是男同性戀及靜脈毒品注射者，病例絕大多數爲男性。而非洲的病例則男女各半，且大都爲異性戀者，妓女受感染者尤衆。值得注意的是這兩種模式的病例皆源於同一病毒HIV（西非後又發現HIV－Ⅱ），受感染的群體不同，全由於環境文化的差異。歐洲相類於美國模式，而亞洲則接近非洲模式。

一九八〇年十月至八一年五月間，洛杉磯地區高特列醫生（Dr. Micheal Gottleib）首先發現五位年輕男性病人患有肺囊蟲型肺炎（PCP）。患者皆爲同性戀，而且其免疫系統嚴重失調。PCP病例並不多見，只有免疫系統失調後才會發生。一個月後CDC又報導紐約及洛杉磯地區有二十六位病例患有卡波西氏瘤腫（Kaposi's Sarcoma），這種病症極爲罕有，其特徵亦爲免疫系統極度失調才會產生。PCP及卡波西氏瘤腫遂成爲愛滋病患者的兩大殺手。八〇年代初，愛滋病便像野火般在美國蔓延開來，最先襲擊兩岸大城市如舊金山、洛杉磯、紐約等這些地方，後來漸漸各州皆有病例發生，連偏遠小城小鎭亦未能倖免。首當其衝者爲居住在大城市的男同性戀團體，尤其舊金山與紐約，因爲男同性戀人口密集，成爲重災區。一九八三年統計，愛滋病例，男同性戀佔有百分之七十一。但隨即各種病例逐一浮現：靜脈毒品注射者、血友病患及輸血感染者、垂直感染的愛滋嬰兒，最後普及到一般人口，終於釀成美國愛滋病「瘟疫」的大悲劇。一九九四年底，美國愛滋病例共有四十四萬宗，其中二十七萬已死亡，而受HIV感染者，預測爲一百五十萬至三百萬人之間。愛滋病在美國，是一場史無前例的大災禍，而這場巨禍，正方興未艾，仍以幾何級數增加中。一九八五年美國愛滋病例爲一萬人，十年間，增加了四十四倍。

愛滋病是二十世紀末一種新生的傳染疾病，醫學界認爲五〇年代以前愛滋病毒HIV也許還不存在，病毒可能起源於非洲。當八〇年代初愛滋病襲擊到美國時，美國人毫無心理準備，醫學界束手無策，對於愛滋病的病因、傳染媒介及途徑全無了解，因此亦無法向美國公衆有所解釋交代，遑論診斷及治療了。美國社會大為恐慌，一時驚疑、畏懼、惶惑接踵而來，由於全然無知，因此反應過度。又由於美國愛滋病起先發生於男同性戀之間，許多人，甚至醫學界遂誤認為愛滋病乃男同性戀者獨特的疾病。於是一些傳統反同性戀團體及個人，遂開始大肆攻擊同性戀。如電視佈道家佛威爾（Jerry Falwell）便常在電視上宣布愛滋病是對同性戀的「天譴」。但在各群體中，女同性戀者卻幾乎完全免於愛滋病的威脅，感染率接近於零——除非注射毒品及與異性接觸而受感染。因此佛威爾等人的「天譴論」不能自圓其說，只好重男輕女。由於無知與恐懼，美國人對愛滋病患者也做出了極殘忍的事。學童賴恩·懷特（Ryan White）十歲時因輸血而染上愛滋病，他的學校及學生家長們竟強迫他退學。賴恩十分勇敢，並不氣餒，他常上電視現身說法，而且對曾經歧視他的人毫無怨尤。賴恩終於贏得大衆的同情及尊敬，他一直支撐到十六歲，身亡的時候，美國人同聲下淚。他的故事拍成了感人的電影。同樣出於無知，八〇年代初，美國各大城的男同性戀者，未能認識到愛滋病的嚴重性及殺傷力，沒有採取適當的措施保護自己，八一至八三年間，舊金山、紐約等大城市男同性戀者遭到大規模的感染，死亡慘重。更是由於無知與偏見，當年保守的雷根政府對愛滋病的防治竟趑趄不前，聯邦政府遲遲不肯撥巨款支持醫療系統。因此，八〇年代初，美國對於愛滋病的預防，不夠迅速積極，未能防微杜漸。那幾年間，愛滋病在美國各大城恣意蔓延流竄，終於一發不可收拾，釀成今日數百萬人受感染的大災禍。

八三至八五年間，世界及美國醫學界對愛滋病的研究終於有了突破。八三年，法國素負盛名的巴士德學院（Pasteur Institute）蒙大尼教授（Luc Montagnier）及其小組成功地分離出愛滋病毒，同時美國醫生蓋羅（Robert Gallo）也找到了同樣的病毒，二人還爲專利權打了一場國際官司，蒙大尼控訴蓋羅竊取病毒標本，數年纏訟，蓋羅終於認罪。至此，醫學界對愛滋病的病源、病因、傳染途徑，有了進一步的了解，而於八五年發明愛滋病毒HIV血液檢驗，於是對於愛滋病的防治又進一大步，因爲至少由輸血傳染的危險大幅降低。而八〇年代中期以後，美國政府及社會對愛滋病的防治，開始較爲積極。因爲美國男同性戀者身受其害，所以反應也特別強烈。以舊金山爲例，因爲舊金山男同性戀人口密度最大，愛滋病感染率全美最高。舊金山市政府以及民間團體對愛滋病的防治也最努力積極。當舊金山爲數甚衆的同性戀三溫暖被斷定是傳染愛滋病最危險的溫床時，舊金山市長不顧一些同性戀激進分子的反對，毅然下令關閉所有同性戀三溫暖。而民間亦奮起迎接愛滋病的挑戰，各種愛滋病團體機構應運而生，至一九九〇年共有一百七十二個。從宣導教育、預防治療、慈善救濟以及照顧臨終病患等等各種工作皆有大量義工參加。其中最有名的如香提計畫（Shanti Project），義工各行各業皆有，值得注意的是其間更有不少女同性戀者照顧病患。他們本身並未受到愛滋病威脅，但基於人道同情及物傷其類，他們向男同性戀者伸出了援助之手。舊金山愛滋病的醫護及民間救援機構其組織之龐大嚴密、工作之積極有效，全美之冠。近年來由於同性戀者在愛滋病預防上提高警覺，採取措施，感染率在九四年已降到百分之四十六，三，但絕對數字的得病率仍然驚人。

非洲國家愛滋病的災情更加慘烈，去年世界衛生組織預測全世界一千七百萬愛滋病毒感染者，有一千萬在非洲，而又以中非盧安達、塞爾、肯亞以及烏干達最嚴重。烏干達已有百分之四十的成年人受到感染，幾乎到了亡國亡種的地步。筆者看過一部紀錄片，記錄烏干達愛滋病的蔓延，整個村莊如遭瘟疫。一間間茅屋內躺著一具具瘦得形如骷髏的愛滋病患，看起來餓殍遍野，形狀極爲恐怖。非洲愛滋病的傳染模式，更值得我們驚惕。一開始非洲愛滋病襲擊的對象便是一般異性戀人口，並無特定高危險群，而且比例男女各半，甚至女性還稍佔多數，非洲國家大城的妓女，已有百分之九十受到感染。又因女性病患多，嬰兒受感染高達百分之十五。可見愛滋病不需經過特定群體而直接在普通人口中爆發蔓延是完全可能的。亞洲的印度及泰國愛滋病發展的模式，便與非洲相近。其中一個共同點是，妓女是愛滋病主要的病媒。非洲國家貧窮，醫療系統落後，人口教育水準又低，愛滋病防治的前途，實在悲觀。愛滋病患多爲青壯年，對非洲國家經濟社會的打擊，長此以往恐怕尤甚過戰爭饑荒。

愛滋病毒HIV與愛滋病AIDS

愛滋病AIDS全名爲「後天免疫系統失調症候群」(Acquired Immunodeficiency Syndrome)其病源爲愛滋病毒HIV(Human Immunodeficiency Virus)。愛滋病毒一旦

侵入人體，便有能力破壞人體的免疫系統及中樞神經系統，使人體無法抵抗各種伺機性疾病而導致死亡。愛滋病之可怕因爲有下列特徵：一、愛滋病是傳染病，由人體互相傳染。二、一旦受感染，病人幾乎百分之百都會發病，最後死亡。三、愛滋病潛伏期長達十年甚或更長，潛伏期間很可能並無任何病徵，於是在不自覺下成爲病媒傳染他人。唯其潛伏期間可能無病徵，造成防治的極大困難。試想一個不自知的病媒，十年間可以無心「殺害」多少其他無辜之人，而被感染者大概多爲病媒最親近之人，於是夫傳妻、母傳子、愛人之間互相傳染，無數家庭及人間悲劇由此產生。

ＨＩＶ進入人體後專門侵襲血液中之Ｔ４細胞。病毒進入Ｔ４細胞後如影隨形，經過極複雜之內化繁衍過程，最後使Ｔ４細胞衰竭而亡。因爲Ｔ４細胞乃人體免疫系統之主要成員，Ｔ４細胞一旦大規模遭到破壞，人體免疫功能便嚴重失調，無法抵抗其他病菌的侵襲而使各種伺機性疾病如肺炎、癌症等等發生，導致死亡。病毒也可能襲擊人體中樞神經系統，引起各種神經系統疾病。ＨＩＶ的特性是其潛伏期特別長，但一旦成氣候，其繁衍便無法遏止。ＨＩＶ破壞性大，但本身生命並不強，在空氣中存活時間很短，幸而如此，才不會像肺結核或流行性感冒那樣能由空氣傳染。病毒只能生存在人體體液如血液、精液、陰道液中，因此其傳染途徑有限，最普遍的是經由性交、輸血、針頭感染以及垂直感染（母體傳給胎兒）四種。了解傳染途徑後，愛滋病不是不可以預防的。

愛滋病從感染到發病之間，須經過相當複雜的過程及階段。有人感染後短期間即發病，有人感染後的潛伏期可達十年或者更長。感染初期：感染後二至四星期，初期病徵會突然出現，如低溫發燒、淋巴腺腫、身上出現風疹、口腔潰爛等，也有腹瀉和體重驟減，約有百分之五十至七十感染者有這些病徵出現。潛伏期：初期病徵出現後，可能病人的免疫系統功能又完全恢復，這個時期也可能完全沒有病徵，但暗中HIV卻在繁衍，與免疫系統鬥爭。等到時機成熟，病毒開始破壞免疫系統，病人進入愛滋病發作期：此時各種伺機性疾病接踵而來，最常見的有肺囊蟲型肺炎、卡波西氏瘤腫（這兩種疾病皆可致命）、黴菌性口炎、長期腹瀉、體重可減至百分之五十，更進一步導致眼睛失明、中樞神經系統受到損害而產生癡呆症、肢體痲痺等等。末期病患往往被愛滋病折磨得不成人形，徒剩骨架一具，毫無尊嚴可言。發病至死亡約十八個月。

愛滋病至今無藥可以根治。全世界的醫藥界都在搶趕時間研究愛滋病疫苗，但專家認為短期內愛滋病疫苗的發明不太樂觀，因為愛滋病毒為一極狡獪之微生物，隨時可能突變。但減緩病症的醫療，近來則有進步。最常用的藥物還是AZT，此藥能減緩愛滋病發病的時間。但最近發現愛滋孕婦及早服用AZT可以將嬰兒感染率降至百分之二十，這是一項重要發現，許多嬰兒也許因此得救。最近美國食品藥物控制機構又批准一種新藥3TC上市，據說這種新藥比AZT要強得多，對一些尚未發病的病患，存活期可能又延長了。

在沒有發明根治藥品及有效疫苗之前，愛滋病只能防而不能治。如何宣導教育預防愛滋病，許多國家都列為首要衛生工作。愛滋病的傳染途徑已經確定，血液篩檢發明後，輸血感染已大大減少，性交則成爲最主要的感染途徑了。專家們認爲，自然發生愛滋病後，人類的性行爲起了基本的變化。七〇年代的性解放運動早已終結，愛滋時代，性行爲是生死交關的嚴重事情。專家們提出鄭重忠告：除非百分之百了解對方性行爲歷史，性交時，必須用保險套。夫妻間，也應如此。因爲現在夫妻互相傳染的例子比比皆是。迄今保險套還是預防愛滋病傳染最有效的工具，其安全率爲百分之八十以上。近年來美國政府及民間都在大力宣導愛滋病的預防，大衆媒體夜以繼日不停宣傳，電視上二十四小時都有預防愛滋病的廣告。有一天半夜我打開電視突然看見豔光照人的伊麗莎白泰勒出現在螢光幕上，我還以爲她在爲她的香水做廣告，誰知她卻一本正經的說道：

「每次性交，你必須用保險套，每次都要用！」

麗莎臉無笑容，面色凝重，但我覺得那可能是她最美麗動人的一個鏡頭。伊麗莎白泰勒是最早站出來呼籲防治愛滋病的知名人士，她自己捐款成立愛滋病基金，本人到處募款演講，呼籲美國各界參與愛滋病防治工作。她的勇氣及愛心令人肅然起敬。

台灣危機

台灣地區自一九八四年發現第一宗愛滋病以來，至九五年八月衛生署公布的數字是九百宗。比起泰國、印度，台灣在亞洲國家中，愛滋病數目還不算太高，但衛生署又發表台灣從第一例愛滋病患者到第一百例經歷四年七個月，但最近一百例累積的時間卻只有半年，可見愛滋病在台灣增長的速度愈來愈快，已在迅速蔓延中。台灣對愛滋病的監控不算周延，恐怕有些私立醫院的愛滋病案並未向衛生署呈報，實際數字不止九百案，即使以九百爲據，受感染而不知情者爲十倍即九千人，台灣地區地狹人稠，這九千人大多集於幾個大城市中，每個病媒如同一枚定時炸彈，隨時引爆，引起連鎖反應，其情況亦相當嚴重。據台大公共衛生系涂醒哲教授預測，公元二〇〇〇年，台灣愛滋病患，將達五萬人。如果台灣政府及民衆不趁此時愛滋病在台灣尙未氾濫成災時，大力預防控制，台灣也有步上泰國、印度後塵之危險。因爲台灣地區亦有不少利於愛滋病蔓延的條件：第一、台灣人口密度在世界領先，人口密集，愛滋病易流竄。第二、台灣色情業猖獗，政府根本無法控制，雛妓問題多年束手無策，娼妓的健康檢查無從下手。台灣的愛滋病類似泰國、印度，嫖妓是主要傳染途徑。第三、外勞開放後，東南亞地區的外勞將病源帶入台灣。台灣已經幾度發現帶有愛滋病的外勞從事色情行業。而台商到東南亞經商受感染的機會也很大。第四、近年來販毒的人口增加，法務部正在推行反毒運動，可見情況相當嚴重。台灣愛滋病例中，已發現有靜脈注射毒品感染者。

台灣第一宗愛滋病例是外籍遊客，是位男同性戀者。台灣本土第一宗病案是一位大學生，亦是男同性戀。台灣愛滋病例初幾年亦以男同性戀者居大宗，台灣愛滋病開始似乎是走美國模式，男同性戀首當其衝，因此亦引起不少人誤解，以爲愛滋病爲同性戀者特有之病症。但很快台灣愛滋病各種病例皆出現，從七十多歲的愛滋奶奶到剛出世的愛滋寶寶，而且異性戀的感染率急起直追，超過了同性戀。台灣愛滋病的模式介乎美國及非洲之間，與拉丁美洲相近。這個跡象更使人憂心，表示愛滋病在台灣很快便蔓延到普通一般人口，不管男女老幼性傾向如何，皆有被感染的可能，報載已有十五對夫婦彼此感染，因此，一般家庭主婦亦不一定能倖免。而且據專家研究，男女間彼此感染，女性受感染的機率比男性高出十倍。當台灣愛滋病更進一步擴散的時候，台灣婦女受到的威脅相應增加，非洲國家的婦女便是前車之鑑。如何及早防範，台灣婦女亦應積極參與籌畫。

台灣愛滋病的感染率，雖然異性戀已超過同性戀，但以人口比例來說，男同性戀的感染率仍舊偏高，台灣的男同性戀者仍是最容易受到愛滋病侵襲的一群，因此必須加倍提高警覺，採取預防措施。美國男同性戀者當初出於對愛滋病的無知，掉以輕心，終於釀成大規模死亡。設若美國男同性戀者在八〇年代初一開始便採取他們後來種種的防衛措施，愛滋病在美國男同性戀人口中，不至於形成那樣大的殺傷力。台灣的男同性戀者應當汲取美國教訓，及早預防，聽從專家忠告：除非百分之百了解對方性行爲歷史，每次性交必須用保險套。美國同性戀有各種組織援助支持他們防治愛滋病，他們宣導敎育的工作已經做得十分透徹，對愛滋病的危險有相當高的警覺，而台灣的同性戀者，對愛滋病的危機意識，恐怕還是遠遠不夠的。舊金山市政府因爲斷定同性戀三溫暖是愛滋病傳染的溫床，便下令全部關閉。同樣的，台灣的同性戀三溫暖亦是傳染愛滋病最危險的地方，台灣的男同性戀者絕對應當避免涉足。

愛滋病患不僅是一個符號、一個統計數字，很可能他們就是我們的父母兄弟姊妹親友，他們也許僅僅因爲一時的疏忽或完全不知情而染上絕症，造成終身遺憾，然而他們的痛苦孤絕，恐怕更非一般人所能想像，他們的危難也就是我們的危難，因爲這一場世紀末的瘟疫正在席捲全球，不容我們任何人置身事外。據我所知，台灣已經有一群義工默默的給予愛滋病患各種實質及精神的支援。在美國，已有大量的書籍寫出愛滋病患的悲慘遭遇及內心世界，喚起我們對愛滋病人一種民胞物與的同情。有關台灣的愛滋病患，我讀到最感人的一本書是汪其楣教授寫的《海洋心情》。汪其楣完全以人道關懷的心胸將「中途島」——一個愛滋病患收容所的幾個病人描繪出來，他們的悲歡、他們的恐懼、他們的爲世所棄的孤獨，汪其楣用極人性的筆觸點染得十分動人。其中有十五歲蹺家的女孩、有中年主婦、有中產階級同性戀雅皮、也有從外國回來的留學生，看了汪其楣筆下這些人物，就如同我們走到台北街頭，看到來往匆匆的人一樣，不同的一點是，他們都得了愛滋病的絕症，在等待死亡。這不由得叫人黯然一驚：愛滋病在台灣的確已延伸到各個階層中去了。

呼籲與建議

本世紀末愛滋病對人類的侵襲是如此迫切，我們已沒有時間遲疑不前，無所行動了。台灣政府及民間雖然早已開始防治愛滋病，但我覺得還有許多地方可以加強：

一、政府應當撥足夠經費給衛生署防治愛滋病。現今衛生署防疫處每年有四億元台幣的防治經費，但大部分用在病患的醫護上，教育宣傳的經費便非常有限。現階段，宣導教育是預防愛滋病的最重要工作，這點經費，遠遠不足。美國聯邦政府今年用到AIDS防治的經費已達二十七億五千萬美金，台灣政府現在不肯花錢預防，日後數以萬計的愛滋病患發生，政府的負擔將是何等沉重。

二、各級學校的衛生課程都應加重對愛滋病的正確指導。學校定期邀請專家到學校給學生做專題演講。筆者所教的加州大學便有所謂AIDS Week，邀請各行愛滋病專家，到學校來演講，校長帶頭鼓勵教授學生一同參加。

三、公共電視以及三台有義務製作電視節目，邀請醫學界專家開愛滋病講座教導民眾。外國已有許多愛滋病的紀錄片，可以經常放給台灣觀眾看，提高警覺。

四、政府力量還是有限，民間團體的參與恐怕更加重要。例如慈濟功德會，我覺得最適合領導愛滋病的防治工作。因爲慈濟功德會有慈悲爲懷的宗教精神，又有醫院及護校做後援，而且慈濟的義工全省廣布，無論人力、物力，慈濟功德會首屈一指。

下個世紀人類的健康首在人類是否能夠戰勝愛滋病魔，這將是一場極艱險的戰爭，對人類的智慧，將是一項最大的挑戰。

——原載一九九六年十二月二—四日《中國時報》人間副刊

醞釀中的風暴

——愛滋（AIDS）在台灣的蔓延

三月下旬，一連三夜，美國電視公司（ABC）晚間專題新聞節目《夜線》（Nightline）由資深新聞廣播員泰德·卡波（Ted Koppel）報導愛滋病（AIDS）肆虐非洲大陸的慘狀：一千五百萬人已喪生於愛滋、兩千四百萬人受到感染，節目焦點集中在辛巴威（Zimbawe），這個中非小國有百分之四十的成人染上愛滋，愛滋孤兒就有八十餘萬，這些父母雙亡於愛滋的孩童，大都流落街頭，衣食無著。辛巴威原爲英屬殖民地，經濟建設比較其他非洲國家還算先進，近年來因受愛滋病打擊，竟瀕臨崩潰邊緣。非洲國家貧窮，教育醫療落後，完全無法對抗阻止這場瘟疫式的愛滋風暴，更慘重的災情，恐怕還在後面。

如果我們覺得非洲還離得很遠，事實上亞洲一些國家愛滋早已蔓延成災了。一九九四年，世界愛滋大會在日本橫濱召開，會中專家們一致警告：亞洲國家如不趕緊積極預防，亞洲將步非洲之後，成爲第二個愛滋「震源中心」。可惜亞洲有些國家的領導人並沒有聽從這項警告，現在亞洲的愛滋病例已急速擴展到七百萬以上。泰國、印度已成爲重災區，最近一篇醫學報導預測，二〇二〇年，印度的愛滋病患可達一千萬。印度亦相當貧窮，社會觀念保守落伍，防治愛滋，前途未可樂觀。

最令人憂心的是中國大陸，前幾年還只有少數零星愛滋病案的報導，可是近來突然警訊頻傳，世界衛生組織的專家評估，大陸愛滋病患應高達五十萬。雲南、廣西，遠至新疆，這些邊疆省份因毒品輸入，針頭感染擴散迅速，沿海省份各大城市，色情事業興起，助長了愛滋的傳染。大陸當局雖然開始關注這個棘手問題，然而因爲種種政治社會禁忌，仍舊不敢公開宣導愛滋防治。世界首要愛滋醫學家何大一博士，在一次訪問中，沉痛的表示，他曾向大陸官員三番四次提出警告，可是官員們聽者藐藐，大陸的愛滋病由千上萬，不旋踵，竟增長到數十萬，他感嘆道：這眞是一個大悲劇！十三億的人口，如果中國大陸愛滋一旦像非洲、印度那樣野火燎原失控擴散，前景令人不寒而慄。

亞、非、拉、歐美，全世界各地都在颳起或大或小的愛滋風暴，台灣又豈能倖免？一九九六年我曾撰文〈世紀末最大的挑戰——愛滋病對人類的侵襲〉，對愛滋在台灣逐漸擴散感到憂心忡忡，當時衛生署宣布的愛滋病例是九百宗，去年十二月，已達二千六百二十九人，三年間，增長幾乎三倍，速度相當驚人，去年一年便有病例五百八十人（含外國籍），在台灣每天便有一點五以上的人受到愛滋感染，病患散布全島，沒有一個縣市能免。而且感染者異性戀已經超過同性戀人數，衛生署一九九九年十二月公布數字九八二比六六四，表示愛滋病毒已在一般人口中迅速流竄。而這些數據只是冰山一角，因爲愛滋病潛伏期可長達十年，如不發病，帶原者本人並不知曉，不去檢驗，衛生當局無由得知。據專家推算，台灣愛滋病患的實際數目可能爲目前的五至十倍，最高可達兩萬六千多人。可預見的將來，台灣與東南亞及中國大陸的互動日益頻繁，如果這些地區愛滋的蔓延進一步惡化，台灣輸入愛滋的危險相對提高。愛滋風暴，在台灣，實際上已有山雨欲來的態勢，如不及早積極宣導全民預防，台灣恐怕也有重蹈泰國、印度覆轍的危險。

美國在八〇年代初，曾經遭罹一場愛滋浩劫，奪去成千上萬人的生命，爲害之烈，至今病患人數竟達九十多萬。美國愛滋災情之所以如此慘重，一則因爲當初美國人包括醫學界對愛滋了解不夠，無從防範，更重要的是，雷根政府及社會大衆對愛滋漠視規避，誤認爲這種「惡疾」，只會發生在少數特種族群，如同性戀團體、毒品使用者、妓女等，因此掉以輕心，等到愛滋釀成大禍，數百萬人受到感染，美國人已後悔莫及。

當前台灣社會類似八〇年代初的美國，尙未能以理性務實態度對待愛滋病以及愛滋病患，一般大衆仍誤認爲愛滋只是屬於少數邊緣族群的危險傳染病，因此對愛滋及愛滋病者懷著一種非理性的恐懼及不必要的歧視，使愛滋蒙上「不名譽」的汙名。然而這種諱疾忌醫的態度，十分危險，愛滋不會因爲社會的歧視與冷漠而停止擴散，相反的，就是因爲社會警惕不夠，宣傳不力，所以近年來愛滋在台灣才得以急速蔓延。

由於社會的漠視，我們對台灣愛滋患者的處境了解實在太少。愛滋病不僅是一種生物現象，一個醫學問題，也極複雜的牽涉到社會道德、家庭倫理、心理、情感、精神各個層面。迄今我只讀到兩本關於台灣愛滋患者的書。一本是汪其楣的《海洋心情》，這本書極溫馨的描述了一群「中途之家」的愛滋病患，他們被社會家庭遺棄後，如何相濡以沫，重建家園的動人故事。

去年聖誕節，我有緣參加了「中途之家」的一個晚會，並結識了一手把「中途之家」撐起來的那位善心女士，她照顧那群愛滋病友，如同家人，她看護他們的病痛，撫慰他們飽受創傷的心靈，與他們生死與共，一直陪他們走完人生最後一程。我深爲她那寬容的心及無私的愛所感動。另外一本是廖娟秀的《愛之生死——韓森的愛滋歲月》，這本愛滋傳記是追述一個十七歲不到便感染上愛滋的青年，如何在死亡威脅的陰影下，兀自掙扎成長，在極端沮喪苦痛中，感應了上帝的召喚，精神上飛揚奮起，終於尋找到生命的意義，投身於愛滋義工，扶助比他更加微弱的同病者。這兩本書讀後都使人感到愛滋雖然令人懍畏，但在極端苦難中，人性也有閃亮的一刻。

現在當務之急是對愛滋及愛滋病患的了解，了解可以增強我們對愛滋的預防，了解可以消除偏見歧視，也許更由此而產生同情。

——原載二〇〇〇年四月十三日《聯合報》副刊

山之子
——一個愛滋感染者出死入生的心路歷程

美國的愛滋浩劫

一九八〇年代初，美國東西兩岸的幾個大都市紐約、洛杉磯、舊金山，年輕的一代美國人，正在繼續盡情享受一九七〇年代以還各種社會運動帶來的自由，包括性解放的自由，一種致人死命的陌生病毒，早已悄悄在兩岸的大城登陸了。愛滋病旋風式的突擊，美國人心理毫無準備，措手不及，一時全國驚惶。

我記得當時加州幾家大報《舊金山紀事報》、《洛杉磯時報》經常刊登有關愛滋病的頭版新聞。

洛杉磯是美國第一個發現愛滋病的城市，而舊金山很快便變成愛滋病人口密度最大的中心。

在美國，因爲愛滋病毒最先侵襲的是男同性戀團體；而舊金山的同性戀人口最密集，自然成了重災區。幾年間，如同野火燎原，愛滋病蔓延到全美大城小鎮，而且不分男女老幼、異性戀、同性戀，一律感染。

頭幾年，醫學界對於愛滋的了解不夠，還沒有藥物控制，殺傷力特別強，成千上萬的感染者，大部分是青壯年人口，一一病亡。在加州，我曾親身目擊到這一場驚心動魄的愛滋浩劫，迄今美國已有五十多萬人因而喪生，感染者數百萬。我認識的人中，也有幾位不幸被愛滋病奪去生命。那幾年，舊金山的街頭，隨地可以嗅得到死亡的氣息。

恐慌過後，美國人終於鎮定下來，開始面對愛滋侵襲的這個可怕事實，更有一些愛滋感染者勇敢的站出來現身說法，教育大衆。因輸血而感染的愛滋病學童賴恩·懷特（Ryan White），在電視上敘述了他本身患病的故事。他說並不怨恨當初歧視他、把他逐出校門的同學，他了解他們的感受，最後他說他已不害怕，「上帝替我安排好了一切」。他那清瘦的臉上綻出一抹令人心折的虔誠笑容來。

賴恩·懷特支撐了六年，十六歲身亡。所有的美國人都被這位患了愛滋病的少年深深地感動，他的勇氣、他的寬容，使得這位年輕人有一股凜然不可侵犯的尊嚴。

賴恩·懷特是最早公開病情的愛滋患者之一，後來陸續又有爲數甚多的人出來，描述他們不幸的遭遇及對抗愛滋的奮勇過程。其中又以作家保羅·莫奈（Paul Monette）那本《時不我與——愛滋回憶錄》影響最大，這本書一九八九年出版，馬上引起強烈回響，得到各界好評。

莫奈這本回憶錄是記錄他的愛人羅哲（Roger）罹患愛滋病，他與羅哲兩人共同抵抗愛滋病魔長達十九個月的艱辛日子。莫奈無論描寫羅哲被愛滋折磨至死的恐怖細節，或者他們兩人生死與共的患難篤情，下筆赤誠，毫無保留，因而打動了千千萬萬讀者的心。

是由於賴恩·懷特這樣的愛滋病患勇敢的現身說法，《時不我與》這樣的書打動人心，愛滋在美國逐漸被人性化。愛滋病患不僅是一個抽象數字，愛滋也不再是一神秘不可解的恐怖符號。由於長年的宣導教育，美國人目前對待愛滋病毒採取的是一種務實的基本態度：愛滋是一項危險的傳染病，現在還無藥根治，大家都須預防它。

台灣的愛滋風暴——韓森的故事

一九八五年台灣媒體報導第一宗愛滋病，患者是一位過境外籍旅客，接著台灣本土的愛滋病患也在同年出現。我讀到這些新聞時，心中便暗叫不好，愛滋風暴終於颳到台灣來了。當時台灣媒體對愛滋病的了解不夠，與美國一九八〇年代初一樣，有許多不正確的報導，過分渲染，不顧患者隱私，造成病患及家屬莫大的傷害。

長期以來，台灣新聞界很少對愛滋病及愛滋病患做深入報導，台灣社會對愛滋病患亦缺乏應有的人道關懷。直到一九九二年，我才在《中國時報》上讀到一篇文章，有關一位叫韓森的年輕人，「一個愛滋病患走出死蔭幽谷的感人見證」，這恐怕是台灣第一篇以同情的態度來描述愛滋病患勇敢抵抗病魔的報導，是《中國時報》記者張翠芬寫的。

從那時起，我便注意到韓森這位年輕人。他的經歷，使我想起了美國的賴恩·懷特，韓森也是虔誠的基督徒，像懷特一樣，他早已把自己的命運交給上帝去安排了。直到最近，我讀到廖娟秀寫的《愛之生死》，這本記載「韓森的愛滋歲月」的傳記，我對韓森的故事才有了一個比較全貌的了解。更巧的是，由於接觸到「希望工作坊」，終於認識了韓森本人，由他親口告訴我這些年來出死入生的心路歷程。

廖娟秀這本《愛之生死》成書於一九九五年，記載了韓森自一九八六年起，九個年頭的愛滋歲月。這是台灣第一本也是迄今唯一的一本，詳細記載了一個愛滋病患的內心世界的傳記，因此，這是一本重要的紀錄，一個有參考價值的愛滋檔案。

台灣現在感染愛滋病者已有二千六百多人，有的病患早已亡故。這些人他們每個人都應當有一段驚心動魄的感人故事，但我們無由得知，因爲還沒有人替他們寫出來。《愛之生死》這樣的書可以幫助台灣讀者了解愛滋病、了解愛滋病患的人性訴求，了解有助於愛滋預防，了解更會產生同情，消除懼畏與歧視。

廖娟秀曾參與「誼光組織」及「希望工作坊」長期擔任愛滋義工，她與韓森是多年朋友，因此，這本書，她寫得很親切、很體貼，娓娓寫來，描述一個十七歲不到的青年，不愼感染愛滋，從墜入絕望的深淵，再一步一步爬起來，最終尋找到生命的意義，自己變成了愛滋義工，反過來扶助其他同病者，一段極爲艱辛的成長過程。

韓森是出生在新竹山區的泰雅族青年，韓森是他英文名字 Hanson 的譯音。韓森記憶他在孩提時，父母到山上去工作種植香菇，常把他帶在身邊，幼兒韓森坐在一旁，看著山光雲影，心裡就有一股說不出的喜悅。山，對於韓森一直有一種鎮靜去痛的安撫作用，多年後，他感染上愛滋，在極度驚惶中，他又隻身逃回新竹山裡，讓山去療撫他的創傷。

即使在台北生活，韓森感到投訴無門時，他也會騎著摩托車到陽明山上，一個人痛哭一場。似乎進到山中，這位山之子才會感到恢復最原始的自我，可以盡情抒發他在山下紅塵中遭受到的種種創痛。

韓森十五歲來到台北，進入一所工專就讀。一九八〇年代中，台北正朝著國際化突飛猛進，少年韓森驟然置身於台北這個五光十色的大都會，既興奮又迷惘，如果不是命運作弄，韓森可能就這樣安穩的成長，無憂無慮，過完一生。可是一九八六年冬，韓森還不到十七歲，便染上了愛滋病。事後看來，韓森只不過是不幸在錯誤的時間、錯誤的地點、遇到一個不該遇見的人。

一九八六年，愛滋病剛剛登陸台灣，最先的地點大概就是台北，是由染上愛滋的外籍人士帶進來的。青春萌動期的韓森，在對愛滋病毫無認識、心理全無準備的狀態下，與一位外籍人士發生了同性戀性關係，染上了這個改變一生的可怕疾病。

親人的支持

當韓森最初知悉他患了這種無藥根治、受死亡威脅的傳染病時，他的驚惶恐懼，一時不是他青澀的年紀所能承擔的，而且他又感到極端愧疚和羞辱，因爲愛滋病在當時的媒體渲染中，是一種蒙上汙名令人難以啓齒的「惡疾」，並把愛滋誤解爲同性戀者特有的疾病。十七歲不到的韓森，同時要承受愛滋病患及同性戀者這備受社會歧視的雙重身分，壓力排山倒海而來，韓森一度興起自殺念頭，從七層樓公寓縱身下去，了卻病魔相纏的煩惱。這是許多愛滋病患最危險的時期，爲了害怕曝光，羞對家人親友，而萌短見。韓森最幸運的，是他的家人父母姐姐對他無條件的支持，他父親曾拉住他相跪對泣，對這個受絕症威脅的幼兒幼弟，父母姐姐只有憐惜與呵護。是親情，讓韓森捱過了第一波危機。這位泰雅族青年，對他的家庭卻另有一番解釋。

因爲他們是原住民，家庭原始的血緣關係，在危機中反而把他們緊緊團結在一起，超越了愛滋病帶來的道德上的各種質疑，不像有些漢族家庭，維護家聲更重於兒子的病痛。台灣有不少愛滋病患，因爲不被家庭接納，只好自我放逐，到處躲藏，過著暗無天日的悲慘生活。

上帝的感召

然而死亡的威脅常常還是巨大得難以承擔的，韓森又二度陷入嚴重憂鬱症的漩渦中，幾乎無法自拔。他隻身逃回新竹山中的老家，趴倒在他外婆的墳上，放聲嚎哭。正當韓森在心理上精神上完全孤絕走投無路的時刻，高高在上的一個聲音在向他呼喚了。一九九〇年二月，韓森參加了一場在教會舉行的醫治佈道大會，在祈禱時，他突然有了聖靈感應，他自己這樣記載：

突然間，我感到濃厚的愛環繞在四周，一股很強的暖流從頭到腳澆灌下去，我知道自己已被聖靈充滿，是耶穌的愛臨到我身上。我嚎啕大哭，吶喊著：「耶穌，我走不下去了。」然後我聽到一個聲音：「孩子，我愛你。」我的思緒回到過往，突然了解到在絕望中，內心總有一種叫自己活下去的聲音，這個聲音就是神的力量。我整整哭了半個小時。

韓森本來就是虔誠的基督徒，但感染愛滋病後，他曾經怨恨上帝，未能使他免於災病，可是經過這次聖靈感應後，韓森確信上帝並沒有遺棄他，而是在默默的垂憐著他痛苦掙扎中的卑微靈魂。是宗教信仰，又激起了韓森強烈的求生欲望。他搬到教會團契之家，接受短期訓練，受訓過程中，韓森又經歷了一次奇蹟似的宗教體驗。一位外籍牧師來台灣傳教，在一百多人的聚會中，牧師突然點名韓森，對他說：「小兄弟，你的經驗很特別，神要用你的經驗，你不要再問上帝愛不愛你，上帝是愛你的。神對你有特別安排，祂要你把有相同遭遇的人聚合起來，告訴他們，什麼是眞正的幸福，什麼是眞正的生命，什麼是眞正的永恆。」

整個聚會都做了錄音，這段話，韓森也有一份拷貝，外籍牧師並不認識韓森，也不知道他患病的情形。這段預言似的示諭，使韓森大爲震撼，他體悟到愛滋給他帶來的痛苦與折磨，可能是神想讓他擔負起更沉重的使命；幫助同病者，照顧那些比他更虛弱的愛滋病人。韓森萌生了投身愛滋義工的念頭。

愛滋義工韓森

韓森對生命的意義終於漸漸有了更深一層的體認：是一次又一次在照顧愛滋病患的過程中，他與病友們一同經歷生死，使他對死亡有了更深刻更實在的接觸與了解，因而也就對生命更加尊重、珍惜。

然而每當一位受他照顧過的病患往生的時刻，韓森都會爲他們哀痛、爲他們哭泣。他曾爲他們祈禱、唱聖歌給他們聽、替他們打氣，希望奇蹟出現。然而殘酷的現實是，當時雞尾酒治療法還沒有發明，愛滋帶原者一旦發病，死亡接踵即至。而且末期病人的病狀，有時令人膽戰心寒。韓森都得勇敢面對。

有一次一位叫楊的病人從南部到台北來就診，病人已很虛弱，韓森將他抱在懷裡，看著他鼻孔一直不停的流血，狀至恐怖。韓森不禁想：有一天他會不會也變成他懷中抱的病殘軀體一樣，不停的流血？

當他的一位好友，也是一位愛滋義工，被愛滋擊倒亡故時，韓森驚痛得暈倒過去，他獨自到陽明山上，放聲慟哭，既傷亡友，亦是自傷。大概只有宗教的信念，上帝賦予他特殊的使命，要他與同病者生死與共，韓森才能在愛滋風暴中挺下來。在進進出出台大、仁愛、榮總這些醫院，照顧比他更不幸的愛滋病人，他終於證實了自己生命的價值。

當然，韓森還得照顧自己的身體，雖然他比其他發病的病患健康得多，但不是沒有危機的，他也曾經幾度住院，發燒不退。幸虧他有莊哲彥醫師悉心治療他，每次讓他康復，再度投入愛滋工作。幾年下來，韓森已經是一位經驗豐富的愛滋工作者了。他參加過幾個愛滋組織：誼光組織、中途之家、希望工作坊，現在擔任希望工作坊的重要職務。

矛盾、掙扎、接受

愛滋病患除了健康受損外，其他的人性訴求並未泯滅，對親情、友情、愛情的需要可能更加強烈。韓森感染上愛滋後，對他自身同性戀的性向曾產生極大的矛盾。社會對同性戀的歧視與偏見使他徬徨不安，而他所信仰的基督教會認定同性戀是一種「罪惡」，更令他自疚、自責。有一段日子，韓森也嘗試壓制他同性戀的衝動，他受過短期神職訓練，跟了牧師到大陸去傳教，以為從事神職可以「淨化」他的欲念。然而韓森跟其他青年一樣，對愛情的渴求這股本能自然的力量是無法抵擋的。幾經掙扎，他終於認清並接受了自己：同性戀本來就是他人性中無法分離的一部分。

除了親情、宗教信仰的支撐外，在韓森最孤獨無助的日子裡，是他的同性伴侶阿忠陪他走過了五年。阿忠明知韓森是愛滋感染者，還願跟他共同生活，愛護他、安慰他，與他分擔愛滋病帶來的種種衝擊與痛苦。韓森照顧一位叫茂盛的愛滋病患，茂盛躺在醫院裡愈來愈虛弱，韓森與阿忠一同為茂盛祈禱、為他唱聖歌。晚上兩人抱在一起，為病勢日沉的茂盛而哭泣，韓森在他的日記中這樣記下：

不輕易哭的忠銘今晚也哭了，我想他大概想到以後的日子我因疾病將離開他的事實。但我們珍惜在一起的過程。

苦難把兩個人的命運緊緊的拉在一起。保羅·莫奈在《時不我與》中，寫到他與同性伴侶羅哲最後相依為命的日子，動人肺腑。

生之喜悅

韓森今年三十一歲，從他十七歲不到染上愛滋病迄今已有十四年，他的存活期幾乎是一個奇蹟，他恐怕是台灣存活最長的愛滋感染者，一九九七年他曾大病一場，差點過不了關。他的T4細胞一度降到五十多——這是一個危險訊號，表示他的免疫系統已非常微弱，後來幸好何大一博士發明的雞尾酒治療法及時趕到，韓森又一次死裡逃生。他現在的T4細胞已回升到五百多，幾乎正常。除了雞尾酒治療法外，韓森也練氣功、服用中藥補助。現在韓森看起來很健康、充滿活力。他這幾年，生活過得極有意義，除了主掌「希望工作坊」，從事宣導愛滋防治外，他曾出國，到馬來西亞、加拿大，參加世界愛滋大會，到香港出席亞洲華人同志大會，現身說法，教育大衆。

他現在對愛滋的看法是這樣的：

愛滋對我來說像是一個隱藏在內心初生的小孩，剎那間連結了我的生命。我曾經恨它、逃避它，也曾因它質疑了世上的情愛，更質疑我活著要幹什麼。它讓我傷心，也讓我哭泣，更讓我焦急的面對未來的種種。從十七歲到三十一歲的愛滋歲月，從我年少輕狂到現在的成熟，我漸漸體會到生命的價值：就是我擁有了我生命的春、夏、秋、冬，以及

我活著的尊嚴，沒有一個人可以拿走它！

——《韓森的愛滋歲月》序

說得好，讓我們祝福韓森，替他喝采，爲他加油，希望這位山之子，在人生旅途上，平平安安的繼續長跑下去。

——原載二〇〇〇年四月一日《康健》雜誌

防治愛滋

——醫學治療vs.人文關懷

項國寧：今天下午的座談會，是一系列籌募愛滋教育基金的活動之一，希望藉著各位專家的對談，讓大衆對愛滋病多一分了解、更關懷愛滋病。上周剛公布的普立茲新聞獎，其中國際新聞報導獎得主是紐約《村聲報》（*Village Voice*）的非洲愛滋病系列報導，其實國內媒體較缺乏愛滋病的深度報導，聯合報系參與這個活動，希望能就這些現象提供媒體該做的事，盡些該盡的義務。

李　瑟：《天下》雜誌一向是以關注總體、追求國家進步及社會的均富發展爲目標；《康健》雜誌則是比較偏向個人，關心每個人身心靈三方面自由、自在、快樂、健康的發展爲出發點。今天非常榮幸能從醫學治療及人文關懷、總體及個體兩個方面來探討我們所不知道的愛滋。

首先想先請教何大一博士，爲何您會關心愛滋病的議題及投身愛滋病的研究？

何大一：我會投入愛滋病的研究，主要是因爲十九年前，當時我正好在洛杉磯完成醫學臨床訓練，有機會接觸到一些美國早期的愛滋病患，我是因爲愛滋病是一個相當有趣而特別的科學領域，而投身愛滋病的研究，但從科學研究的角度來看，我並沒有料到愛滋會成爲一個世界主要的流行病。

李　瑟：能不能請何博士談談對愛滋這個疾病的看法及感想，從預防到治療及所從事的研究、接觸到的病患，有沒有一些印象深刻的事可以和大家分享？

愛滋疾病謎團已解　防治直接教育大衆

何大一：十九年來我對愛滋病的看法有非常大的轉變。回想剛開始的時候，愛滋是一個最令人感到棘手的疾病，病患到醫院時都已病重，有許多疾病纏身，沒多久就死了，當時這個疾病還是個謎；現在情況完全不同，我們已經知道是什麼引起愛滋病，也已經非常了解愛滋病，在一九九五、九六年，愛滋病已經變成比較可以控制的疾病。此外，在社會層面上，愛滋病被汙名化、病患被歧視的情形，也有顯著改善，雖然不是百分之百令人滿意，但是在美國，大衆逐漸可以接受愛滋是個病毒感染的疾病；不過世界上也有不少地方這方面做得仍然不夠好，台灣大概是介於兩者之間。

李　瑟：台灣目前有二千六百多個愛滋病患，實際上可能不只這個數字，您覺得我們應該持什麼樣的態度看待愛滋病？

何大一：我認爲台灣的愛滋病情況非常特別，雖然愛滋感染者的數字很少，但世界及其他亞洲鄰近國家，感染者的數字卻在急速上升。台灣人必須要處在一個警覺的狀態，預防愛滋病，使愛滋病毒不致擴散，台灣應有機會使愛滋病維持低盛行率的狀態，但這需要很多努力。

李　瑟：是否可以解釋什麼是愛滋防治的正確觀念？

何大一：大衆從年輕時開始會有一些感染愛滋病的高危險行爲，包括性行爲，因此我認爲首先要教育年輕人愛滋防治的觀念。愛滋教育的內容應包括教大家愛滋病是由病毒傳染，性接觸和血液接觸是兩個愛滋病毒主要的傳染途徑。其實，愛滋病的防治工作非常簡單，要直截了當地教育大衆，不要把愛滋病看得太與衆不同。

李　瑟：誰應該負責愛滋教育的工作？

何大一：在每個愛滋防治工作發揮成效的國家中，都有中央政府層級的相關單位發揮主導力量，層級甚至可以高到國家的領導人。因此我認爲，愛滋防治工作要成功，需要國家的領導人做出口頭上的宣示。

李　瑟：請白先勇先生回應。

愛滋是個極端苦難　人道關懷給他勇氣

白先勇：我一直很關心何博士在美國的愛滋病相關研究，他發明愛滋病的雞尾酒療法，不知改善多少人的生活，延長多少人的生命，有的人連下床都不行，在治療後甚至可以長跑，的確帶給了很多人希望。

愛滋病是從美國舊金山開始爆發，當時我正在加州柏克萊大學當訪問教授，就是在暴風眼中，親眼看到許多人被愛滋風暴捲進去，好好的人，一下子就面目全非，有些還很年輕，有些人事業正在顛峰卻全部被抹殺，我看到裡面的悲劇性，不是親身經歷很難想像。

除了病以外，我要特別著重人文關懷，「愛滋病人」，除了愛滋病這個名詞外，不要忘了下面還有一個「人」字，我想強調的就是愛滋病人也是人，不能說得了愛滋病，人權及人性就都被抹殺，這是我在這裡想要再三強調的重點。

任何病痛都是悲劇，老病死是人生過程沒有辦法避免的，但是得了愛滋病，不只是肉體上的痛苦，精神上還受到社會的汙名化，好像得了愛滋病就不是人。台灣社會也是如此，愛滋病人曝光後，工作丟了，租不到房子住，親友也拒絕他，不單台灣如此，美國剛開始出現愛滋病時，也是引起一片恐慌。

在八〇年代初期，大家對愛滋病還很陌生，陌生就會害怕，美國也是如此，有一個很著名的案例，賴恩・懷特（Ryan White）的故事。賴恩・懷特因輸血得了愛滋病，他到學校上課時，同學和家長非常殘忍，不要他到學校去，強迫他退學。一個孩子得到這個病已經非常不幸，因輸血得到更不幸，還受到同學的排斥，給我很深的印象。可是他非常勇敢，常上電視講他的得病過程，更令人感動的是，他完全不怨恨、排斥他的同學，因爲他們害怕才會排斥，所以賴恩・懷特完全原諒他們，我看著他的電視訪問，不禁掉下了眼淚，很多人都被他的寬容及勇氣感動。愛滋病除了醫學的問題以外，還要強調人道方面的關懷。愛滋病是個極端的苦難，要對這些病得最深的病人有更多的關切。台灣社會有深厚的善心，從九二一地震就看得出來，我希望這次來能夠喚起台灣人的善心，把善心導向不幸得了愛滋病的人。

教育防治借重民間　同性戀不算是疾病

陳宜民：社會上對愛滋病患有很多的歧視，韓森到現在不敢現身說法，國內有兩千多名報告病例，有幾位是知道姓名公開站出來現身說他的故事？或許有些人願意在小衆面前協助我們帶義工訓練，但碰到要上電視媒體，做更多呼籲時，他們就沒有勇氣，不是他們沒有勇氣，而是社會的態度讓他們覺得不是時候。

反觀日本情形，川田龍平是一位血友病輸血感染的愛滋病患，他在大學時候現身說法講他的故事，要求日本政府公開道歉，很多日本年輕人效法支持他；我覺得我們社會對愛滋病的態度混沌不明，在家人面前也不太敢談論愛滋病問題，連有親密關係的太太，也不敢與先生討論愛滋病預防問題，這是很糟糕的，事實上，很多態度上需要再教育，需要更多幫助，特別是來自民間的力量，不能只靠政府。

政府對這方面的態度，非常不關心，我們唯一的期待是政府可以一視同仁，對獨立單位補助經費，南部的希望工作坊去年成立後，向衛生署申請一年愛滋防治費用，衛生署給他們六萬元，六萬元能做什麼，他們的房租是善心人捐出來的，他們有兩個工作人員，薪水從哪來，他們要負責嘉義以南地區病人的照顧、諮詢、接熱線電話，所有民間團體工作他們都包了，但衛生署給他們每個月五千元。

我們民間團體夠多，大家都想做事，但都沒有錢，成立愛滋防治教育基金會，可以幫助國內更多民間團體站起來。

李　瑟：莊醫師可否講講您十幾年來的經驗，您印象比較深刻的事情，這個病剛開始宣傳是所謂的危險群，您如何面對及它如何衝擊您原來的價值。

莊哲彥：我感覺漫長的醫學歷程中最突破性的進步是愛滋病的研究；有人說我是好奇，為了要看同性戀的人跑到新公園，這不是好奇，而是當科學家應有的態度。

頭一個病人是我在偶然機會發現，我將他的血清送至美國國家衛生院檢驗，當時的檢驗要好幾個月才有結果，我很同情這個病人，那時大家都排斥同性戀，排斥這樣的性行爲，但我個人認爲同性戀病人與其他病人一樣，人格、智慧、體力、判斷能力或做事的能力與普通人一樣。事實上，美國的精神科醫學界已把同性戀的行爲從精神疾病分類中排除，同性戀不是病，只是性行爲偏差而已，我個人對同性戀態度，是當做自己的朋友、當做自己的病人看待。

民國七十幾年時，一年有一百萬個捐血袋，如何檢驗愛滋病是很大的考驗，當時衛生署署長許子秋跟捐血中心董事長魏火曜商量，委託台大醫院對台北市洗腎患者進行血液篩檢，洗腎患者普遍都有貧血，一年要輸血一、二十次，甚至一百多次。結果發現一個洗腎病人抗體陽性，回溯這名病例發現，捐血人是醫院的醫師，這名醫師說自己是同性戀者，他的家庭很有錢，父親也是醫師，但有大男人主義，會欺負母親，以致心理狀況反抗父親、反抗家庭不平的環境，反抗性格造成他同性戀的行爲。

對於這名醫師的同性戀，我覺得很可惜，他小時候，父母親不和，導致小孩子性行爲的偏差；但對同性戀者各方面的能力，我都很佩服，我們應以人性關懷對待病人。

愛滋是反轉錄病毒　病毒亞型共有十種

白先勇：我要藉這個機會，提出問題請教何博士，愛滋病一開始在台灣，發生在同性戀病人，但目前異性戀病人已超過同性戀病人，美國愛滋病爆發時，最早也是在同性戀團體，後來才傳到異性戀群體，但有些國家不是如此，非洲已有一千五百萬人死於愛滋病，二千四百萬人感染愛滋病，一開始是從異性戀人口開始，而且男女幾乎是各半，愛滋病傳染方式不同。

我看過一本愛滋病專家所寫的《Viral Sex》（中文譯名爲「尋找第一個愛滋病毒」），中間有一章談論愛滋病毒亞型，書中說愛滋病毒有十種亞型，每種亞型表現不同，據說，亞型B先到美國，同性戀的人口比較容易感染這種型，而在非洲流行的是A及C型，病毒型不同，異性戀團體感染較多，我要請教何博士這個很大的疑惑，爲何有些地方開始是異性戀，有些地方開始是同性戀？

何大一：你的看法是對的，愛滋病全球性大流行，主要是異性戀性行爲傳染疾病，但爲何在美國、在紐約、在歐洲國家，甚至包括澳洲、台灣地區，很多愛滋病是同性戀者感染，主要原因是一九七〇年代末期、八〇年代初期，當時美國一些大城市的同性戀者則剛好有機會接觸到這個病毒，這個病毒先進入這個族群產生流行，病毒像野火一樣造成愛滋病大流行，也就是說愛滋病毒先進入同性戀族群，但是目前全世界仍存活三千五百萬感染者中，因同性戀行爲得到疾病人數不到百分之十，其他大多數是異性戀性行爲得到這個疾病。

另一個令人關心的問題是，病毒亞型的問題，愛滋病毒是反轉錄病毒，會不斷分離、複製、變異，造成不同的亞型，病毒從A至J，共有十個亞型，我實驗室也找到亞型I。

至於爲何有些地區流行亞型B、有些是亞型E，主要原因是當時在美國，被帶入同性戀族群傳染的是亞型B，以致美國目前百分之九十以上同性戀感染者是亞型B，但是所有的亞型都可在非洲找到，中非洲以亞型A、B爲主，南非以亞型C爲主。

有關愛滋病毒從哪來，從很多科學研究的資料顯示，愛滋病毒可能是起源於人類以外的靈長動物，最有可能的是黑猩猩；至於黑猩猩傳到人類是多久的事，根據基因序列的研究大約五、六十年前。

大家會問爲何不是二、三百年前開始流行，而是五、六十年前，主要原因是非洲人類與猿猴密切接觸，一九五〇、六〇年代後，人口密度增加、移動，性行爲改變如多重性伴侶情形，造成病毒快速流行，也就是社會狀態的改變造成醫學特殊現象的產生。

白先勇：何博士剛才已經回答許多愛滋病各種亞型的問題，可否再進一步解釋，爲什麼愛滋病B亞型在美國或西歐，以同性戀的人口較多；而A亞型及C亞型，則在異性戀者之間較容易傳染，E亞型最近也到了亞洲，也是在異性戀者之間的傳染比較快？

目前C亞型最嚴重　主要分布非南印度

何大一：不同的亞型在不同的高危險群之間，有不同的分布比例，這有兩個可能的原因。第一個是建立者的效應，誰先進到這個族群，誰的影響力就會比較大。美國是B亞型先傳入，所以以B亞型多，泰國爲E亞型先進入異性戀的族群，雖然也有B亞型，但大都在靜脈毒癮的患者之間。

目前世界上最嚴重的是C亞型，全世界約有百分之四十的愛滋病患者爲C亞型，主要分布在非洲南部、印度、大陸西南省份等地方，這也有可能是建立者效應的關係。

第二是不同的亞型也可能會有不同的生物學特徵及效應。有實驗室研究顯示，E及C亞型容易在異性戀之間傳染，B亞型容易在同性戀的性行爲及共用針頭者間傳染；不過這仍有爭議存在。

陳宜民：國內也有研究發現，八百四十幾位愛滋病患者中，異性戀的患者，百分之五十爲B亞型、百分之四十爲E亞型，而同性戀或雙性戀的愛滋病患者，大都是E亞型，佔了百分之七、八十。這是否是生物學的效應，因此有不同的感染，仍有待研究。

聽衆問：有兩個問題。第一，目前愛滋病並無根治、治癒的方法，請問何博士認爲將來是否有治療的良方？如果有，是什麼時候？第二，雞尾酒療法並不是根治愛滋病的方法，而且會有抗藥性，所以使用雞尾酒療法治療的患者遲早會發生抗藥性，也就是說，理論上愈早治療的人會愈早有抗藥性，這豈不是互相矛盾，所以到底何時該尋求治療？

愛滋無法完全治癒　目前只能控制病毒

何大一：這兩個都是很重要但很難回答的問題。目前治療愛滋病的方法，是幫助患者控制病毒，抑制病毒的複製，患者可以存活很久，讓免疫系統恢復健康，但並無法完全治癒愛滋病，主要的原因有二：

第一，目前的藥物仍無法完全殺死愛滋病毒，可以抑制病毒的複製但無法全部殺死。

第二，有些愛滋病毒複製得很快，但有些愛滋病毒是潛伏在人體的細胞中，如果殺死病毒，也殺死了細胞，豈不是玉石俱焚？何況有些細胞對免疫是很重要的。因此，比較希望的是細胞活化起來，再殺死愛滋病毒。

現在雖然尚未見到治療愛滋病的「黑暗之光」，但見到隧道另一頭的光亮是很有希望的，只是這條隧道究竟有多長，目前我們還不知道。

另外，聽衆關心愛滋病患者若太早用藥，也會較早產生抗藥性，其實患者從被病毒感染到發病、再到死亡，在這個過程中，愛滋病毒的複製是很快的，它不斷在破壞免疫系統，因此抑制病毒的複製是愈早愈好，且一定要正確。

雖然擔心抗藥性的問題，但寧可早期治療，保持身體免疫系統的健康，不要等到免疫系統全部遭到破壞了，再來修修補補的希望增強免疫力。

愛滋病的研究進展非常迅速，目前有十四種治療愛滋病的藥物，且有更多的藥物正在研發及申請上市，未來可以使用的藥物會更多，可能很快就有二十多種可以選擇，醫師不會讓愛滋病毒一直破壞患者的免疫系統，應該是先治療，延續更長的生命，並期待將來有更多的新藥可以治療。這種早期治療的觀念，也適用於其他疾病，如癌症；愛滋病也一樣，未來可以有更多的選擇並保持免疫系統的健康。

聽衆問：有三個問題：第一是如何加強免疫系統，預防好細胞變壞？第二，愛滋病的病原是黑猩猩，但牠並不發病，是不是黑猩猩有什麼抗體可以抵抗這種疾病？

何大一：人體的免疫力對抗愛滋病毒其實有效，只是還無法殺死全部的病毒。病毒不斷在分裂、複製，免疫系統也在不斷殺死病毒，只是殺死病毒的速度沒有病毒複製的快。目前希望雞尾酒療法可以控制病毒的複製、進而殺死，但還有很多技術性的問題待突破。

至於體內有愛滋病毒的黑猩猩爲什麼不發病，事實上也是科學界一直想解開的問題，非洲的黑猩猩、綠猴、西非的短尾獼猴等，都是體內可以找出病毒但卻不發病的動物，牠們與體內長久攜帶的病毒共生，不會因此而生病或死亡。

但對人類而言，愛滋病毒一旦侵入人體，因爲人類尚無法適應體內有病毒的共生，可能要經歷千年以上的演化才能適應，屆時人類可能就可以與愛滋共存無事。但這必須是長期的演化、天擇的結果，現在是愛滋病侵入人體的早期，生態尚未平衡，因此這問題目前還沒有解答。

項國寧：對於人體免疫的問題，可否請莊教授提出對免疫的看法？

莊哲彥：病毒與生物可以共存，這是很好的，但可能在幾千年前感染的綠猴都已經死了，經過演化及適應，現在還存在的綠猴都是有抗體的；就像B型肝炎帶原者很多，但不一定會發病一樣，因爲人與B型肝炎是已經可能共存的。生物共存共榮也是一種演化的定律，這樣的例子在生物界是很多的。

研究基因有助防治　但是治療不能中斷

聽衆問：隨著基因科技發展，人類生命密碼即將解開，愛滋病的治療能否因此得到突破？

何大一：科學家對人類基因的研究，所有的基因序列已經出來，未來幾個月處理分析後，我們就會得到完整的基因藍圖。但人類基因藍圖對愛滋病的防治與研究會有多大貢獻，目前還不很清楚。當然，如果對於細胞的反應及與病毒的作用有更多訊息，相信對疾病防治是有幫助的。

聽衆問：台灣的B型肝炎防治很成功，疫苗也早已上市，但目前仍有三百多萬B型肝炎帶原者。愛滋病目前治療上仍有無法突破之處，預防上（疫苗）又還沒成功，如果現在不開始控制，帶原者從現在的幾千人一下子變成好幾百萬，該怎麼辦呢？能否由政府出錢，將帶原者隔離起來，免費提供吃住及完善治療，讓帶原者不要再傳染給別人？

陳宜民：愛滋病的傳染不像腸病毒那麼快，它不會經由空氣、口沫傳染，只會經三項明確的傳染途徑：性行爲、共用針頭及母子垂直傳染，因此愛滋病帶原者不會一下子就暴增爲幾百萬人。我們不需要把他們隔離起來，但要關懷他們，教育他們怎麼保護自己及別人，感染者也有必要了解感染後的權利及義務，因此社工人員的編制是很重要的。

莊哲彥：補充一點，B型肝炎疫苗在病毒發現後二十年就上市，是因爲B型肝炎病毒不會變異，但愛滋病毒會不斷變異，因此研發疫苗較不容易。

聽衆問：請問何博士對另類療法的看法如何？

何大一：我很難評論這個問題，我一直在紐約看病做研究，較少接觸西醫以外的其他療法，不過我以開放的心來看待所有療法，只要有任何科學驗證證明某種療法對人體有效，我都願意嘗試。

聽衆問：經過雞尾酒療法治療的病人，可不可能治療後好像痊癒了，但病毒潛伏在體內，不治療時又再爆發？

何大一：雞尾酒療法並不能完全清除愛滋病毒，而是控制病毒在體內的複製。如果愈早接受治療，有百分之八十到九十的病人能夠有效控制病毒的複製；如果發病較晚才接受治療，則有百分之六十到七十的機會成功控制病毒。但沒有一種藥物可以吃吃停停，必須一直持續治療，不能中斷，才是最好的治療。

聽衆問：愛滋病患的社會烙印主要來自於「性」，而性是台灣社會長期避而不談的事，因此一直以來，官方甚至醫界在宣導愛滋病觀念的同時，也將愛滋病「汙名化」，希望醫界能站出來和病人一起爭取愛滋病不被汙名化的權益。

陳宜民：事實並非如此，今天在此所談都是根據流行病學資料，就病論病，並未汙名化任何族群。國內的同志團體或許長期以來有被傷害的感覺，但不能因此就刻意忽視愛滋病的問題，這樣反而會讓年輕的同儕更危險。

聽衆問：同樣是生病，社會對愛滋病的看法和其他疾病就是不同，有沒有想過有些人是因爲輸血、不潔針頭或者被先生、太太傳染愛滋病呢？連我們所尊敬的莊醫師剛剛都說

「同性戀是一種性行爲的偏差」，代表醫師都不願意爲愛滋病背書。另外想請教何博士，美國推動愛滋病防治的具體做法爲何？推動愛滋病防治運動的領導者又該具備哪些特質呢？

共同關懷愛滋病患　希望由上而下帶動

何大一：美國從一九八一年發現少數感染者，到一九九一年感染者增爲五十萬人，這期間幾乎沒有任何人領導，原因是當時的總統不談愛滋，也不願面對愛滋。情況到了九〇年代後有所改變，柯林頓總統將愛滋防治列爲優先的施政目標，其他如影星伊麗莎白・泰勒、已故英國王妃黛安娜也都在公衆場合與愛滋病人握手、擁抱，表現出對病人的關心，這些都是很好的做法。

全世界每天有一萬六千人成爲愛滋病的新感染病例，相當於五十架七四七客機墜機意外的死亡人數，面對如此巨大的世紀性災難，必須有很好的領袖。希望台灣能由總統領導由上而下共同關心愛滋病。

白先勇：愛滋病已是全球性的緊急議題了，誠懇的希望大家不要再糾纏在「同性戀」、「異性戀」等枝枝節節的族群問題上，大家一起拋棄偏見，拿出寬廣的心，共同關心愛滋，防範愛滋。我擔心十五歲以下的青少年，將來感染愛滋的機會大極了，一定要盡快在中學的衛生教育課程中納入愛滋教育。

陳宜民：我想再補充一下汙名化的問題。社會上一再把同性戀與愛滋病聯想在一起，同志們確實有被汙名化的感覺，但重要的事情是，怎樣做才能保護同志不得病。愛滋病是可預防的疾病，但我們仍然發現許多令人遺憾的現象，例如在台北市同性戀三溫暖所做的篩檢中，四十八位志願接受篩檢者竟然有八人感染愛滋病，其中六人還有性病，而三溫暖業者表示無法提供保險套，原因是市警局會取締。希望大家能夠共尋解決之道。

聽衆問：我是位高中老師，最近有個學生告訴我他是同性戀，我雖然震驚，以前也萬萬不能接受同性戀，但近幾年來自己不斷吸收新知，現在的我能夠接納並理解這位學生。我想提醒的是，在高位者以及醫護人員，在用詞上更應注意，與其說同性戀是「偏差」，不如說是性的「取向」，而每一種性取向都應被尊重。

莊哲彥：我向各位鄭重道歉，在此收回「偏差」這個詞。我剛剛的說法只是想強調，同性戀並非病態或不正常行爲，也不是遺傳來的，也許是後天環境、家庭或其他外來因素，引起性取向的改變。我再次向大家道歉。

——原載二〇〇〇年四月十七日《聯合報》

附記：此文由楊正敏、郭姿均、吳靜美、張正莉記錄整理。

書寫愛滋・關懷愛滋

——「面對愛滋：文學界的反應」座談紀實

相較其他疾病，對於愛滋（AIDS, Acquired Immunodeficiency Syndrome，後天免疫不全症候群），我們的理解太少，恐懼太多。八〇年代初，愛滋迅雷不及掩耳在北美同性戀社群中爆發，人類免疫系統（HIV）病毒解除了宿主免疫系統武裝，繳械的感染者快速殞命，重演中世紀瘟疫大屠殺慘況，使愛滋搖身成爲令人聞之色變的「世紀黑死病」。一九八四年底，台灣發現首例外籍感染者；一九八六年，第一位本土愛滋病例讓防疫系統亮起紅燈。至一九八九年出現第一個一百例，近年更以三至四個月增加一百例的傳布速度激增。依據行政院衛生署官方統計資料，至一九九九年底，台灣感染者總計二六二九人；但由於社會對病患歧視以及篩檢管道令感染高危險群卻步，預估潛伏在社會各角落的眞實感染數字，約在一萬三千至二萬六千人。愛滋躍居僅次肺結核的本土第二大傳染病。

希望文學能發揮「除魅」作用，爲愛滋病人發聲

面對聯合國宣布亞洲成爲非洲之後的新愛滋疫區此一警訊，以《台北人》、《孽子》等名著馳譽文壇的小說家白先勇，與發明雞尾酒療法爲愛滋病人打開一線生機，獲選九六年《時代》周刊年度風雲人物的何大一，兩位華裔菁英四月中聯袂抵台，呼籲台灣社會重視刻不容緩的愛滋防治工程。醫藥專業領域之外，人文關懷無疑也在與這個致命的世紀惡疾交手時，在背後扮演著絕佳的精神支柱角色，白先勇因而邀集知名小說家黃春明、李昂、朱天文，與出版《韓森的愛滋歲月》，記錄一位本土愛滋病人內心世界轉折的寫作者廖娟秀，藉由「面對愛滋：文學界的反應」座談會，表達文學人關懷愛滋的心聲，也希望文學能發揮「除魅」、「去汙名化」作用，讓愛滋病人更多的需求與權利受到正視。李昂爲替新書《自傳の小說》造勢，密集於媒體曝光，行程表密不透風，卻用行動參與表現她對防治愛滋的熱情；朱天文赴日本旅遊甫歸，也出席替關懷愛滋站台發言。

「寫給那一群在最深最深的黑夜裡，獨自徬徨街頭、無所依歸的孩子們」，白先勇《孽子》卷首語，形容得如此神似愛滋陰影下活在恐懼與焦慮的一群。白先勇首先說明，遍及美、歐、非、亞各洲的愛滋危機，已形成不容忽視的全球性議題。他飛回台灣之前，美國ABC電視公司新聞節目《夜線》（Nightline），一連三晚報導愛滋肆虐非洲大陸慘況，一千

五百萬人死於愛滋，感染者二千四百萬人，釀成無法收拾的大災難。節目焦點集中在中非小國辛巴威（Zimbawe），一千二百萬人口中，有勞動力的成人百分之四十染上愛滋，雙親死於愛滋的孤兒有八十多萬，畫面上小孩滿街流浪，無所依歸。辛巴威只是冰山一隅的樣本，隨著災情加重，非洲大陸前途堪虞。反觀亞洲，印度、泰國已成淪陷災區，最叫人吃驚的是中國大陸，白先勇引述何大一教授研究數據，自新疆、廣西、雲南到沿海，專家推算至少有五十萬人感染，愛滋危機一觸即發。

台灣和日本民衆慣用道德批判眼光看待愛滋病人

愛滋肆虐中，白先勇指出文學一向有一種教育的功用，「喚起人的同情心」，不幸感染愛滋的病患，遭受的苦難非一般人能想像，社會歧視、家庭誤解、個人情感上的打擊以及死亡的威脅，形成巨大壓力。如何向他們伸出義不容辭的援手，白先勇說：「文學界最感興趣的是人，在愛滋病底下還有一個『人』字，愛滋病人的受苦可能更大，對他們的關懷自然更深。」

「他作品中的同情心，是自最內心發出來的；對最需要援助的人，給的同情心最大。」白先勇形容長期關注弱勢、社會底層及老人爲書寫主題的小說家黃春明，作品中充分發揮民胞物與的人道精神。黃春明不諱言社會對愛滋不夠重視，他雖非醫藥學理上的知識分子，九六年受邀赴日本拍愛滋病紀錄片《紅絲帶的故事》，就是希望喚起群衆正視在社會邊緣掙扎的愛滋病人。一般愛滋感染途徑分平行（性關係、針頭注射）與垂直（母親傳給子女）傳染，《紅》片主人翁川田龍平是血友病患，因使用不潔凝血劑而成爲「藥害愛滋病」感染者。黃春明感慨，日本和台灣一樣，民衆用道德批判的眼光看待愛滋病人，將罹病與性氾濫等行爲不良畫等號；經由媒體渲染扭曲，製造了不必要的恐慌氣氛，使老百姓面對愛滋病人「比怕鬼更怕」。

在日本社會，曾發生有媒體在愛滋病人去世後，曝光她的個人資料，造成其兄長失業、被迫搬家的不合理事件。黃春明說，其他「藥害愛滋」感染者隱姓埋名，即使赴法院爲受害出庭作證，「都躲在打光的白幕後，不敢露面」；川田龍平卻挺身而出，帶頭控訴失職的日本厚生省，要求政府認錯，觸動他拍攝紀錄片，爲這段「用行動掃除偏見」的奮鬥歷程作見證。

親友是愛滋病患的最大精神支柱

近一小時的《紅絲帶的故事——戰鬥十九》，於一九九五年七月二十四日，由十九歲的川田龍平號召年輕人包圍日本東京厚生省揭開序幕。黃春明宜蘭腔的國語旁白，動人的感染力不下他精善的文字描繪。他娓娓道出幼稚園時以電車司機爲志願的川田，六歲時發現患血友病，須按時注射凝血劑，卻因厚生省包庇藥商和醫院，爲不法利益使用血液來源受愛滋污染的藥劑，而在差一個月十歲時，檢驗出是愛滋帶原者。鏡頭前，龍平冷靜地說：「當時我唯一的念頭是，要眞得了愛滋，我就自殺。」站在身旁「無論如何要讓他活下去」的母親，是龍平長期抗戰的最大精神支柱：「我必須走出來保護小孩，到時候會死的是他。」盡做母親的義務，令「受歧視和差別待遇微不足道」。

龍平高二起進出法院爲衆多同病者權益力爭，他改了志願：「我現在最想做的是律師；或是藥劑師，治好自己的病。」藥害愛滋事件在一九八五年爆發當時，造成五千人感染、兩千人死亡的悲劇，平均每五天有一人送命，更諷刺的是，無辜受害者百分之七十年齡在十七歲以下。龍平有母親做戰友，號召對社會冷漠的年輕人向官商勾結的舞弊宣戰，他站出來大聲疾呼：「不想平白被殺害，張開你們的眼睛吧！」他的無懼替愛滋病人走出暗影，樹立了絕佳典型；而纏訟六年，最終索回公道：厚生省官員下台，同時認錯下跪，受害帶原者每人獲四千五百萬日圓賠償。問起龍平在艱難的凱歸後最想要什麼，他不假思索地回答：「時間。」

台灣女性往往是無辜的愛滋受害者

影片落幕後登場的是小說家李昂，白先勇介紹她「用作品向扭曲事實、扭曲人性的社會禁忌挑戰」，李昂丟出的第一個問題就是，紀錄片中「家庭的父親到哪裡去了」。她直指台灣社會，女性往往是被動的無辜受害者，暴露在被丈夫、男友傳染的威脅下。用文學探索權力與情欲運作下女性的處境，李昂說她多次聽說「叫人快要昏倒」的實例，某位在Pub釣上老外「可愛的、天眞的」台灣小姐，發生一夜情時拒絕男方使用保險套，理由是：「我的身體很健康，不會感染愛滋。」囿於保守觀念，台灣性教育百廢待舉，行爲大膽的新世代，在李昂眼中有如「走在路上的原子彈」。她強調台灣對愛滋的了解幾近於零，諸如「口交會不會傳染愛滋」、「被傳染的症狀」的基本知識都一無所知，更不用說如何保護自己。女性往往在不對等的兩性關係中淪爲犧牲者，感染愛滋是男性的八到十倍，出於無心或是有意，被害者自己或性伴侶的不負責任，導致女性遊走在受害者與加害人雙重角色之間。「寫情欲小說卻並不鼓勵情欲」的李昂，呼籲台灣婦女團體在家庭暴力受虐婦女等關懷外，能將觸角延伸到保護受愛滋侵害的女性。白先勇補充，台灣根據衛生署公布，有六十多對是夫妻傳染，被害者是配偶，不啻人間悲劇。

透過文學的爬梳　使愛滋的幽微處受到燭照

一九八一年美國東西岸大城愛滋造成「殺戮場般的死亡」，使作家將筆鋒深入「極端被死亡災難陰影籠罩下」的大環境生態巨變。台灣在八四、八五年出現愛滋後，白先勇稱道朱天文九四年出版的《荒人手記》是最具有「後愛滋」（post－AIDS）氣氛的代表作。累積二十多年小說創作經驗，朱天文的小說美學認知十分接近米蘭·昆德拉「小說家教讀者用疑問去了解世界」說法：「文學不能提供結論，甚至在開藥方、指出路途的尋索中，不斷岔開和分歧，掉入說不清的荊棘中。爲了尋求答案卻更迷惑。」相對各種民間團體、義工組織所做的關懷愛滋與爭取愛滋病人平權（如一九九六年十二月本地愛滋防治條例修訂便列入反歧視條款），文學顯然緩不濟急、「口惠實不至」。朱天文直言，文學最感興趣的主題在於「曖昧不明、幽微難測的灰黑地帶」，像攝影時「狗狼暮色」；在探討愛滋領域時難免「離題太遠」。她舉父親癌症過世，儘管是耳熟能詳的病，自己的反應是「事不關己，關己者痛，慌張混亂和無知無識的人一樣」；更何況是出現不過二十年的愛滋，在主流體制外的新興事物，難免因不理解而需要時間摸索，袪除因陌生而來的誤解和敵意。

朱天文進一步指出，對愛滋陌生不只來自資訊傳達宣導不夠，如《韓森的愛滋歲月》中很多病人不了解：「感染不一定會發病，發病不一定會死亡。」還包括對愛滋背後代表的價值觀、系統、體制，甚至哲學的倫理體系的隔膜，這新生的領域，或者可以引發小說創作者的興趣。醫療系統的支援、社會資源的支撐之外，資訊充足可以掃除禁忌、汙衊，文學更進一步探勘許多「內化爲疾病一部分，看不見的肌理」，透過爬梳，以「一對一」方式，讓許多幽微處受到燭照，哪怕是沒效率、長時間，甚至雜亂無章，但卻提供人心撫慰與撐持。

「愛滋病雖然只發現二十年，但可能一下子不會走開，或許是二十一世紀我們要面對最受威脅的疾病。」白先勇補充在非洲已有一千五百萬人死於愛滋，而且感染者絕大部分是異性戀、男女各半。HIV病毒分化出A至J等十種亞型，傳染方式不一，例如C型便在異性戀族群中擴散。在非洲男女不平等的社會結構，女性不敢拒絕伴侶性要求，導致感染率升高。

文學與藝術是消除恐懼　正視愛滋的莫大助力

目前任職張老師文化公司副總編輯的廖娟秀，九五年將參與誼光組織、希望工作坊和愛滋感染者權益促進會擔任義工的親身經驗，寫成《愛之生死——韓森的愛滋歲月》一書，對台灣愛滋病患在生活上、心理上、醫療上遭遇的困境有深切感觸。身爲女性，廖娟秀首先回應李昂，女性在調查中咸信「身家淸白，怎麼會得到愛滋」。長時推動愛滋教育，廖娟秀發現民衆的隔絕感，認爲只有高危險群，尤其是同性戀才會罹病；這肇因於只知愛滋和愛滋病毒，卻對人的部分毫無所知，因爲沒有病人願意挺身站出來剖白個人感受。先講出人的故事，用文字或影像或任何媒介，讓民衆看到活生生的故事，主角是鄰居、家人甚或自己，拉近人和人的感情，將焦點由愛滋轉移到人身上，是用文學掃除陌生感的最佳途徑。

期許「不光是寫一個人的故事，而是一群人的故事；不光寫病人，還能延伸到家屬身上，擴及媒體以及社會大衆」，廖娟秀說只有看到人，才能貼近、縮短和疾病的距離，我們才覺得有必要去了解、去對抗、去防備，她不諱言自己擔任義工時，內心反應由害怕、恐懼，因接觸、被接納而逐漸產生對人的關愛，「我和韓森的關係超越了病毒，我不要只把他當感染者」。文學家除了寫人的故事，廖娟秀更標示了一個探索人心抗拒陌生以及歧視異類的深層心理變化的嘗試方向，提供讀者省察自身的情緒反應。文學、藝術界是消除恐懼、正視愛滋的莫大助力，讓愛滋不再是難以啓齒的議題，而成爲寫作、拍電影取用的靈感素材，「如此愛滋教育才能深入人心」。

白先勇特別提出廖娟秀「愛滋病患者他們是人」的立足點，作爲了解愛滋的起點，「了解家人都不容易，更何況陌生病患」，勢必需要長時間。面對聽衆「認識不足，造成對愛滋的恐懼如何克服」提問，白先勇胸有成竹：「知識會消除偏見、化解歧視，防治愛滋不論性傾向，重要在建立正確的知識，文學界有責無旁貸的義務。」書寫愛滋、關懷愛滋，一群文學尖兵身先士卒做了最好的示範。

——原載二〇〇〇年四月《聯合報》副刊

國家圖書館出版品預行編目資料

樹猶如此／白先勇著. --
初版. -- 臺北市 ：聯合文學. 2002〔民 91〕
面 ：　公分. --（聯合文叢 ；241）

ISBN 957-522-363-2（平裝）
1. 論叢與雜著

078　　90018981

聯合文叢 241

樹猶如此

作　　者／白先勇
發 行 人／張寶琴
總 編 輯／周昭翡
主　　編／蕭仁豪
編　　輯／林劭璜　王譽潤
資深美編／戴榮芝
業務部總經理／李文吉
發行助理／林昇儒
財 務 部／趙玉瑩　韋秀英
人事行政組／李懷瑩
版權管理／蕭仁豪
法律顧問／理律法律事務所
陳長文律師、蔣大中律師
出 版 者／聯合文學出版社股份有限公司
地　　址／(110)臺北市基隆路一段178號10樓
電　　話／(02)27666759轉5107
傳　　真／(02)27567914
郵撥帳號／17623526聯合文學出版社股份有限公司
登 記 證／行政院新聞局局版臺業字第6109號
網　　址／http://unitas.udngroup.com.tw
E-mail:unitas@udngroup.com.tw
印 刷 廠／鴻霖印刷傳媒股份有限公司
總 經 銷／聯合發行股份有限公司
地　　址／(231)新北市新店區寶橋路235巷6弄6號2樓
電　　話／(02)29178022

出版日期／2002年2月　初版
2024年4月3日　初版十六刷
定　　價／360元

ISBN 957-522-363-2（平裝）